对话经典

Dialogue with Classics

主编 王舒成

编者（按姓氏笔画排列）

于　扬　　王　欢　　王　俊　　王舒成　　史　伟

朱红芳　　朱学慧　　朱　敏　　江　虹　　汤　洄

孙　旭　　孙国强　　肖梅清　　吴高扬　　何欢兰

陆晓燕　　陈国林　　陈桂华　　居凌燕　　胡旻彦

柏亚群　　贾　媛　　蒋念祖　　谢　实　　蔡　燕

戴秀琴　　金　凤　　孔韩雨

东南大学出版社

SOUTHEAST UNIVERSITY PRESS

·南京·

图书在版编目(CIP)数据

对话经典/王舒成主编 . —南京:东南大学出版社,2018.11
ISBN 978-7-5641-8037-9

Ⅰ.①对… Ⅱ.①王… Ⅲ.①阅读课—中学—教学参考资料
Ⅳ.①G634.333

中国版本图书馆 CIP 数据核字(2018)第 236391 号

对话经典	王舒成　主编

出版发行	东南大学出版社
社　　址	南京市四牌楼 2 号　　邮编　210096
出 版 人	江建中
网　　址	http://www.seupress.com
电子邮箱	press@seupress.com
经　　销	全国各地新华书店
印　　刷	常州市武进第三印刷有限公司
开　　本	700 mm×1000 mm　1/16
印　　张	15.75
字　　数	272 千
版　　次	2018 年 11 月第 1 版
印　　次	2018 年 11 月第 1 次印刷
书　　号	ISBN 978-7-5641-8037-9
定　　价	38.00 元

本社图书若有印装质量问题,请直接与营销部联系。电话(传真):025-83791830

与经典对话，做自己的学问

陈国林

语文之难学，几乎是每个过来人的共识。其实，学好语文并非没有有效途径。阅读，大量而有效的阅读，就是提升语文素养、乃至人生品位的不二法门。"读书破万卷，下笔如有神""开卷有益"等前人的学习心得便是最好的明证。

当然，开卷是否有益，首先取决于开什么卷。阅读那些低品质的书，于我们不但无益，有时反而有害。唯有去阅读那些经过时间淘洗，闪耀着人性光芒，凝聚着人类智慧的经典，并使自己借助经典与整个人类之间建立起息息相通的联系，才能将我们的人生越来越充实、高尚、有趣而有意义。

开卷是否有益，还取决于如何开卷。你或许有过这样的体会，读了很多经典，却发现对自己没有多大的帮助。那是因为你只充当了一个漂亮的书橱，一个装得满满的却布满灰尘的书橱。鲁迅先生将这样的读书形容为"自己的脑子变成别人的跑马场"，任别人肆意践踏。一个永远臣服于别人作品和思想，矮化自己，失去自我思考的人，是不可能真正从阅读中获益的。

现代对话理论或许对我们的有效阅读能提供一些启示。对话理论的两个核心要素是"平等"和"创生"。所谓"平等"，是指你和作者、作品是永远平等的。再伟大的作家，再优秀的作品，对于读者而言，都不应该是高高在上的神一般的存在。你无须去仰视他们，更无须趴在其脚下，失去自我。唯有当你站立起来，才能彼此处于平等地位；唯有平视，你才能真正地亲近他们，才能拥有使彼此构成对话关系的基础。

所谓"创生",就是要从作品中读出自己的东西,要有自己的观点,有自己的思想。阅读经典的目的不是为了把经典供起来膜拜,也不是为了简单地全盘接受,惟经典是从,而是要经由经典生成出自己独到的见解,把经典读成自己。程端礼在《程氏家塾读书分年日程》里记载:"朱熹门人与私淑之徒,荟萃朱子平日之训而节取其要,定为读书六法:曰循序渐进,曰熟读精思,曰虚心涵泳,曰切己体察,曰著紧用力,曰居敬持志。"其间的"精思""涵泳""切己体察"都强调用自己的脑子去读书,读书要有自己的感悟和心得。没有创生的阅读是机械阅读,是死读书,其结果只能是读书死。简言之,读别人的作品,是为了做自己的学问。

至于如何在阅读经典中创生,具有百年办学历史的江苏省扬州中学的语文名家们,早在 20 世纪 30 年代就提出了一套行之有效的方法,其核心方法是札记之法。

在民国二十六年(1937 年)出版的《江苏省立扬州中学十周纪念刊》中,汪二丘、张煦侯等撰写的《十年来国文教学概况》对札记之法做了详细说明,兹节录于此。

学生阅读时,须作读书札记,其方法凡八:一曰摘要,则根据原书,摘录要点也。二曰撰术,则融贯大旨,另加编述也。三曰表解,则举要制表,俾醒眉目也。四曰问答,则设问解答,以释精意也。五曰论评,则阅读既毕,发抒所见也。六曰参证,则繁证博引,以补原谊也。七曰讨论,则抽出问题,深求精讨也。八曰摹拟,则命题摹拟,练习应用也。本校于上述诸法中,视所读之书,酌量采用,不拘一法。

以上诸法,虽言简而意赅,深得阅读经典的要旨,都强调读者的主动参与,而非被动阅读;强调读要有所得,而非茫茫然不知所终;强调用心去读,而非仅用眼看;强调创生,而非简单接受。

由本校同仁所编写的《对话经典》,精心遴选的二十余部经典名著,涵盖文史哲诸多方面,意在使同学们能够在阅读书本的同时激发阅读和求知的兴趣。所做导读,其旨在为同学们提供一个阅读经典的引导,而非一个阅读的答案或结论,希望同学们在与这些经典的对话中,不断创生,读出自己的观点,读出自己的人生。

目　录

对话经典

《朦胧诗精编》导读

居凌燕

一、书本简介

《朦胧诗精编》是长江文艺出版社 2014 年出版的一本朦胧诗代表作诗集。

"朦胧诗"是一个独特的诗学概念,在 20 世纪 70 年代,以北岛、舒婷、顾城、杨炼等为代表的一批"文革"中成长的"新诗潮"被称为"朦胧诗"。朦胧诗最初只是一种误解。这种误解来源于章明 1980 年发表在《诗刊》上的《令人气闷的"朦胧"》一文,该文对当时诗坛出现的"朦胧""晦涩""怪癖"的现象进行了批判。同时,人们普遍认为,朦胧诗并不朦胧,只是比当时人们所读的主流诗歌多了些诗意。然而,误解却成了正解,"朦胧"由此成了这一诗歌潮流的代名词。

20 世纪 70 年代末 80 年代初,朦胧诗派形成,朦胧派诗人具有强烈的探索精神,率先冲破旷日持久的文化"冻土",将诗歌直面时代,指向内心。虽然他们没有形成统一的组织形式,也未曾发表宣言,然而却以各自独立又呈现出共性的艺术主张和创作实绩,构成一个崛起的诗群。这个在当代诗坛最广为人知的诗歌群体,毫无疑问在中国现代诗歌史上占据了不可或缺的地位,并留下了浓墨重彩的一笔。

朦胧诗派是 80 年代影响极大的诗派,《朦胧诗精编》遴选这一诗派诗人的佳作,包括食指、北岛、舒婷、顾城、杨炼、江河、梁小斌、王小妮等知名诗人的代表作品,选择精当,编排有序,呈现了朦胧诗派的整体风貌,彰显了这一诗派的创作特色与成就。

二、写作背景

1. "文革"背景下"一代人"的崛起

朦胧诗孕育于 60 年代末 70 年代初,最早的源头应该是"文革"时期出现的部分"地下诗歌写作"。由于当时中国特殊的社会环境,一群在知青上山下乡运动中的知识分子们逐渐发现了自己所处的尴尬之境:社会封闭、文化凋零、教育机制名存实亡,故而开始反思自身的处境及其意义。芒克写下了《十月的献诗》,北岛写下了《回答》等,而后全国各地的知青们形成了一些聚集点,在"地下"秘密地进行诗歌交流,以此来祛除他们精神上的困惑。

经历了"文革"之后,这些知识分子不可能再像过去一样纯真无知,他们已经从纯真变得复杂,他们仍有希望,但希望伴生着怀疑,并夹杂着失望甚至绝望。政治上的现世偶像被打碎后,精神上的虚幻依附感也逐渐消失,所以,自我的寻找就成为一种必然,在朦胧诗中,发现自我,重塑自我,寻找自我,成为非常普遍的思想表达。

如果没有"文革"的教训,青年人可能不会独立思考,也不会摆脱偶像获得精神上真正的"长大成人";如果不是"文革"的惨痛经历,他们可能仍会满足于做精神的侏儒,充当偶像的制造者或政治权威手中的棋子。

正如朦胧诗的反对者艾青所说:"现在还年轻的整整一代人,二十岁到三十岁的一代人,上山下乡、插队、失学、失业、待业;他们没有受到革命的传统教育,甚至没有受到正常的教育。有些是在饥饿中长大的。""他们亲眼看见了父兄一代人所遭受的打击。有些人受到了株连。这是被抛弃了的一代、受伤的一代。"

总体来看,他们属于"文革"一代,"文革"历史完成了他们青春人格的塑造,也完成了他们的成长教育,红卫兵和知青的生活经历基本构成了大多数诗人早期生活的全部,所以也可以称他们为"红卫兵一代"或"知青一代"。他们自身有一种强烈的"代"的意识,对"这一代"的强调,是自我的身份认同,是他们不约而同给自己的定位。

朦胧诗人站在"文革"留下的巨大废墟上,为建构新时期的文学大厦奠基了各自的文学力量。可以说,朦胧诗的孕育是因为"这一代"人的崛起。

2. "论争"下的发展

朦胧诗的朦胧问题引起社会的注意,最初起于顾城在一个非正式刊物上发表的《生命幻想曲》等几首小诗。在那个年代,朦胧就意味着现代,现代就意味着西方文化,西方文化就意味着颓废,颓废也就意味着反动。

朦胧诗是否"朦胧"这场论争从 1980 年开始掀起高潮,1985 年之后逐渐平息。有人认为这是诗歌创作的一股不正之风;有人为这些青年诗人求情,认为最起码他们的探索精神还是好的;也有权威人士为朦胧诗起草呐喊助威的名篇。在人们支持与反对的论争中,朦胧诗的存在得到了认可,也正是在 1980 年,朦胧诗才得以正名。

伴随着轰轰烈烈的论争,朦胧诗不断涌现出来的创新观念和先锋精神,不但对整个诗歌的发展走向产生了影响,而且成了整个文学创作的探索者。通过这场论争,朦胧诗由原来的自发的、分散的探索性艺术创作,演变成了一场自觉的诗歌运动,并在这一运动中完成了现代主义诗歌的中国化。论争中的朦胧诗所表现出来的创新性与先锋性不仅推动了诗歌的发展,而且对整个文学的创作探索产生了深远影响。

三、精彩看点

1. 以"自我意识"为中心的主体特征

首先,朦胧诗在文学史上的重要思想之一便是对"自我意识"的弘扬。"卑鄙是卑鄙者的通行证/高尚是高尚者的墓志铭/……我不相信天是蓝的/我不相信雷的回声/我不相信梦是假的/我不相信死无报应……"北岛用倔强的声音"回答"。

作为诗歌创作主体的诗人在经历了十年"文革"的心理浩劫之后,长期被压抑的情感、意志和个性得到了一次较为彻底的释放，自我意识开始苏醒，个人在社会中的角色被重新得以确认，表现为对人的主体性和主体价值的强调与肯定。这种人的主体价值观念的重新确立，给诗歌创作带来了极其广泛而深刻的影响。"一切的现在都孕育着未来/未来的一切都生长于它的昨天/希望，而且为它斗争/请把这一切放在你的肩上。"舒婷用婉转的语调高唱《这也是一切》。他们不再为政治而高歌，不再为生活而编织虚假的美梦，而"觉醒"则是他们普遍涉及的主题，他们尊重自己独特的感受，不再被那些大一统的思想所左右，他们用自己的方式诠释自己对诗歌的独特性理解。

其次，朦胧诗人以其大量的诗歌作品诗意地书写了"人"的站立，几乎所有的朦胧诗都带有强烈的主体自觉性，努力向人的内心开掘。他们刻意回避按照事态发展的外部形态的事物，尽力找寻那些揉碎的，被排斥的诗意。他们渴望回归普通的生活，"在没有英雄的年代里/我只想做一个人。"（北岛《宣告》）他们向往永恒的爱情，"你在我的航程上/我在你的视线里。"（舒婷《双桅船》）

同时，朦胧诗人们意识独立的同时，以必要的自我反思，深刻审视了个人对社会、国家的责任担当。"黑夜给了我黑色的眼睛/我却用它来寻找光明。"顾城《一代人》短短的一句，却给了人们霹雳般的震撼效果，无尽的回味，黑夜虽然很黑暗很残忍，但它也不能阻止一代人对光明的向往和追求。舒婷的《祖国啊，我亲爱的祖国》写道："你以伤痕累累的乳房/喂养了/迷惘的我、深思的我、沸腾的我/那就从我的血肉之躯上/去取得/你的富饶、你的荣光、你的自由。"表达出了诗人的理想和承担未来的重托，不应该继续狭隘的反思，而应该站得更高看得更远。既然主体已经觉醒，就不会在困难面前低头。

2. "朦胧性"的语言策略

朦胧诗语言的"朦胧性"是一种话语蕴藉的典范形态，区别于科学语言的严谨逻辑和语法结构，也不同于生活语言的随意性和用于说明的需要。

朦胧诗的朦胧性语言一是作者的朦胧意识使然。例如顾城的《远和近》，"你"分别看"我"和"云"的距离是由"我"感受到的，感觉上的"远"和"近"，很大程度上是心理的距离在作祟，并不一定等于真实的空间距离，因此这样虚化的距离感就能造成诗意的朦胧。

其次,朦胧诗人们故意在语言上进行模糊处理或制造陌生化的语言效果,也使得诗变得朦胧。

诗人模糊处理语言时,有时会打碎语言的逻辑链,不再单向固定地平铺直叙,使得语义扑朔迷离,诗歌语言表现为一种散崩离析的状况,这会增强诗歌语言表达的弹性和活力,造成内容的多义性和情绪上的朦胧性。例如舒婷的《往事二三》:"一只打翻的酒盅/石路在月光下浮动/青草压倒的地方/遗落一只映山红/桉树林旋转起来/繁星拼成了万花筒/生锈的铁锚上/眼睛倒映出晕眩的天空/以竖起的书本挡住烛光/手指轻轻衔在口中/在脆薄的寂静里/做半明半昧的梦。"虽然写的是"往事二三",但往事的内容都被模糊掉了,诗意的明确性被减弱了,叙事的逻辑被搅乱了,而以意义的含混不清和时空的不确定转换来代替。这是为暗示特定年代的复杂境遇与心态所设置的语言构造方式,打破了固有逻辑的认知结构,使全诗的语言呈现出意义不确定的含混性。

王小妮在《我感到了阳光》中写道:"阳光,我/我和阳光站在一起!"这里的朦胧诗语言摆脱了工具论压迫下的扁平状态(意义单一、死板、固定),变得极为饱满和丰富,违反常规地将我和阳光"站"在一起,语言表意的过程似乎是半途而废,话说得不完整,让刻板的诗歌鉴赏者感到莫名其妙而无力把握,但却能让真正的读者激发想象力,来填补大幅度跳跃留下的空白,在这组看似陌生怪异的文字中获得审美快感。

而陌生化的语言效果是指语言进入到文学语境之后,就有可能超越其词典意义而生发其他意义,进而产生的一种不同寻常的效果。这种陌生化的语言效果让读者产生朦胧感便不足为奇了。例如顾城的《结束》:"一瞬间——/坍塌停止了/江边高垒着巨人的头颅/戴孝的帆船/缓缓走过/展开了暗黄的尸布/多少秀美的绿树/被痛苦扭弯了身躯/在把勇士哭抚/砍缺的月亮/被上帝藏进浓雾/一切已经结束。"坍塌是一个结果,而后面三个场景的描写与之是否有联系,这是读者会考虑的一个问题,而这个问题的答案又是模糊的,如果有,那整首诗就有着一条完整的意义链;如果没有,那是什么导致了三个场景的发生,是当时刚过去不久的唐山大地震,还是那场轰轰烈烈的"文化大革命"以及荒诞不经的动乱?这一切就会让"巨人坍塌"这件事的所指意义不仅仅停留在词典意义的坍塌上,

005

而是一种新意义,无论是与哪一种新意义结合,都能使人对这种诗歌产生极大的兴趣,进而开始积极地阅读,要么欣赏其中的悲剧美,要么联系当时的政治、文化背景,作出一些反省与思考。也正是由于作者故意缺失语言本身的有效信息,才加速了诗歌陌生化的进程,让人觉得陌生、难懂,这才使朦胧得以实现。

第三,朦胧诗注重语言的"象化",最典型的一个方法就是象征,即诗用其塑造的并呈现于读者面前的形象,去替代暗示未显现出来的,而是隐藏在形象背后的某种深邃的意义。象征的这个特点被黑格尔称为"暧昧性",朦胧诗大都具有这个特点,其作用是含蓄隽永,耐人寻味,促人想象。例如梁小斌在《雪白的墙》中写道:"妈妈/我看见了雪白的墙……""雪白的墙"这一意象如同某类情感经验的网结点,连结了纷繁复杂的情感经验现象:失而复得的希望,纯洁美好的理想,充满友爱和温暖的人与人的关系……融进了丰富具体的内容。直观和记忆,现实与梦魇,理性与感性……这一切,都凝聚在"雪白的墙"这一意象的感性概括中,通过音乐式的复沓结构,给你一种富有时代特色却又摆脱时空局限的朦胧感。

朦胧诗注重象征又不仅仅通过使用象征的手法,也有朦胧诗人用语言构图,将语言的时间线性属性进行隐藏,努力使空间化了的语言停滞不前,使得文本意义成为一种期待和猜想。例如顾城的《弧线》:"鸟儿在疾风中/迅速转向/少年去捡拾/一枚分币/葡萄藤因幻想/而延伸的触丝/海浪因退缩/而耸起的背脊。"

这首诗共有四次言说,每一次都由语言构筑了一个"弧线"的图像后终止,都没有向意义的更深处进发,语义所指仅仅停留在弧线上。我们脑海中这四幅弧线图,都在向我们发问意义是什么,难道只是作者生活中随意的一瞥所致?抑或弧线暗示了更加深邃的思考?因为没有充分的语境可以依傍,这四幅弧线图都是相对独立的,作者只描绘出图像就停止了言说,以致于文本意义扑朔迷离,弧线的朦胧感油然而生。

3. 朦胧诗的"耀眼星光"

《朦胧诗精编》中遴选的朦胧诗代表诗人按文中出现的顺序依次是:北岛、芒克、食指、多多、舒婷、顾城、江河、杨炼、王小妮、梁小斌。

（1）朦胧诗的先驱——食指

杨健先生说过："'文革'中新诗运动的第一人是食指。""文革"的诗歌几乎都是为政治服务的，是政治的附庸。但是食指的诗歌在当时自觉地叛离了"文革"文学标语口号模式，充满着对抗主流意识形态的激情，力争实现其独立性，并因此散发出艺术的光彩和极大的感染力。

食指的诗歌几乎全部是四行一节，对于语法规范以及阅读规范极为顺从；大量使用连接词，如"这时""突然""终于""因为""但是"等，使整体合乎逻辑，没有用太多的装饰和夸张；讲究韵律，可以归纳为韵律诗；语言朴实通俗易懂，不仅给人以力量，而且给人以深刻的思考空间，无论谁读了它都会受到很大的启发。正如史保嘉先生所说，"食指的诗如同闻一多的《死水》"。独特意象的选择再加上音乐性的节奏，也使得食指的诗歌拥有了独特的境界美。

（2）最符合传统审美的朦胧诗人——舒婷

舒婷是朦胧诗人中最早得到读者认同的诗人。她的作品展示了一代青年真实而痛苦的生活轨迹和从迷惘到觉醒的心理历程，无论在思想内容还是在艺术形式上，在当时大家所读到的朦胧诗中都是最符合传统审美规范的。

舒婷是一个感情至上主义者，并且与所有的女性作家一样，重视自己的直觉和感悟，总是相信世界是美好的，世界终将会是美好的。虽然她的作品也有对社会的批判，但是，她并不绝望，对未来充满信心；虽然她的作品也有现代主义的倾向，但首先引人注意的则是浓郁的浪漫主义色彩。而从她的诗中所表现出来的人道主义情怀，更使人看到了"五四"新文学精神的回归。因此，当人们正纠缠着朦胧诗是否真的朦胧晦涩时，舒婷的诗以最不朦胧的清晰面目赢得了大家的喜爱；当人们正争论应该如何看待朦胧诗这股新诗潮时，舒婷的诗却得到了"清新的艺术之风"的美誉。

（3）内向型厌世主义诗人——北岛和顾城

北岛和顾城都是内向型的厌世主义者，但在对现实的态度上却截然不同。北岛虽然拒绝与现实社会合作，但始终不肯远去，以激烈的对抗态度固执地展示出自己对人类精神困境的"终极关怀"。

在众多的朦胧诗人中，北岛的态度最为激进，思想最具反叛意识，也是最容

007

易引起争议的,但是,他的作品也最能体现这一代青年从迷惘走向觉醒后的精神状态,可以说是朦胧诗最有分量、最具代表性的人物。同时,北岛也是具有哲学家气质的诗人,他的作品富有哲理的思想深度和充满艺术魅力的人格力量,形成了以凝重奇峭为特征的"象征——超现实"体系。

顾城则是"一个任性的孩子",关于朦胧诗看不懂而引起的争论在很大程度正是源于顾城。在经历了"黑夜给了我黑色的眼睛/我却用它寻找光明"(《一代人》)的失败尝试后,很快放弃了对光明的寻找,"我把希望溶进花香/黑夜像山谷/白昼像峰巅/睡吧!合上双眼/世界就与我无关"(《生命幻想曲》),以逃避的态度转而去寻找自己眼中的童话世界,去创造一个与世俗世界相对立的美好幻境。

顾城诗歌继承中国意象诗之传统,其诗歌的意象独特,种类丰富,组合奇妙,意味多义,虽然顾城并没有刻意于诗歌的韵律,但由于其取自于大自然的意象和萌于童心的天然韵律,所以其诗歌一方面具有自然情感的内在节奏,另一方面又获得了民间淳朴的谣曲风味。

朦胧诗是一个开放的动态的流变过程,在它从"文革""地下诗歌"酝酿、形成的过程中,现实主义、浪漫主义、古典主义与现代主义都可以在这一诗群中找到它们的主人,除了偏向古典主义的典雅和浪漫主义的抒情的食指、钟情于浪漫谣曲的童话诗人顾城、感性抒情和理性思辨并存的北岛、浓郁浪漫又最符合传统诗歌审美的舒婷之外,还有偏向纯粹现代主义诗风的多多和芒克、致力于史诗创作的江河和杨炼、带有印象主义色彩的王小妮和崇尚自由的梁小斌等。

四、读法指导

第一,解读朦胧诗首先要译解朦胧诗的"符号"。今天看来,朦胧诗并非论争时主流声音所谓的"古怪诗""晦涩诗"。它不过是回到了诗自身,回到了由独特的符号构置而成的艺术体式。在这里,"符号"至关重要,它是一种蕴含着生活厚度和诗人人生体验的物化的情感载体。因而,解读朦胧诗,关键是解读其符号及其相互间的交融关系,译解出它们所蕴含的意义。因此,解读朦胧诗的时候可以从诗中典型符号入手,大胆想象,观照自己的情感体验,与诗人的情感获得共鸣。

第二,把符号化零归整,感受朦胧诗活的灵魂。朦胧诗打破了传统的欣赏模式,取缔了用线性思维去寻觅诗的主题思想或艺术手法的做法,促使人们用辐射性的思维去把握诗的整体。因此,在读朦胧诗时,可以用化零归整的方法,感受朦胧诗活的灵魂。

化零归整,不需要人们条分缕析地割裂诗歌以及段落大意,而要求我们全身心地去体味其独具的风味和存在方式。一句话,不需要人们去化整为零以期找到它的主题思想和写作特点,而是要求我们把符号化零归整,一个个闪烁不定的符号(即意象)是被揉碎了的自然,其间没有客体的外在联系(时间的、空间的皆无),有的只是表层上的零乱和迷离。它们的秩序是在深层意义上建立起来的,是靠着各个闪烁不定的符号在相互排斥和吸引中建立联系的。因此,要弄清此诗,必须放弃线性分析的企图,在各个符号的交织中解读全诗。

第三,铭记"诗无达诂"的理念,常读常新。"诗无达诂"是根据诗歌的艺术特征,教人不要只看到语言文字与事物之间的有形的直接联系,更要看到它们之间那无形的间接联系。语言文字所表达的有形的直接关系可以"达诂",精确的认识也可能"诂"而不"达",而模糊思维中却呈现了新的光明。生活中的模糊必不可免,当然以反映生活为任务的诗歌也少不了要有一定的模糊性。

因此,阅读与欣赏朦胧诗,更应超越单纯的训诂文字、诠释词语的范围,而跨入语义学与美学领域,主要应该用心灵捕捉诗的意象和境界,根据作品本身所提供的意象,按照自己的生活体验去驰骋想象。生活境遇的变化,经历的增加,阅读诗歌的情感体验也会发生变化,一旦顿悟,就会豁然贯通,获得了美的享受。

五、参考书目和论文

[1] 北岛,舒婷,等.朦胧诗精编[M].武汉:长江文艺出版社,2014.
[2] 李润霞.朦胧诗:一代人与一代诗的崛起[J].文艺评论,2003(5).
[3] 李晓燕.关于"朦胧诗"的论争[N].牡丹江大学学报,2006(5).

［4］张立群.回首中的名与实——重读"朦胧诗"[N].海南大学学报,2004(12).

［5］李平.朦胧诗的发展、变异及其文学史叙述[N].广播电视大学学报,2003(2).

［6］陈国元.思想史视域下的"朦胧诗"——兼及该诗派的文学史地位及诗学价值[J].文艺

争鸣,2017(4).

《瓦尔登湖》导读

贾 媛

一、书本简介

《瓦尔登湖》是美国作家亨利·戴维·梭罗所著的一本著名散文集。该书出版于 1854 年,是梭罗独居瓦尔登湖畔的记录。大至四季交替造成的景色变化,小到两只蚂蚁的争斗,无不栩栩如生地再现于梭罗的生花妙笔之下,其描写细腻优美,议论深刻透辟,发人深思。它是美国自然文学的典范,当代美国读者的散文经典,被誉为"十本构成美国人人格的书"之一,与《圣经》等书一同被评为"塑造读者的 25 本书"。

梭罗作为 19 世纪美国超验主义的杰出代表,是美国超验主义鼻祖爱默生的学生,美国著名作家,自然主义者,其思想深受爱默生影响,他的思想对英国工党、印度的甘地与美国黑人领袖马丁·路德·金等人都有很大的影响,从而改写了一些民族和国家的命运。

梭罗追随爱默生,接受并以自己的实际行动践行超验主义的理论,他远离尘嚣,想在自然的安谧中寻找一种本真的生存状态,寻求一种更诗意的生活。《瓦尔登湖》一书,详细地记录了作家在两年零两个月的时间里的日常生活状态以及所思所想。他在小木屋旁开荒种地,春种秋收,自给自足。他是一个自然之子,崇尚自然,与自然交友,与湖水、森林和飞鸟对话,在林中观察动物和植物,在船上吹笛,在湖边钓鱼,晚上,在小木屋中记下自己的观察和思考。他追求精神生活,关注灵魂的成长,他骄傲地宣称:"每个人都是自己王国的国王,与这个王国相比,沙皇帝国也不过是一个卑微小国,犹如冰天雪地中的小雪团。"全书以梭罗在湖畔的亲身经历为基础,以大自然春夏秋冬的季节转换为顺序,最后以春天再次来临结束全书,暗示春回大地、万物复苏这一周而复始的自然规律,同时这也是梭罗思想上的成长及觉醒的过程。

《瓦尔登湖》在梭罗生前并未引起多大的反响,他逝世多年后逐渐受到了来自四面八方的关注与敬仰。《瓦尔登湖》被人们奉为经典,无数的学者与评论家从自然文学、生态文学、生态批评等不同的角度对其进行分析与研究,甚至瓦尔登湖也成为无数梭罗迷们朝拜的圣地。梭罗所提倡的简朴生活、亲近自然、回归本心的思想不仅深深地影响了美国文化,也为整个世界带来了清新长风。《瓦尔登湖》内容丰厚、意义深远,它是简单生活的权威指南,是对大自然的真情描述,是向金钱社会的讨伐檄文,是一部传世久远的文学名著,同时梭罗在瓦尔登湖隐居的经历也成为无数人效仿的生活模式。

二、写作背景

在梭罗的一生中,对他影响较大的是超验主义思想。超验主义是美国思想史上的解放运动,使得美国在国家独立以后进一步走向精神独立,并逐步脱离欧洲文化,创立了自己的文化。其基本思想是,首先,超验主义者强调精神,或超灵,认为这是宇宙至为重要的存在因素。超灵是一种无所不容、无所不在、扬善抑恶的力量,是万物之本、万物之所属,它存在于人和自然界内。其二,超验主义者强调个人的重要性。他们认为个人是社会的最重要的组成部分,社会的革新只能通过个人的修养和完善才能实现。因此人的首要责任就是自我完善,而不是刻意追求金玉富贵。理想的人是依靠自己的人。其三,超验主义者以全新的目光看待自然,认为自然界是超灵或上帝的象征。在他们看来,自然界不只是物质而已。它有生命,上帝的精神充溢其中,它是超灵的外衣。因此,它对人的思想具有一种健康的滋补作用。超验主义主张回归自然,接受它的影响,以在精神上成为完人。这种观点的自然内涵是，自然界万物具象征意义，外部世界是精神世界的体现。

梭罗写作《瓦尔登湖》的时代，是 19 世纪上半叶，美国正处于由农业时代向工业时代转型的初始阶段。伴随着资本主义社会工业化的脚步，美国经济迅猛发展，社会不断进步，蓬勃发展的工业和商业造成了社会大众当时普遍流行的拜金主义思想和享乐主义思想占绝对主导地位。同时，也刺激着人们对财富和金钱的无限追逐，人们都在为了获取更多的物质财富、过上更好的物质生活而整日忙碌着。聚敛财富成为了人们生活的唯一目标，为了达到这个目标，人们疯狂、贪婪、过度地掠取、霸占有限的自然资源，开垦荒地的同时，大面积的森林也随之消失，大机器的轰鸣声随处可闻，而鸟儿的歌声却很难寻觅。人们无限制地向大自然索取，最后也遭到了大自然的严厉惩罚，森林覆盖率急速下降、水土流失日益严重、生物的多样性不断减少等等一系列的环境问题，使得整个自然生态受到了前所未有的破坏与污染，而且人类自身的生存环境也变得岌岌可危。梭罗认为，这种以人类为中心的单向发展，必然会破坏人与自然相互依存的和谐，是一种倒退。人的思维和认知必须要脱开人类中心主义的立场，才能获得对于生态的真正有意义的观察和理解。而爱默生提倡超验主义，实则是对美国资本主义上升时期物质主义、拜金主义的否定，他主张个人发展，贬低工业化对人格的异化。为此，梭罗接受并践行着爱默生的超验主义思想，开始了一场生存实验，体验与经历有意义的生活。

1845 年，梭罗在家乡康科德镇的瓦尔登湖畔自己动手建造了一座小木屋，并在其中住了两年零两个月的时间。这充分表明了他寻求生活上的独立——无论是经济或精神方面，以及追求真理的决心。在这里他远离世俗的凡夫俗子以及城市的喧嚣生活，独自在瓦尔登湖畔开荒种地，并生产自己生活所需的必需品，维持着最简单的生计。在其余的时间里，梭罗则随心所欲地做着他认为必要且崇高的事情，例如阅读、写作、观察大自然，以及思考、感悟。

三、精彩看点

（一）摆脱物质的贪欲，回归简朴的生活

科技的发展缩短了城市之间的距离，丰富了人类的物质生活，同时也导致物欲的进一步膨胀，从而使人类沦为物质的奴隶。梭罗认为物欲的膨胀是人类精神匮乏和自然环境遭到破坏的根本原因，因而他提倡人应摆脱物质的贪欲，追求简朴的生活。

梭罗主张人应该过简朴的生活，舍弃不必要的外物，这样才能保持精神上的独立和完整。他把篇幅最长的《经济篇》列为全书的第一章。在书中，梭罗不厌其烦地细述了他建造小木屋的过程，以及日常花费的账目明细表，他的少得可怜的所有财产等等。他在小木屋前开垦了一小块土地，种植豆子和一些简单的农作物，在湖中捕鱼、偶尔打猎一些小动物，靠这些原始的方式为自己提供食物，以此来证明简朴的生活并非遥不可及。他大声地喊出了"简朴，简朴，再简朴"的主张，摒弃了生活中一切的享受和奢侈品，认为人们在那些他们根本不需要的奢侈品上付出了太大的代价，以致于迷失了自我。指出"大部分的奢侈品，大部分所谓生活的悠闲，不仅没有必要，而且对人类的发展实在是个障碍"。他主张人们抛弃外在的不必要需求，把精力放在充实自我的内心世界上，这样就可以过一种外在简朴，而内心富裕的生活，这也是一种更加健康、更加有意义的生活。

梭罗曾明确表示："我到林中去，因为我希望谨慎地生活，只面对生活的基本事实，看看我是否学得到生活要教育我的东西，免得到了临死的时候，才发现我根本没有生活过。"由此可见，梭罗隐居森林的真正缘由是要摆脱尘世一切奢侈品的束缚，看看没有这些奢侈品自己能不能生存。实践证明，他不仅能够生活下来，而且会生活得更加自由和愉快。他以自己的亲身体验告诉世人，人类只需要很少的资料就能生存，他把这些资料称之为"生活必需品"，包括食物、住宅、衣服和燃料。

在树林中，梭罗靠自己的双手过起了自给自足的生活，小镇上没有人敢对火

车运输说"不",只有梭罗避免了一切的经营和交换,生活得既朴素又独立。谈到住宅,梭罗曾经为一些矛盾的现象大发感慨:在野蛮状态中的每一家都有一座最好的住所来满足他们的粗陋而简单的需要,然而在摩登的文明社会中却只有半数家庭有房子。社会在进步,文明在发展,然而人们的生活好像并没有得到改善。极具讽刺意味的是,世人往往靠牺牲自己的精神口粮来换取一个居所,而梭罗只花 28 元钱就搭建了一个满意的木屋,这就构成了一个谬论:"享受着这一切的,通常总被称为'可怜'的文明人,而没有这一切的野蛮人,却生活得野蛮人似的富足。"梭罗在此所说的"文明"是指科学技术的发展带来的一种物质生活的改善,它只是一种物质文明。其实,物质文明和精神文明犹如处于天平两端的砝码,当人们牺牲精神的享受去追求物质生活的时候,必然导致人的心灵的荒芜。这也是为什么文明人在享受一切时感到自己可怜的原因,因为与物质资料的匮乏相比,人类往往更难以忍受精神的荒芜。

人类穿衣服的最初的目的有两个:第一是保持身体的温度,第二是为了在目前的社会中要把赤身裸体来掩盖。而随着文明的发展,人们越来越关心别人对它的意见,而不大考虑这些衣服的真实用处。在文明社会中,衣服不仅用来保温和遮体,它还成为一种身份和地位的象征。随着文明的进步,衣服变成了一种奢侈品,成为人类的心理支撑。因而,在文明社会中,"人们关心的并不是真正应该敬重的东西,只是关心那些受人尊敬的东西"。社会越发展,人类的奢侈品就会越多,压在人类身上的包袱也会更大。梭罗提出,只有舍掉这些奢侈品,回归简朴的生活,人类才能从根本上解放自己的肉体和精神。

生活在繁华盛世的人们一直忙忙碌碌地活着,只知道自己活得很累,但不知道自己为什么累,更不知道还有更好的生活方式去避免这种无穷无尽的劳作。梭罗以他的亲身经历告诉世人:要改善人类生活的现状,必须提倡简朴的生活。因为无论哪一种生活必需品,人类都没有肆意掠夺的权利。这种简朴的生活状态能给人类带来最大的精神自由,也是人与自然融洽相处的前提。

(二)在澄明之境构筑自我的存在

作为一个哲学家,梭罗看到了人类内心的孤独。在文明社会中,沉迷在物质

015

追求中的人们，很少有时间和精力进行心灵的沟通。他们在工作之余，会把自己沉浸在一个非常喧闹的地方，或者让自己身边围有很多人，这样可以暂时解除自己的孤独感。这种生活方式的长时间沉淀，使人心的疏远变成了一种习惯，连人与人之间的拜访也成了礼尚往来。人们只不过是给彼此充当一面镜子，以确认自己还生活在人群之中并不是完全孤立的。然而这样的生活方式，只能让人与人之间更加陌生，而迷失了自我。

在他看来，人们身体的接近并不等于心灵的接近，人与人之间重在心灵的沟通，即梭罗所谓的"神交"。梭罗可以跟各种身份的人神交，而且其神交的方式也各有不同。他可以跟一个老渔夫静坐，无须说话就能达到心灵相通；他还可以从一个未开化的"原始人"身上看到世人所没有的信任和崇敬；还有一位冬夜来访的诗人，带着自己纯粹的爱来到梭罗的小屋，他们一边喝粥，一边大笑，并谈了很多清醒的话题，弥补了瓦尔登湖边长久以来的沉默。

梭罗所谓的"神交"是一种精神的沟通，它是人与人、人与物之间交流的最高境界。它可以不借助语言的交流，也不依赖身体接近，更不局限于人的身份地位和物质条件，只要每个人拥有自己独立的精神世界，就可以达成心灵相通。所以，在物质和精神的取舍中，梭罗强调人必须拥有自己独立的精神世界。在瓦尔登湖边，"他最大的兴趣不是观察喧嚣的尘世生活，而是审视个人的内心世界"。他时时刻刻在反省，自己的内心是不是拥有一种崇高的精神，他把这种崇高精神称之为"人生的更高规律"。即使在那些集中言说人与自然关系的段落中，梭罗也都涉及人的精神世界的省察。从春天到冬天，从无声到喧闹，从倍克山庄到瓦尔登湖畔，从冬天的访客到与禽兽为邻，从种豆到收获，总有一双探求真理的眼睛，在细致观察和深刻反思着人的精神的现实与历史。在《阅读》篇中，梭罗认为古典作品是最崇高的人类思想的记录，因而号召读者在真实的精神中读真实的书，以此来充实自己的精神世界。然而，让梭罗最痛心的是，生活在19世纪的人们，"花了一个人的生命中最宝贵的一部分来赚钱，为了在最不宝贵的一部分时间里享受一点可疑的自由"。他们没有时间仔细打量自我，没有时间阅读和思考历史，他们对真理毫无热情，也不关心未来，他们只关心当下，只关心利益，最后导致人心的疏远和精神世界的荒芜。梭罗认为，应该以天地万物为师，自在地、从容不迫地生活,把物质生活的需求降到最低点,将主要精力投放到培养天性的实践中,恢复自我的神性,个体将超越世俗人生的羁绊,逐渐抵达纯粹的精神性存在,最终走向澄明之境。梭罗自有其慧眼,在清理了一切世俗人生的羁绊之后,他走向了一种高度,因为这种高度的存在,他几乎是在俯瞰世俗人生,所谓权威,所谓经典,在他的目光的过滤下,只剩下最纯粹、最本质的东西。

(三) 对话天地万物

在工业文明时代,人类为了满足自身物质生活需要,向自然界掠取资源,无论是从资源掠取方式还是掠取数量上,都超出了自然生态系统本身的承受能力。在《瓦尔登湖》中,梭罗警告世人:只管欣赏大地,可不要想去占有。对于大自然,梭罗提倡人们诗意地欣赏,反对肆意地占有。他认为自然界哺育了人类,人是自然界不可分割的组成部分。人类应当尊重自然、热爱自然,恢复自然的神性,与自然亲密无间、和谐相处,在自然面前有所敬畏。梭罗把上帝称为人类的父亲,把大自然称为人类的母亲。在《河上一周》中他写道:"有时一个凡在自己身上感觉到大自然,不是他父亲,而是他母亲在他内心躁动,而他随着她的永存而获得永生。"在《瓦尔登湖》中梭罗还曾把大自然称作"曾祖母","是什么药物使我们得以保持健康、安详和满足呢? 不是你我曾祖父的药物,而是我们大自然曾祖母的万能的蔬菜与植物性药材。"

在梭罗的心目中,大自然才是人类真正的精神家园,他认为人类在任何大自然的事物中,都能找出最甜蜜温柔的伴侣,所以他选择了与禽兽为邻。在无人居住的山林中,梭罗以心灵与自然对话,开始了与自然诗意的沟通。与奢华的生活相比,他宁愿选择粗野的生活方式,像野兽似的度过他的岁月。在湖边居住的时候,就有各种动物围绕在他的四周,有住在地板下的野鼠,有爱吃松子的松鼠,有勇于保护幼鸟的鹧鸪,有为正义而战的蚂蚁,有放声狂笑的潜水鸟,还有站在他手掌上跳舞的大黄蜂。原来人可以和自然如此亲密和谐地相融在一起。这是梭罗第一次与这些可爱的动物生活在一起,他被它们的友善、自然和生存的智慧所感动。

不仅如此,梭罗还对大自然抱有一份深深的尊敬和感激,"大自然不可描写的纯洁和恩惠,他们永远提供这么多的康健,这么多的欢乐! 对我们人类这样地同情……难道我们不该与土地息息相通吗？我自己不也是一部分绿叶与青菜上的泥土吗？"他把自己看作是大自然中普通的一员，没有高高在上的姿态，有的是对自然母亲的敬意和感激，对天地万物的关心和友爱。从生物学上看，禽兽和人一样，都是自然链条上的一个物种，人类有拔除狗尾草种植豆子的权利，因为人类是以种植为生的；同样土拨鼠也有吃光豆子的权利，因为是人类拔除了狗尾草，毁坏了它的百草园。在大自然这个链条上，每一个物种都有自己生存的权利，人与其他自然物是平等的。因而梭罗提出，豆子的成果并不是只由人类来收获，他们中的一部分本是为土拨鼠生长的。他能够站在动物的立场去思考问题，看到动物的需求，尊重动物的权利。在他看来，人与自然万物同处于一个共生共荣的生态系统中，他们互动共生，具有本原意义上的生命亲和关系。

当人类对自然界的强大干预超过了自然界的自我调节能力，人类自身便面临了生态危机。在瓦尔登湖上，梭罗亲眼目睹了湖水的灾难。在寒冷的一月份，冰雪依然很坚固的时候，动物还没有苏醒，精明的地主老爷已经把瓦尔登湖上的冰块储藏在地窖里，准备冰冻夏天的冷饮了。梭罗对人类能有这样的超前意识感到吃惊，同时也感到可悲。1846—1847年冬季，只因为一位农民绅士想使他的钱财加一倍，瓦尔登湖边立即涌来100多人，从湖上挖走了1万吨冰块，这等于活活剥去了瓦尔登湖的皮。梭罗第一次来瓦尔登湖的时候，它四周被浓密而高大的松树和橡树围起。但自从他离开湖岸之后，砍伐木材的人竟越来越多。在寒冷的冬天，很少有人来拜访梭罗，除非一些伐木或打猎的人。一棵花了十年、二十年才长大的树，顷刻间便成了人们手中的一根柱子，大自然听到了梭罗的叹息：从此要有许多年不可能在林间的甬道上徜徉了，不可能从这样的森林中遇见湖水了。梭罗看到了大自然的伤口，看到了人们的执迷不悟，他要以大声的呼喊来唤醒人们：难道"非到我们失去了这个世界之后，我们才开始发现我们自己，认识我们的处境，并且认识了我们的联系之无穷的界限"？

（四）语言风格

1. 清新形象，富有诗意

《瓦尔登湖》中无论是描写湖畔自然风光的文字，还是有关的抒情文字，都显得异常清新、形象、生动。对秋天不断变换的湖畔风光,他是这样描绘的:"九月一日,我就看到三两棵小枫树的树叶已经红了,隔湖,就在三棵岔开的白杨树之下,在一个湖角上,靠近水。啊!它们的颜色诉说着如许的故事。慢慢地,一个又一个星期,每棵树的性格都显露了,它欣赏着照鉴在明镜般的湖面上的自己的倒影。每个早晨,这幅画廊的经理先生取下墙上的旧画,换上一些新的画幅,新画更鲜艳或色彩更和谐,非常出色。"这里又用了拟人手法,并寓动于静,而且写得更为准确、细致,更富有感情。

另外,还有大量的议论性文字——《经济篇》《阅读》《更高的规律》《结束语》等篇章主要就是以议论为主;其他篇章在描写景色和记人叙事时也发了不少议论。难能可贵的是,这些议论性文字写得同样形象生动,富有情趣。作者这样阐明他到湖畔独居的动机:"我要深入地生活,把生活的精髓都吸到,要生活得稳稳当当,生活得斯巴达式的,以便根除一切非生活的东西,划出一块刈割的面积来,细细地刈割或修剪,把生活压缩到一个角隅里去,把它缩小到最低的条件中……"这儿,他用暗喻、明喻等手法,形象地说明了他要去实践精神生活至上、物质生活尚简的人生哲学的意图。

019

2. 简洁洗练,典雅蕴藉

梭罗不仅遍读西方古今书籍,而且对中国和印度等东方国家的典籍也有所研读。但他淡泊名利,生活得悠闲自得,写起书来从容不迫,修改起来也不慌不忙。他的《瓦尔登湖》是其在湖畔生活两年多所记日记的基础上写就的,用的是新英格兰地区的日常口语。其中的句子无论长短,大多属于松散句,显得闲适、从容。但他有耐心六易其稿,对这种日常口语词句进行了精心的提炼。不同凡响的是,该书的语言没有雕琢痕迹,具有简洁洗练、活泼有力的特色。他娓娓道出的不少话语听起来颇像箴言或警句。因而,该书的语言不仅平易自然,而且简洁有力。对于接近大自然的益处和重要性,他说:"如果在我们度过白昼和黑夜时,有更多时候和天体中间是没有东西隔开着的,如果诗人并不是在屋脊下说话说得那么多,如果圣人也不在房屋内住得那么长久的话,也许事情就好了。鸟雀不会在洞内唱歌,白鸽也不会在棚子里抚爱他们的真纯。"这些文字既通俗易懂,从容自然,又简洁洗练,力透纸背。

3. 不时透露出些许幽默

《瓦尔登湖》蕴含着抽象、高深的思想,但却颇具感染力,另一主要原因是其语言富有幽默感。该书无论是议论、叙事文字,还是记人、写景文字,都不时透露出幽默感。他对一位加拿大裔樵夫赞赏有加:"在他身上,主要是生气勃发。论体力上的坚韧和满足,他跟松树和岩石称得上是表兄弟。"梭罗的想象力丰富而又奇特,他常在意想不到的地方用意想不到的词语或表达方式。奇妙比喻出乎常人意料,读到这些词句令读者先是一惊,继而感到妙趣无穷。

《瓦尔登湖》中论说性文字中的幽默,常包含着讥讽意味。该书旨在警示世人改变其只贪求物质财富而无视精神追求这一流行的生活方式,而要做到这一点,首先就要否定这种生活方式并批判其背后的价值观念;但若是义正辞严地否定和批判,就会显得粗鲁少文,并很难被世人接受。于是梭罗就用幽默藏讥讽的口吻,用绵里藏针的方式去警世醒世。他说:"国王和王后的每件衣服都只穿一次,虽然有御裁缝专司其事,他们却不知道穿上合身衣服的愉快。他们不过是挂干净衣服的木架。"这旨在告诫其同胞不要只讲究衣着而无视内心修养。

四、读法指导

《瓦尔登湖》是一部融哲理性、抒情性、知识性、文字性于一体的杰出散文著作,给人以智的启迪、美的享受。虽然它的读者比较固定,但始终不会很多。就像译者徐迟先生所说,在繁忙的白昼,他有时会将信将疑,觉得它并没有什么好处,直到黄昏,心情渐渐寂寞和恬静下来,才觉得"语语惊人,字字闪光,沁人肺腑,动我衷肠",而到夜深万籁俱寂之时,就更为之神往了。所以,面对这本书,我们需要首先让自己的心静下来,它不是一本生活指南,而是内心的向导。而那个抽象的瓦尔登湖,并非本来意义上的隐居之地,而是可以让精神超凡脱俗的出尘之所,是安放洁净灵魂的故乡。清华大学校长邱勇给新生推荐《瓦尔登湖》,或许是希望学生能够以精神上的洁净高远,去对抗无所不在的物质喧嚣,减轻利益交换原则所带来的焦虑,从而逃避这个时代的狂躁与沉沦。

鉴于《瓦尔登湖》篇幅较长,融记叙、议论、抒情于一体,语言风格多样,文字精深,推荐同学们采用撰写笔记的方法。首先需要了解作品的创作背景、作者的哲学思想、文中的主要观点等,否则,或读不下去或一叶障目。具体可以从以下几个方面着手:一、作摘录。首先通过徐迟的译本序言来了解作者生平及哲学思想,简要概括,长章节如《经济篇》,观其大略,概括要旨。二、作评点。将书中一些重要语句(如描写优美的句子、哲理语句等)摘抄下来,或品味个中情感意蕴,或揣摩语言风格等等。三、写读后感。强调在读懂的基础上作细致深入的分析,要求有选择性,有重点和针对性。针对某一问题或某一两方面进行条理性、系统化的阐释,比如每章两段,不少于 600 字,自选角度,对话梭罗,思考梭罗的思想的现代启示、梭罗的阅读观等。但切忌将读书笔记写成故事概览,应独立思考,有主见;主次分明,条理清晰,有理有据,自圆其说;注重资料搜集,以完善见解,使评论更准确全面。

五、参考书目和论文

[1]梭罗著;徐迟,译.瓦尔登湖[M].上海:上海译文出版社,1982.
[2]任涛,彭家海.寻找心灵深处的"瓦尔登湖"[N].湖北科技学院学报,2013(3).
[3]郑慧.聆听大自然的呻吟[J].安徽文学,2009(4).
[4]孙宵.瓦尔登湖:一个精神游历者本真存在的镜像书写[J].世界文学评论,2010(2).
[5]王丽娜.解读梭罗巨著《瓦尔登湖》的主题思想[J].中外文学文化研究,2011(8).

《呐喊》导读

戴秀琴

一、书本简介

鲁迅(1881—1936 年),浙江绍兴人,原名周樟寿,字豫山,1892 年,进三味书屋读书时改为豫才,1898 年去南京求学时取学名周树人。

《呐喊》收录 1918—1922 年间所写的 14 篇小说,也是鲁迅的第一本小说集,出版于 1923 年。关于书名"呐喊",《自序》中这样解释:"在我自己,本以为现在是已经并非一个切迫而不能已于言的人了,但或者也还未能忘怀于当日自己的寂寞的悲哀罢,所以有时候仍不免呐喊几声,聊以慰藉那在寂寞里奔驰的猛士,使他不惮于前驱。""但既然是呐喊,则当然须听将令的了。"后来,鲁迅把这时的创作称为"遵命文学",他说:"不过我所遵奉的,是那时革命的前驱者的命令,也是我自己所愿意遵奉的命令。"

鲁迅当时关注并随之投身其中的不是任何别的什么"革命",而只是思想革命、文化革命大潮中的文学革命。因此,鲁迅当时要"遵"他们之"命",并以"呐喊""慰藉"这些"革命的前驱者",就只能指先于鲁迅在《新青年》上为文倡导文学革命的胡适、陈独秀、钱玄同、刘半农等诸位,而陈独秀应是鲁迅当时心目中的"主将"。

他们几位后来的发展变化当然各有不同,但"五四"前后鲁迅和他们的确可以说是"同一战阵中的伙伴",在反对旧道德提倡新道德、反对旧文学提倡新文学、反对文言文提倡白话文的战斗中,凭着各自的优势也带着各自的局限作出了各自的贡献。

而鲁迅的《呐喊》则为人所公认地显示了文学革命的实绩。

二、写作背景

在东亚现代化的进程中,日本尤其值得关注,它在很短的时间内告别农耕、幕府分封,迅速走向工业化,一度领先东亚,由世界闻名的差等生成为优等生,由中华文化的学生成为中华西化的先生。"五四"前后,留日学生心中盘桓着日本的文化选择与中国的文化选择,民族救亡的激愤转化为文化批判的激情。

《呐喊》的第一篇《狂人日记》发表于 1918 年,此时鲁迅已是 38 岁。在过去的 38 年中,他经历了童年时期的家庭剧变,祖父被捕,父亲病故,因而饱尝了人间冷暖,深味了世态炎凉;又经历了青年时期富国强兵梦、医人济世梦和维新梦的破灭,这里包括了对江南水师学堂和江南陆师学堂附设矿路学堂的大失望,以及在日本仙台医学专门学校所受的强烈刺激;人到中年又亲历了换汤不换药的辛亥革命和接踵而来的袁世凯称帝、张勋复辟。凡此种种,大概就足以使他深感旧的黑暗势力的强大、广大国民的愚弱和少数觉醒者形单影只的痛苦。

《呐喊》是当年"全盘西化"潮流的代表作,这股潮流是鸦片战争、尤其是甲午战败之后滋生出国民发愤图强,抛弃传统文化焦虑心态的反映。盘点当时的焦点,一是从思想上打倒孔家店,摧毁儒家文化的精神价值,二是日常生活中反中医,开启废止中医的序曲。当时陈独秀抛出一个锋利的命题:传统生活的存在必定会阻碍现代化的进程。科学主义、西方文化中心论成为思想文化界的主流论调,启蒙与救亡也成为一时的共识。受日本明治维新后社会新风的刺激,1915年,陈独秀第二次东渡回国后创办《青年杂志》,将思想文化改造列为首要命题。以陈独秀、鲁迅为代表的留日归国学生,对中国传统文化、前现代人格(国民性)及传统医学大多持激进、决绝态度。

三、精彩看点

《呐喊》中到处可见的是封建秩序、封建礼教、封建迷信在"吃人"。孔乙己、华老栓一家、单四嫂子母子、七斤夫妇、闰土、阿Q……陆续被"吃",从精神的扭曲一直到肉体的死亡。换言之,揭露"吃人"现象、抨击"吃人"思想,乃是《呐喊》以及同时期所写杂文中最突出的共同主题。

《狂人日记》的主人公是一个疯子,发疯原因,自己追根溯源,是"廿年以前,把古久先生的陈年流水簿子踹了一脚"。中国的传统,历史悠久,从未间断,是绝不能容人说"不"的。"我"自从踹了古家的簿子,就成了恶人,慢慢地疯了。在疯人的心态中,"我翻开历史一查,这历史没有年代,歪歪斜斜的每叶上都写着'仁义道德'几个字。我横竖睡不着,仔细看了半夜,才从字缝里看出字来,满本都写着两个字是'吃人'"!

中国几千年来一直自封为"仁义道德"的文明史,其实是血淋淋的吃人史!"从盘古开辟天地以后,一直吃到易牙的儿子;从易牙的儿子,一直吃到徐锡林;从徐锡林,又一直吃到狼子村捉住的人。去年城里杀了犯人,还有一个生痨病的人,用馒头蘸血舐。"这里把史书上的记载、现实中的实例和小说中的情节并置在一起,要想起到的就是一种超越小说的现实效果:以新文化否定旧文化!

《狂人日记》不仅为鲁迅的小说奠定了一个大主题:揭露中国的"吃人文化",而且为吃人是如何可能的,作了艺术且逻辑的描绘。整个社会构成了一个吃人的网。文化杀人,是杀人于无形之中,杀人而不见血。揭示这种杀人,是新文化全盘否定传统的最重型的武器,因而成了鲁迅小说的重要主题。《孔乙己》《故乡》《祝福》是这一主题的丰富展开。

《孔乙己》以小说中主人公为篇名,姓孔,孔夫子的孔,寓意为孔夫子的徒子徒孙,旧文化中的读书人,"乙己"是别人以戏谑的方式替他取的外号,别人不叫也不知道他真实的名,他也不以为意,任人这样叫他,任这符号成为他实际的命名。孔乙己没有了自己的个性、自己的主见、自己的灵魂,他已经被以"孔"为代表的文化传统和以"乙己"为象征的社会现实所占有。

他连正常的话都不会说,才说两三句口语,就无意识地回到文言里去,句型上是酸得可笑的"之乎者也",词汇上是大众难懂的成语典故,成为大众的笑柄。从传统的观念看,他有很渊博的知识,如知道"回"字有四种写法,但这类知识在现代社会的实际中有什么用呢? 连作小酒店小学徒的"我"也对他的知识和教诲不屑一顾。

给孔乙己致命一击的,正是传统社会中的权势者、科举制度的成功者——丁举人。他逼孔乙己先写伏辩,彻底断了他的科举希望;再打折腿,使孔乙己重度残疾,谋生可能也丧失。被丁举人打折了腿的孔乙己,在保持自己本能的节操(喝酒给现钱),保护自己本已没有了的名声(不承认是被人打折了腿),和在大众的取笑中,死去了。当然,他自己,把他打折了腿的丁举人,取笑他的大众,都不明白:他,忠于旧文化的读书人,实际上是被旧文化给"吃"了。

《故乡》的主人公是闰土,闰月生的,五行缺土,所以叫闰土,取名已经渗透浸满了旧文化的内容。小说的主体,就是把童年的闰土与成年的闰土进行比较。童年的闰土是一个非常活泼可爱的小孩,成年的闰土"却全然不动,仿佛石像一般"。为什么会变成这样呢?"多子,饥荒,苛税,兵,匪,官,绅,都苦得他像一个木偶人了"。《故乡》中的吃人,已经不是《孔乙己》和《祝福》那样,是一种肉体死亡,而是一种人的变形,由一个活泼泼的人变成一个木偶般的人。

新文化和进化论是把未来的希望寄托在孩子身上的,《故乡》却揭示了,孩子确实是可爱的,但在成长中却被社会扭回到大人的不可爱中去了。成年的闰土就和当年他父亲的模样一样,同样,闰土的儿子水生又和童年的闰土一样可爱。然而,闰土的命运已经预兆了水生的命运。闰土父亲、闰土、水生,一个社会—文化—生活之链将之束缚在一起。闰土、水生,取名中就有一种更深的旧文化的关联,是照五行相克相生的理论来的。这是一种循环的理论,闰土三代演绎了循环的现实。

在这一代又一代的循环中,在一代一代的儿童的童心被"吃",而变成木偶人的历史现实中,《故乡》再次演绎了"救救孩子"的意蕴,只是用了更现实的表现方式。

《孔乙己》《故乡》表现了旧文化给两类人的苦难,读书人,农民,此外在《祝福》中,还反映了祥林嫂这种旧式妇女的苦难。这三类人既是中国旧文化的支柱,又是旧文化的殉道者,而在中国现代性的历程中,这三类人的问题正是最大的问题。鲁迅小说的持久魅力,正在于它本有的象征结构。在这三大问题未被历史发展解决之前,这种象征会始终保持其力量。在这三类人被旧文化吞吃中,《故乡》在农民的苦难中突出了孩子被吃。

旧文化是一个吃人的文化,它能够从盘古开天地以来,一代一代地吃下来,一个根本的原因,就是国民的不觉悟。要否定扫除吃人的旧文化,必须对国民性进行根本的改造。国民性批判,构成了鲁迅小说的又一大主题。《药》《风波》《阿Q正传》,是这一主题的经典体现。

《药》寓意极深、沉痛极深、悲哀极深。茶馆主人华老栓,一个善良而愚昧的国民,花钱买革命者的血,给自己儿子治病。茶,悠闲高雅,文化的象征;到茶馆里的人,都有文化类型分派。康大叔,职业刽子手,保卫文化秩序和健"康"。没有出场,由康大叔讲述,成为茶馆话题的红眼睛阿义,监狱官,文化道"义"的维护者,康大叔是挥刀见血,他是眼睛充血。

二人都属官方,康呀,义呀,以文化所标榜的东西为姓名。来茶馆的其他人,没有自己的姓(个性),只有身体状态,花白胡子,显其衰老(按进化论,老必朽);驼背五少爷,年纪轻,身已残(心已残);"二十多岁的人",显然既不老,也不残,而是年轻力壮,但糊涂得连任何特征都没有了。这茶馆的顾客不正象征中国的各大类国民?

再看店主一家,姓华,华夏之华,主人华老栓,完全给旧文化"拴"住了;小栓,一样给(旧文化)"拴"住了,得了"痨病"绝症,快要死了。这意味着华家要绝后了。怎样才能救这华家,让它祖辈相传的香火不被断绝,继续传下去呢?哪里去得到灵丹妙药呢?

革命才可能救中国,茶馆里国民们对革命却不理解、不支持,而且很气愤。革命者要用自己的血来救中国(华),华家夫妇却虔诚地愚昧地用革命者的血来救自己的孩子。华家茶馆中的国民认为革命者"发了疯了"。革命者的血,并没有唤起国民!

在旧文化,华夏之家,儿子不得不死,不是因袭传统而被"拴"死,就是起来革命而被杀死。旧文化就是一个"杀子"文化! 旧文化中的国民是用血也唤不醒的国民！

《风波》告诉人们，尽管已是民国了，乡村仍笼罩在非常落后的旧文化之中。上层之中旧知识的代表，保皇的赵七爷掌握的知识，只是十多本金圣叹批评的《三国志》；下层之中，因帮人航船，每日进城一回，而"很知道些时事"的代表七斤，传播的主要是"什么什么地方，雷公劈死了蜈蚣精，什么什么地方，闺女生了一个夜叉之类"的八卦。革命与复辟是一个关系到普通国民性命的大问题，但普通国民们对革命和复辟的真正意义却毫无所知，也不想去知。

《风波》中的人物，除了赵七爷，以赵姓表明其忠于皇帝，村民们都没有姓名，只用了出生时的重量做小名，九斤、七斤、六斤。中国的国民，只有一种生理上区别，没有精神上的个性。

上层知识界的代表，赵七爷，信奉的是完全过时的书本知识《三国志》；家庭权威的代表，九斤老太，相信的是自己五十以后（不正常）的感觉经验：一代不如一代。时代新知的代表，七斤，相信的是城里咸亨酒店里的道听途说。村民们也是见风使舵，随波逐流。这就是中国的国民。因此，虽然皇帝确已不坐龙庭了，六斤还是缠了小脚，在土场上一瘸一拐地往来……社会依旧，风俗依旧，国民依旧。

《阿Q正传》是鲁迅国民性批判的经典之作。

阿Q，被传统抛弃了，却还要死认传统；既不能真正地认识自己，又不能真正地认识世界；阿Q很穷，又很自尊；自身确有缺点，导致忌讳很多。

阿Q，有缺点，又很自尊，就免不了常与别人冲突，他又穷又无力量，冲突的结果总是失败的时候多。失败当然更损自尊，又不可能在现实中转失败为胜利，于是他用精神胜利法在心理上转失败为胜利，被人打了，就想，儿子打老子。各种失败他都有各种方法很快在心理上转失败为胜利。中国人自1840年以来，在一次一次的惨败中活过来，在很大的程度上，不就是靠了类似的精神胜利法吗？

阿Q在现实中有太多失败的经验，对比自己强大的人是绝不去惹的，但对比自己弱小的人主动去欺侮，对王胡，对小D，对小尼姑。一个几千年的皇权社会和家长社会造成的和需要的只能是这种人格。旧中国政府的怕洋人、欺百姓也是这种人格。

阿Q自认姓赵，他是虔诚地按照传统文化的观念来看待自己、他人和世界的，然而他又本能地根据实用的需要改变自己的观念。而在改变观念的时候必然包含着一种滑稽的纠缠，其结果往往是悲喜剧的。在男女关系上，他对于"男女之大防"历来很严，有排斥小尼姑之类的异端的"正气"；当他因一个偶然机会拧了小尼姑的脸而引发了性的欲望时，就时刻留心女人，终于惨遭"恋爱的悲剧"，在未庄身败名裂。对革命党，他一向是深恶痛绝的，"认为革命党便是造反，造反便是与他为难"。当他发现，上至举人老爷，下至未庄的鸟男女都害怕革命的时候，他也跳出来革命，大喊造反了。对外来异端，他十分痛恨，钱家大儿子留洋回来，腿也直了，辫子也不见了。阿Q见了，就暗骂他是"假洋鬼子""里通外国的人"，认为他老婆不跳第四回井，就不是好老婆。但发现假洋鬼子先他一步投了革命党，先他一步到尼姑庵去革了一块皇帝龙牌的命，就赶紧去找假洋鬼子了。结果是假洋鬼子不许阿Q革命！

阿Q的革命是什么样的呢？用他白天喊叫的话来说，是："我要什么就是什么，我欢喜谁就是谁。"概括起来，一是复仇，让未庄的一伙鸟男女向他下跪求饶；二是要钱要东西；三是要女人。阿Q这样的受苦人确实需要革命来改变命运，但他并不知道自己需要什么样的革命，更不知道中国需要什么样的革命。结果，在他哄闹的革命中，被糊里糊涂地送上了断头台。

阿Q的自我定位始终是错的，他始终找不到自己的位置；阿Q的自我意识始终是错的，他找不到真正的自我。他的认同对象，先要姓赵，次要恋爱，后要革命，包含了他的自尊和追求，还是错的。他的认同行为给他带来的是一系列的失败：不准姓赵，不准恋爱，不准革命，最后杀头。走向刑场的时候，他记起来的，仍是传统的戏文和传统的套话，还有他那一以贯之的思维方式。

阿Q，走向死亡中的不觉悟的国人。

封建思想、封建道德、封建迷信等，不但为"上等人"所坚持、所宣扬，亦且深植于"下等人"心中，从而导致了广大群众思想的落后、精神的愚昧、个性的泯灭。鲁迅深感这种种缺陷、弱点在下等人身上普遍存在的严重性，他大概认为，下等人深受"旧的成法"的束缚、毒害而不自觉，严重性远过于上等人的坚持、维护"旧的成法"，这个问题如不解决，则一切改革都只能是换汤不换药。30年代初，鲁迅答复斯诺提问"中国阿 Q 仍同以前一样多吗",说是"更糟了,现在是阿 Q 们管理着这个国家了"。参看《阿 Q 正传》中关于阿 Q"革命"理想的描写,鲁迅此言不谬。

鲁迅是要用文艺来改变人的精神的,他就不能无视国民性问题;鲁迅是要写出他眼中的人生的,未庄、鲁镇社会便是他眼中人生的缩影;鲁迅是要写出现在国人的灵魂的,阿 Q 诸人便是这灵魂的载体;鲁迅是要用创作去揭出痛苦,引起疗救的注意的,在当时的鲁迅看来,绝无窗户而万难破毁的铁屋子中,许多昏睡的人们都要闷死而不感到就死的悲哀,这正是他当时要揭出的最大痛苦,并认为是最须引起人们疗救的注意的。然而,国民性的改变岂是易事,沉渣的泛起却绝不困难,因此《呐喊》诸篇中几乎都饱含着浓重的悲剧意蕴。《社戏》中的农民孩子双喜、阿发等的确带来一些鲜活的气息,但少年闰土正是如此,长大后不仍然会成为一个又一个的木偶人么? 甚至在《兔和猫》《鸭的喜剧》中我们也可看到兔的悲剧,蝌蚪的悲剧。即使鲁迅尊重"主将"不喜欢消极的态度,在夏瑜坟上平添花环,也不叙单四嫂子终于没有梦见儿子,甚至在《故乡》结尾充满感情地寄希望于未来,但贯穿《呐喊》各篇的悲剧气息终究难以冲淡和抵消。然而悲怆的《呐喊》毕竟仍然是"呐喊",而不是任何别的。

029

四、读法指导

1. 单篇阅读

首先阅读《〈呐喊〉自序》,搞清自序的要旨,再逐一阅读单篇。可以先后运用泛读、精读法,精读时可以拿起笔,就自己的发现与疑问、收获加以批注。如《故乡》中,"我的母亲早已迎着出来了,接着便飞出了八岁的侄儿宏儿",可以批注,客居他乡的亲人回家,"迎"体现母亲的殷切沉稳,"飞"画出孩子的轻盈、活泼、好奇。再如《阿 Q 正传》,欺负小尼姑部分,可以批注阿 Q 在欺负更弱小的人。另外:"他这一战,早忘却了王胡,也忘却了假洋鬼子,似乎对于今天的一切'晦气'都报了仇",批注,迁怒弱小无辜;面对小尼姑带哭的声音,阿 Q 的笑、酒店里的人的笑,批注,没有人性的世界。还可以增加参考阅读,即作品参考评论文章阅读等。

读书是为了自省自新，在鲁迅批判的国民性中，我们还要对照反思自己身上是否还有国民劣根性的残余。

2. 系列对比

可以专题阅读，按照主人公的身份，如知识分子系列、农民系列，联系起来对比阅读；可以按照主题阅读，如反礼教、反旧式教育制度作品。把同一系列小说对比阅读，如清醒的知识分子，对狂人、夏瑜、前辈 N 先生的命运、人生走向，思考研究；旧式教育制度的牺牲品，如孔乙己、陈士成命运遭际的互相对比参照。甚至可以联系鲁迅的《彷徨》，看看同一问题，作者的认识是怎样进一步发展、改变的。而且鲁迅受俄国文学影响，可以拓展探讨鲁迅怎样接受俄国文学的影响。

3. 撰写论文

在单篇批注、系列对比阅读的基础上，可以把自己的阅读心得形成文字，撰写小论文。比如内容方面可以关注吃人文化研究，孩子、清醒者、妇女都是怎么被封建社会吞噬的；知识分子命运研究，发达的知识分子如丁举人、赵老太爷；失败的知识分子如孔乙己、夏瑜、N 先生失败原因的探讨；旧式妇女如单四嫂子的人生；艺术手法研究，如作品中的景物设计探讨、情节架构研究、叙述人身份的选择、超越旧式小说的地方，等等。

五、参考书目和论文

［1］李欧梵.铁屋中的呐喊[M].浙江:浙江大学出版社,2016.

［2］王富仁.中国反封建思想革命的一面镜子[M].北京:北京师范大学出版社,1986.

［3］夏志清.中国现代小说史[M].香港:香港中文大学出版社,2001.

［4］钱理群,吴福辉,温儒敏.中国现代文学三十年(修订本)[M].北京:北京大学出版社, 1998.

《边城》导读

汤　洵

一、书本简介

　　《边城》是沈从文小说的代表作,是我国文学史上一部优秀的抒发乡土情怀的中篇小说。它以 20 世纪 30 年代川湘交界的边城小镇茶峒为背景,以兼具抒情诗和小品文的优美笔触,描绘了湘西地区特有的风土人情;它以独特的艺术魅力吸引了众多海内外的读者,也奠定了《边城》在中国现代文学史上的特殊地位。

　　沈从文(1902—1988 年),原名沈岳焕,湖南凤凰县人,现代著名作家、历史文物研究家、京派小说代表人物,笔名休芸芸、甲辰、上官碧、璇若等。14 岁时,他投身行伍,浪迹湘川黔边境地区,1924 年开始文学创作,抗战爆发后到西南联大任教,1946 年回到北京大学任教,建国后在中国历史博物馆和中国社会科学院历史研究所工作,主要从事中国古代服饰的研究,1988 年病逝于北京。沈从文一生写下很多部小说和散文集,但是在他众多的作品之中,《边城》始终占据着最重要的位置。可以毫不夸张地说,正是《边城》奠定了沈从文先生在文学史上的历史地位。1999 年 6 月,《亚洲周刊》推出了"20 世纪中文小说一百强排行榜",对 20 世纪全世界范围内用中文写作的小说进行了排名,遴选出前 100 部作品,参与这一排行榜投票的均是海内外著名的学者、作家。在这一排行榜中,鲁迅的小说集《呐喊》位列第一,沈从文的小说《边城》名列第二,但如果以单篇小说计,《边城》则属第一。《边城》被译成日本、美国、英国、前苏联等四十多个国家的文字出版,并被美国、日本、韩国、英国等十多个国家或地区选进大学课本。

二、写作背景

沈从文14岁高小毕业后入伍,看尽人世黑暗而产生厌恶心理。接触新文学后,他于1923年寻至北京,欲入大学而不成,窘困中开始用"休芸芸"这一笔名进行创作。30年代起他开始用小说构造他心中的"湘西世界",完成一系列代表作,如《边城》《长河》等。他以"乡下人"的主体视角审视当时城乡对峙的现状,批判现代文明在进入中国的过程中所显露出的丑陋,这种与新文学主将们相悖反的观念大大丰富了现代小说的表现范围。沈从文一生创作的作品结集约有80多部,是现代作家中成书最多的一个。早期的小说集有《蜜柑》《雨后及其他》《神巫之爱》等,基本主题已见端倪,但城乡两条线索尚不清晰,两性关系的描写较浅,文学的纯净度也差些。30年代后,他的创作明显成熟,从作品到理论,沈从文后来完成了他的湘西系列,乡村生命形式的美丽,以及与它的对照物城市生命形式批判性结构的合成,提出了他的人与自然"和谐共存"、本于自然、回归自然的创作哲学。

《边城》完成于1934年4月19日,关于这篇小说的创作动机,作者说:"我要表现的本是一种'人生的形式',一种'优美,健康而又不悖乎人性的人生形式'。我主意不在领导读者去桃源旅行,却想借助桃源上行七百里路西水流域一个小城市中几个愚夫俗子,被一件普通人事牵连在一处时,各人应得的一分哀乐,为人类'爱'字作一度恰如其分的说明。"

《边城》成书时正是沈从文爱情事业双丰收的季节。社会虽然动荡不安,但总体上还是稍显和平,这个时候中国有良知的文人,都在思考着人性的本质,沈从文自然是走在前沿的,于是,他希望通过自己对湘西的印象,描写一个近似于桃花源的湘西小城,给都市文明中迷茫的人们指一条明路:人间尚有纯洁自然的爱,人生需要皈依自然的本性。

三、精彩看点

1. 清新的牧歌

长期以来《边城》一直被定位为"一首人性美的牧歌"。《边城》以清末时期的湘西茶峒地区为背景,以小溪渡口为起点,绕山岨流的溪水汇入茶峒大河,展开了旷野渡口少女翠翠与山城河街天保、傩送兄弟的动人爱情故事。沈从文用极为优美而流畅的语言文字,如诗如画般描绘了恬静幽美的山村,湘西边城浓郁的风土民情,给人以极美的享受。

随着故事的展开,《边城》描述了河街繁华祥和的码头市井,湘西淳朴厚道,善良笃信的世道民风。这些客观生动的描写,反映了沈先生凤凰县生活的深厚基础,当年对河街生活细腻的观察,对湘西民俗风情的谙熟,直观与遐想的特写抓住精彩的瞬间,给人以鲜活的生活场景。

我们虽然仅仅是从文字上了解湘西的那个遥远的时代,未必透彻领悟是什么样的社会环境,但《边城》却是沈先生描述的类似于陶渊明笔下的现代桃花源,与当时战乱的外世隔绝,从中不难看出沈从文先生对和谐美好社会的向往和追求。

故事的主人公翠翠、老船夫、大老、二老有着善良的人性,沈从文这种超现实的寄托在《边城》里主要体现在翠翠身上。翠翠一直是沈从文内心某种美好理想的化身,她是一个在青山绿水中长大的孩子,无父无母,和爷爷相依为命。她的天真善良、温柔清纯不带一点儿世俗的尘滓。沈从文细腻地描绘出了这个完全与自然融合在一起的清纯少女的形象,在平凡的生活中有她自然似的哀与乐。翠翠是一种生命的现象,有一种本能的和自然融会一体的气质,是跟风、跟日、跟树、跟绿水青山一样的一种生命。也就是说,她没有沾染人世间的一切功利是非思想,达到了与自然融为一体的境界,她的世界是不含渣滓、纯净透明的。

爷爷敦厚朴实,恪尽本分。天保豪放豁达,傩送秀拔出群。船总顺顺为人和气、大方、能济人之急。老船夫去世的时候,所有人都来帮翠翠办丧事。杨总兵还一直陪着孤苦的翠翠。从这些人物身上我们都能看到人情之美。

033

《边城》的语言自然流畅,明白如话。写景优美舒展,写人亲切真挚,叙事更是如歌如诵,配合得非常和谐。汪曾祺说:"边城的语言是沈从文盛年的语言,最好的语言。既不似初期那样的放笔横扫,不加节制;也不似后期那样过事雕琢,流于晦涩。这时期的语言,每一句都'鼓立'饱满,充满水分,酸甜合度,像一篮新摘的烟台玛瑙樱桃。"

2. "隐伏的悲痛"

沈从文在《从文小说习作选·代序》中曾经说过这样一段话:"我作品能够在市场上流行,实际上等于买椟还珠,你们能欣赏我故事的清新,照例那作品背后蕴藏的热情却忽略了,你们能欣赏我文字的朴实,照例那作品背后隐伏的悲痛也忽略了。"对沈从文《边城》的理解有没有作者所说"买椟还珠"的现象呢?

重读《边城》,我们会发现在《边城》朴实优美的文字背后是有作者"隐伏的悲痛"的,这从作品悲剧性结局就可看出。首先是翠翠母亲的爱情悲剧,爱的不能实现让一对痴心男女以身殉情。其次是翠翠自己的爱情悲剧。翠翠是一个纯粹的不见世面的乡下女孩子,她在一个相对闭塞的环境中自然成长,没有得到母亲的关爱,也没经过文化的洗礼,虽然有疼爱她的爷爷,相伴的黄狗,但随着翠翠的不断长大,她很多心底的感受和秘密不再愿意向爷爷说起,她内心的感受越丰富,孤独感就越明显,而看着翠翠长大的爷爷,害怕女儿的惨剧会在翠翠身上重演,他格外地关注翠翠的大事,希望翠翠有一个好的归宿,然而偏偏又是一系列的误会和不理解。大老、二老同样爱着翠翠,大老通过走车路的方式向老船夫提亲,没有得到肯定的回应,走马路唱歌的方式又竞争不过二老,大老驾油船远走辰州,结果掉进茨滩被急水淹死了,酿成极大的悲剧。二老在哥哥死后,面对这样一段悬而不决的爱情也选择了出走。老船夫为翠翠婚事的努力也最终归于失败。这种悲剧性在文章的结尾部分达到最高潮,一个暴风雨之夜,随着渡口旁边白塔的倒掉,被命运所击忧郁难解的老船夫也溘然与世长辞。溪边只剩下孤雏翠翠,带着一颗破碎的心,守着爷爷留下的那条渡船,在孤独和痛苦中期盼着那个"也许永远不回来了,也许明天回来"的远行人。如诗如画的叙写在这样一个凄凉的图景中戛然而止,留给读者的是翠翠单薄的等候的背影,是长久的孤独感。按理说,善良的人性应该有美好的结果,《边城》的主人公都具有优美善良的人性,他们都在努力地生活,努力地爱着别人,仁义,谦逊,和睦,这在大老二老和翠翠的关系处理上尤为如此,可偏偏命运在作弄着他们,最终死的死,走的走……故事的结局是悲剧性的。文章并没有有情人终成眷属的美好结局,有的只是孤独,忧伤。

是什么样的原因造成了故事的主人公们最终凄凉的结局呢?单从小说的文本来看,我们会发现故事的发展进程中存在着相当多的误会和偶然。沈从文在《水云》中曾对《边城》有这样的表述:"一切充满了善,然而到处是不凑巧。既然是不凑巧,因之朴素的善终难免产生悲剧。"

再往下分析,我们就会发现,这一连串的偶然和误会背后是有人为因素和现实因素存在的。

边城的人民是人性美的代表,但这并不意味着他们是十全十美的,诚如作者所说:"生活有些方面极其伟大,有些方面又极其平凡;性情有些方面极其美丽,有些方面又极其琐碎。"湘西的人生具有人与自然契合的一面,但也"充满了原始神秘的恐怖","野蛮与优美"交织在一起,这种处于待开发状态的原始自在的人性,不可避免地有其阴暗的一面。《边城》中不也反映了湘西人的闭塞和落后吗?翠翠与傩送的悲剧正好把这阴暗的一面暴露出来,那就是边民纯朴健康人性下潜藏着的几千年来民族心灵的痼疾——愚昧和迷信。他们以为祸患都渊源于冥冥之中的因果报应,对于一些他们无法解释的祸患,总把他们与人的言行生硬地联系起来,认为人的言行悖于常理势必惹来祸患,于是由猜疑、误会而产生隔膜,甚至最终酿成悲剧。正是这一心理痼疾,使顺顺父子不自觉地充当了悲剧的制造者。沈从文的人性的内涵并不仅仅是多数论者所理解的"美的人性",而是一种现实的自为自在的人生形式,是一种"金子与沙子并存"的客观实在。

《边城》的故事尽管发生在湘西相对平静、稳定的 20 年代,而在讲述这一故事时,又掺入了作家对未经金钱、实利污染的自然朴质民风的赞颂与向往,但包括湘西在内的中国社会毕竟进入了"现代社会",已经不再是《月下小景》式的原始洪荒的古代社会,因此"现代文明"的污染并非在作品中没有一点表现。以翠翠的爱情悲剧而言,表面看来像是发生在无冲突的和平之日,除了误会就是不凑巧,但细细品味,就可看出它原是深深地植根于现实土壤之中。湘西已不再是一片净土,商品因素也在侵蚀着它,改变着人们的思想观念和价值准则。

总之,《边城》并不全是一首人性美的牧歌,它也有孤独和悲伤以及凄凉的结局,它描写的也不仅是牧歌式的田园生活,它有现实的隐忧,现实与理想的矛盾冲突和对立。湘西人性除了美好善良的一面以外,也有偏狭愚昧的一面。

3. "蕴藏的热情"

严家炎先生指出:"沈从文的长篇《边城》,则蕴蓄着较全书字面更为丰富的寓意,可以说是一种整体的象征。不但白塔的坍塌象征着原始、古老的湘西的终结,它的重修意味着重造人际关系的愿望,而且翠翠、傩送的爱情挫折象征着湘西少数民族人民不能自主地掌握命运的历史悲剧。"如果把严先生的上述提示结合于结构主义的批评方法,我们完全可以认定《边城》蕴含着表面和深层的两种结构。它的表层结构,是一个处处由"偶然"支配的美丽动人而略含凄清的爱情悲剧故事。叙述的是"酉水流域一个小城市中几个愚夫俗子,被一件人事牵连在一起时,各人应有的一份哀乐,为人类'爱'字作一个恰如其分的说明"。而它的深层结构,则整体地象征着作家企图用民族的"过去伟大处"来重塑民族形象、重造民族品德的热切愿望,以及这个愿望在"堕落趋势"面前显得无可奈何的孤寂与苦闷。许多评论者的失误就在于,他们仅仅依据着这部作品的表层结构,对它作出的又只是社会学和政治学的理解。

如果说沈从文怀着深深的民族忧患意识,通过《边城》的人生形式的描绘,目的是有意跟上文我们所说的两种人生形式形成对照,那么,出于一贯"艺术独立"的原则立场,他创作《边城》还有着另外一个更加深沉的目的。这就是有意向当时片面理解文艺作品的社会功能,取消艺术创造规律,对文艺现象作庸俗社会学理解的不良社会风气的挑战。沈从文一贯认为,一部好的文学作品除了使人获得"真美感觉之外,还有一种引人'向善'的力量",而这种"向善"又不仅仅是"属于社会道德方面'做好人'为止",而是能让读者"从作品中接触到另外一种人生,从这种人生景象中有所启发,对人生或生命能作更深一层的理解"。这就是他对文学社会功能的基本看法。为此,他在《边城·题记》中热情地表示愿把他的这本小书奉献给那些"极关心全个民族在空间与时间下所有的好处与坏处","很寂寞的从事于民族复兴大业"的人;用来重新"点燃起青年人的自尊心与自信心"。

这大约也是《边城》思想倾向的另一个方面。或许也就是汪曾祺认为《边城》"不是挽歌,而是希望之歌"的理由。

四、读法指导

鉴于《边城》篇幅不长、故事情节较为简单、语言简洁优美,推荐同学们采用读书笔记的方法。可以从以下几个方面着手:一、作摘录。将书中一些重要语句(关键句、主旨句、哲理语句等)摘抄下来,朗读吟诵;二、作评点。评注式笔记不单摘录,更为注重自己的品评赏析。借助点、评、勾、划等手段或对摘抄语句进行艺术技巧探究,或品味个中情感意蕴,或揣摩语言风格等等。三、写读后感。强调在读懂的基础上作细致深入的分析,要求有选择性,有重点和针对性。读后感不是书评,不需要把所有想法全部记叙下来,而是针对某一问题或某一两方面进行条理性、系统化的阐释。比如我们可以围绕某一人物形象(翠翠)、某一主题(清新的牧歌、隐伏的悲痛)、某一细节(虎耳草)来进行个性化解读。但应注意几点:切忌将读书笔记写成故事概览,应独立思考,有主见;主次分明,条理清晰,有理有据,自圆其说;注重资料搜集,以完善见解,使评论更准确全面。

当然,也可借鉴思维导图、比较阅读等其他阅读方法。

五、参考书目和论文

[1] 沈从文. 沈从文文集(第六卷、第七卷、第九卷、第十一卷)[M]. 广州:花城出版社,1983.

[2] 金逢华. 试论沈从文文学创作心理[N]. 吉首大学学报(社科版),1992 年 9 月第 13 卷第 3 期.

[3] 林分份. 隐伏的悲痛[J]. 名作欣赏,2000(4).

[4] 陈继会. 文化怀乡:沈从文创作的意义[N]. 郑州大学学报(哲社版),1996(1).

[5] 凌宇. 从边城走向世界[M]. 北京:生活·读书·新知三联书店,1986.

[6] 沈从文. 沈从文自传[M]. 南京:江苏文艺出版社,1995.

[7] 王继志. 沈从文论[M]. 南京:江苏教育出版社,1992.

《汪曾祺散文》导读

柏亚群

一、书本简介

　　汪曾祺起初是以小说名世,写散文按他的说法是"搂草打兔子——捎带脚",但是到了晚年,他的小说写得越来越少,散文反而成了他的主业。在他小说创作的繁盛局面下,他的散文一度被世人所忽视,直至上世纪末由周荷初先生为始,文学界才开始对汪曾祺的散文创作进行细致的评价。周荷初认为汪曾祺的散文最大特点在于自由,采用了一种近似于无结构的"随笔体"。王尧称其为"最后一个中国古典抒情诗人"。大多数研究者都认为,他的作品"既有旧文人的影子,但又有一种现代的难以名状的人生体验","力图把现代生活韵律古典化"。1989年他出版了第一部散文集《蒲桥集》,在此之后,陆续有十多部散文集面世,包括《旅食小品》《汪曾祺小品》等。

　　鉴于汪曾祺散文独特的风格,在选编中国二十世纪散文时,编者将汪曾祺散文单拎出来,编纂成册,也就是我们现在手边的这本《汪曾祺散文》。

　　汪的散文涉及生活的方方面面,平淡质朴的文风和娓娓道来的笔调,让人倍感亲切、温馨,处处散发着人性美的气息。从题材来看,汪曾祺散文主要分为人物散文和游记散文这两大类,本书中的选文基本属于这两类。其中,人物散文包括自传性散文和师友散文。他的自传性散文有对童年的追忆,如《午门忆旧》《自报家门》；也有对故乡的怀念，如《文游台》《故乡的食物》等。汪曾祺写人物的散文，用情很真，尤其是有关师友的部分最为感人。在这部分散文中，平淡、冲和、诚恳、真挚浸润在每个字句里。其中关于西南联大诸位教授的描写，尤为生动传神：金岳霖先生的士人风骨、闻一多先生的刚卓坚毅、唐兰的率真直白等，为我们描绘出在那个特殊年代有理想、有追求、有个性的知识分子群像。汪曾祺的游记散文包括山水游记散文和民俗风情散文，尤以民俗风情类见长。民间的人物、饮食、服饰、风俗等都赋予他无穷的灵感，表现出作者对生活的热爱和赤忱。如《胡同文化》写北京人的吃食背后的文化，《寻常茶话》谈不同地方的人如何品茶等。通过这些散文，可以让我们走近汪曾祺，走进他的内心。

二、写作背景

1. 士大夫文化的浸染

季红真认为，汪曾祺的散文属于丰富而驳杂的古典散文，赋予了文化复兴的重要意义，而决定汪曾祺基本人格修养的是儒家思想，这是形成他文体意识的根本原因。汪曾祺散文之所以形成"士大夫"风格，是因为他受的影响是士大夫文化，而士大夫文化最重要的特征就是儒道互补。在社会理想、人伦纲纪方面受儒家思想制约，故而向往一种温和、互爱的人文环境。然而在生活情趣、审美态度上士大夫更倾向于道家，向往的是闲适淡雅的俗世生活，对人生怀抱一种非功利的审美心态。这些取向，折射到文学作品中，就是对"适我性情"风格的推崇，对于简洁、潇洒文风的追求，对于生活中美的事物的灵敏感受和深沉吟咏。

在儒家的思想里，"仁"占着核心地位。"仁者爱人"，从汪的文章中可以看到一个现代儒者的风范。在《午门忆旧》一文中，他写道："我有时候走出房门，站在屋门前的石头坪上，仰看满天星斗，觉得全世界都是凉的，就我这里一点是热的。"这是一个仁者之心的生动写照。汪曾祺用一种温情的眼光去看世界，他始终有一颗赤子之心，以一种积极达观的态度去生活、思考，因此他能在被定为右派之后在农科所悠闲地画着马铃薯图谱，读《梦溪笔谈》，不去过多在意外界的评价。这种恬淡冲和的闲适态度正是中国传统士人的优秀品质。正如他在《我是一个中国人》一文中写道："我的人道主义不带任何理论色彩，很朴素，就是对人的关心，对人的尊重和欣赏"。

2. 京派风骨的传承

在现代作家中，汪曾祺受影响最深的是他在西南联大读书时的授课老师沈从文。他们不仅是师生，更是朋友。汪受沈影响最深的是做人和作文的态度。汪曾祺从沈从文身上感受到一个真正作家所具有的特质，一个很纯粹的中国传统知识分子对于传统美的体悟与创新。

汪念念不忘的是沈的那份对美的事物的追求。在《与友人谈沈从文》一文中，汪写道："他是一个不可救药的'美'的爱好者，对于人的劳动而创作出来的一切美的东西具有一种宗教徒式的狂热。"汪还写道："一九四五年，在他离开昆明之际，他还郑重地跟我说，'千万不要冷嘲'。"仅一句，就可见沈对汪的关爱呵护之心。沈从文还强调对感觉的培养。他从小就喜欢东看看、西嗅嗅，对世界的声音、气味、颜色充满好奇。这一点也影响了汪，我们从他的散文中能看到一些绝妙的色彩描写，这些描写因为其或对比鲜明、或恰如其分、或表达独特，都给我们留下深刻印象。简单地说，沈从文对生活充满情趣的感受和体验也都感染了汪曾祺，使得一个本来就对生活充满热情的人更加热衷于去感受生活的动人之处。

在中国现代文学史上，人们把沈从文归为"京派"，而汪曾祺则被评论家认为是"京派"作家的最后代表，这是因为从汪曾祺的作品中能够看到沈从文式的美好、自然。

3. "五四"文学精神的影响

新时期散文理论批评在批判、反思"十七年"时期的"诗化说""形散神不散说"等工具论散文观念的同时，开始了向"五四"文学精神的回归，逐步回归散文本体，回归人性之基。1980 年前后，巴金先生连续发表了《说真话》《写真话》《三论说真话》《说真话之四》等随笔文章。这种"讲真话，抒真情"的观念成为了 80 年代林非、佘树森等学者的散文理论话语的核心，形成了"真情实感说"。进入90 年代后，散文理论更加多元化，楼肇明提出了"文化说"，认为"散文自身的历史昭示了散文的质的规定性，这就是散文的文化本位性，与史与哲学相缧结的思维性,以及在审美变革中的先驱地位"。1992年《美文》杂志创刊时,贾平凹作为主编,旗帜鲜明地提出"大散文"概念,认为"散文是大而化之的,散文是大可随便的,散文就是一切的文章"。汪曾祺的散文观正是在这样的历史语境中建构起来的。

另一方面,汪曾祺虽然继承了"五四"回归人性的传统,但更多的是对"五四"精神中所缺少的平和、冲淡的眷恋和向往。不同于"五四"所倡导的那种激烈、直白的表达方式,汪曾祺先生更加偏向于一种平和、冲淡的写作风格,在散文中娓娓道来、婉婉叙述,他更倾向于展现一个普通人平淡却富余的生活图景。

三、精彩看点

1. 为吃食立传

许多人写过谈吃的文章,梁实秋的雅舍谈吃、唐鲁孙谈天梯鹅掌、王世襄写打卤面的讲究等。但要论写民间的家常吃食,汪曾祺是独一无二的。天梯鹅掌与雅舍谈吃,都未免有一点贵族化。但说到咸菜、臭豆腐、萝卜、苦瓜、苋菜、蒌蒿,却是老百姓家常桌上必不可少的吃食。

与其他谈吃的作家不同,汪曾祺谈吃食,不喜去细考它们的出处,而更关注食物本身的滋味。他在《咸菜和文化》中这么说道:"寻找古文化,是考古学家的事,不是作家的事。与其追溯断发文身的越人怎么吃蛤蜊,不如蒸一碗梅干菜,喝两杯黄酒。"不仅如此,汪曾祺尤其喜欢研究食物的吃法和烹煮之法。在《故乡的食物》一篇中,他提到炒米的几种吃法,可谓别有情致:

"我们那里吃泡炒米,一般是抓上一把白糖,如板桥所说'佐以酱姜一小碟',也有,少。我现在岁数大了,如有人请我吃泡炒米,我倒宁愿来一小碟酱生姜,——最好滴几滴香油,那倒是还有点意思的。另外还有一种吃法,用猪油煎两个嫩荷包蛋——我们那里叫做'蛋瘪子',抓一把炒米和在一起吃。这种食品是只有'惯宝宝'才能吃得到的。"

汪曾祺不仅喜爱品味食物的滋味,也关注其背后的文化。他的朋友高晓声曾说过:"什么叫文化?——吃东西也是文化。"汪曾祺很认同他的说法。作为平民饮食,应该说最能体现民俗文化的特征。汪曾祺的吃食散文中,蕴藏着一种醇厚的生活境界。从容的饮食态度,以及能对饮食细琢详研的做法,它的背后,寄寓着一个安乐邦国的大背景。因为对于中国人来说,吃与生是不可分割的两个概念。尤为重要的是,汪曾祺赋予这些饮食以风致、以光彩。汪曾祺所写的食物和口味,包含着人生的性理。一方水土养一方人,一方食物也就是体现了一方的人性。在《苦瓜像瓜吗?》一篇中,他写以苦瓜自喻的"苦瓜和尚"石涛这个人物,寄寓了一点独来独往,不随流俗的傲气与禅意。而在《口味、口音、兴趣》中,汪曾祺写一位母亲为了不吃牛肉的孩子去外地好适应生活,专门买了牛肉,跟他讨教做法。于此,汪曾祺写饮食的态度寄寓着人的胸襟与度量。"口味宽一点,杂一点,'南甜北咸东酸西辣'都去尝尝,对食物如此,对文化也应该这样。"

汪曾祺被誉为"中国最后一个士大夫",他以一种诗意的态度去生活,在普通的蔬果中发现生命的美,在平凡的日常饮食中找到生活的乐趣。他写的诸多美食散文,不仅具有文学上的审美价值,更饱含了一种精神上的诗意与自由。

2. 为胡同文化立言

汪曾祺创作了大量的京味散文。平民化的取材,舒缓散淡的文笔以及乐感和谐的审美意蕴是这类散文的共性,这不仅源于其对童年记忆和情感的提炼,更来源于其有意识的文体自觉,从而形成汪曾祺京味散文独特而浓郁的北京胡同特色。

汪曾祺的京味散文大多取材于他所熟悉的北京胡同阶层。"我写作,强调真实,大都有过亲身感受,我不能靠材料写作,我只能写我所熟悉的平平常常的人和事,或者如姜白石所说'世间小儿女'"。在他的"胡同"里没有达官贵人、纨绔子弟,平日里往来的不过是一些剃头师傅、磨刀匠、邻里大妈、踢蹬老人、养鸟邻居等,还有老字号饭庄里的各式美味,街道上悠悠的驼铃,三月天空下飞翔的风筝,夜阑人静时走街串巷的吆喝声。《寻常茶话》本来是讲自己的饮茶历史和各地茶趣，最后也忘不了提及爱喝花茶、把茶喝通才舒服的老北京。汪曾祺的胡同情结，不仅表现在他对胡同一草一木点点滴滴的关注，而且渗透到文本中则是那种舒展散淡的笔调，亲近平和的态度，近乎随意的聊天的方式，都体现出老北京特有的那种慢条斯理、不温不火、不慌不忙的情致。比如《寻常茶话》中写北京人喝茶：

"老北京早起都要喝茶，得把茶喝'通'，这一天才舒服。无论贫富，皆如此……北京人爱喝花茶，以为只有花茶才算是茶。我不太喜欢花茶，但好的花茶例外，比如老舍先生家的花茶。老舍先生一天离不开茶。"

《胡同文化》是这样开头的：

"北京城像一块大豆腐，四方四正。城里有大街，有胡同。大街、胡同都是正南正北，正东正西。"

043

从字面上看，一句话一个意思，说完转向下个意思，字字句句瘦到骨头，清爽利落，很有画面感，很有老北京艺人说书的韵味。从风格气韵上看，极富表现力的京腔京味，舒缓从容的叙述笔调，平淡家常式的聊天方式，作者在尽可能地还原日常生活的交流场景，时时刻刻想到读者"缺席的在场"，从而拉近了作者和读者之间的距离，形成一种平和柔静、沉着淡然的氛围。汪曾祺在《蒲桥集》自序说"过度抒情，不知节制，容易流于伤感主义，我觉得伤感主义是散文的大敌……我是希望把散文写得平淡一点，自然一点，'家常'一点的。"

值得注意的是，汪曾祺对北平的情感是有别于老舍在《想北平》中的情感的，在老舍眼中是"我的北平"，而在汪曾祺先生眼中这是"北京人"的生活。我们从《胡同文化》中他使用的人称词中可窥一二：

北京人易于满足，他们对生活的物质要求不高。
北京人爱瞧热闹，但是不爱管闲事。

他们总是置身事外，冷眼旁观。与他们无关。

"北京人，真有你的！"

对于京城文化，汪曾祺既是浸润其中，又与之保持一定的距离。说他浸润，是因为字里行间，都不自觉的透着老北京的幽默与嘲讽；说他保持距离，是因为他在人称上刻意地回避着自己，始终保持着平和的情绪。

3. 为语言立风格

在提到自己的语言风格时，汪老是这么说的："语言不只是形式，本身便是内容。语言和思想是同时存在，不可剥离的。语言不仅是所谓'载体'，它是作品的本体。一篇作品的每一句话，都浸透了作者的思想情感。"从这段话可以看出汪曾祺先生的散文追求。

汪曾祺的语言风格总体来说，有两大主要特征：一是朴素自然，二是含蓄隽永。品读他的散文，给人的总体印象是冲淡有味、甘馨怡人。作品风神疏淡，不喜浓妆爱淡抹，然而却淡得有滋有味。他往往按事物发展的自然轨迹，娓娓道来，有一种舒缓从容的节奏和气度。不故作惊人之笔，不刻意求工，按事物本来面目去写。他散文中的一切是那么平常琐碎，但却那么传神、富有诗意，这些都得益于作者那自然的笔调。他以清淡平实的风格在漫不经心的述说中，把人们带入记忆的深入，其状态近于与友人聊天话家常。

汪曾祺的语言还在现代口语和古代文言之间建立了一种内在的联系。这使得平凡普通的口语一到了汪曾祺笔下就有了一种特别的韵味。如《观音寺》中这样一段：

"我们在联大新校舍住了四年，窗户上都没有玻璃。在窗格上糊了桑皮纸，抹一点表桐油，亮亮堂堂的，挺有意境。教员一人一间宿舍，室内床一、桌一、椅一。还要什么呢？挺好。"

此段用白描手法，将充满文人雅气的文言融合在口语中，让读者在细碎的生活中品出文人的意趣。在这一点上，先生的散文可以说是独树一帜。先生也喜欢在闲适雅致中精雕细琢,他讲究文字组织,追求一种回环往复的情致。他用词带有较浓的书卷气,在雅淡似画中又添了一份韵味。关于自己散文语言"雅俗文白"的特点,他是这么说的:"文学语言总得要把文言和口语糅合起来,浓淡适度,不留痕迹,才有嚼头,不'水'。当代散文是写给当代人看的,口语不妨稍多,但是过多的使用口语,甚至大量地掺入市井语言,就会显得油嘴滑舌,如北京人所说的'贫'。我以为语言最好是俗不伤雅,既不掉书袋,也有文化气息。"这样无论视觉或听觉,都给人一种美感,含蓄隽永,让人回味无穷。他的文体所以动人,乃是人生的境界与修养使然,亦是他心境使然。他曾经说,好的文章,许多都写得十分轻松,并不给人一种用力去写的感觉。汪曾祺的文风恰如他自己所说的那样轻松自然,任意为之,很少见他装饰自己的文字,都是通俗晓畅的大白话,可谓"以行气为主,造句次之,选字又次之",正如大书法家挥毫创作,水到渠成,天然成趣。有真骨在,又何需外饰?他常以创造独特的散文句式,并以排比句式出之,纷呈铺列,叠接紧凑。有时他又通过字、词或句子的跳跃组接,直接把意象和画面呈现出来:这种句式的表达相当独特,省了繁琐的交待和叙说,扩大了暗示和联想的空间,使散文蕴藉着诗情和画意。

045

四、读法指导

1. 品语言

首先,品词汇。词汇有雅俗之分,有褒贬之别,它们承载着不同的情感色彩。从小受到古典文学的熏陶,汪曾祺的散文少形容词,少赘语,却多了中性的口语。《葡萄月令》中:"一月,下大雪。雪静静地下着。果园一片白,听不到一点声音。葡萄睡在铺着白雪的窖里。"汪曾祺用简单的词语为我们营造了一个童话般的静谧世界,一个"睡"字,境界全出。《胡同文化》中:"有窝头,就知足了。大腌萝卜,就不错。小酱萝卜,那还有什么说的。臭豆腐滴几滴香油,可以待姑奶奶。虾米皮熬白菜,嘿!……""嘿"字实在是个天才的创造。如果把这个"嘿"字换成"不赖",或者"真好吃",趣味都会减少,甚至会荡然无存。虾米皮熬白菜有多好吃,一个"嘿",写出了生活趣味和态度,创造了一个活泼的民间生活世界,留下了无穷的回味空间。

其次，品句式。汪曾祺先生还是喜欢用句中标点拆分整句。"树绿了。""碧绿。""葡萄出窖。""四月，浇水。"……《葡萄月令》中，一句话在5个字以内的，就达20句之多。当所用的字数、段落和句子三者对比时，汪曾祺的句式偏向就十分明显。句子的单一指向性，中性的口语搭配简洁的句式，成就了汪曾祺的散文在言说对象和情感认知上的朴素、明晰，而又贴切自然。

2. 品文化

汪曾祺描写了大量的有关民俗的散文，他写传统节日、传统仪式、传统工艺等，如《城隍·土地·灶王爷》《岁交春》《昆明年俗》《故乡的元宵》《八仙》《胡同文化》等。要想读懂汪曾祺先生，就必须了解他散文中的民俗文化内涵。

首先，要读懂民俗里的诗趣。《岁交春》中，汪曾祺写了家乡的一个"送春牛仪式"，即在立春日由穷人制作涂了颜色的泥牛送到各家，有的还有个小泥人，被称为芒神。送到时，用唢呐吹曲，供于神案上。作者说："送春牛仪式并不隆重，但我很愿意站在旁边看，而且有一种说不出来的感动。"作者之所以经常感动于这些普通的民俗，就是缘于对民俗的诗意理解。他认为民俗有一种诗意的美感，呈现着一种诗性的趣味，所有的民俗都是民众创造的"生活抒情诗"，都代表了他们对"活着的欢悦"。

其次，要能体会民俗里的俗趣。《故乡的食物》最能代表汪曾祺亲近"俗趣"的平民立场，"最是暖老温贫之具"的炒米、应急充饥的焦屑、端午节的鸭蛋、飘雪时的咸菜茨菇汤，还有虎头鲨、昂嗤鱼等，都是名不见经传的家常餐饮，难登大雅之堂，却有着与周作人的《吃茶》、梁实秋的《蟹》迥然不同的亲和力，和对底层民众的情感。

在阅读时，读到可喜之处，可圈画、作旁批，写一两句感悟。也可将汪的散文同其他作家类似题材进行比较阅读，分析其相似和各自独特之处。比方说，同样是写吃茶，汪曾祺和老舍写法上有何不同；同样是写吃食，汪曾祺的《故乡的食物》和梁实秋的《雅舍谈吃》在对吃食的看法上是否一样，等等。

五、参考书目和论文

［1］汪曾祺. 汪曾祺全集(第 4 卷)[M]. 北京:北京师范大学出版社,1998.

［2］汪曾祺. 汪曾祺全集(第 6 卷)[M]. 北京:北京师范大学出版社,1998.

［3］周荷初. 汪曾祺散文创作管窥[J]. 当代文坛,1993(4).

［4］王尧. "最后一个中国古典抒情诗人"——再论汪曾祺散文[J]. 苏州大学学报,1998(1).

［5］夏逸陶. 忧郁空灵与明朗洒脱——沈从文、汪曾祺小说文体比较[J]. 中国文学研究,1990(4).

［6］季红真. 论汪曾祺散文文体与文章学传统[J]. 文学评论,2007(2).

［7］杨鼎川. 关于汪曾祺 40 年代创作的对话——汪曾祺访谈录[J]. 中国现代文学研究丛刊,2003(2).

［8］胡河清. 汪曾祺论[J]. 当代作家评论,1993(1).

［9］李陀. 道不自器,舆之圆方[J]. 读书,1998(6).

《欧也妮·葛朗台》导读

孙国强

一、书本简介

巴尔扎克(1799—1850年),19世纪法国伟大的批判现实主义作家,欧洲批判现实主义文学的奠基人和杰出代表。

《欧也妮·葛朗台》是巴尔扎克创作的长篇小说,收录于《人间喜剧》。小说叙述了一个金钱毁灭人性从而造成家庭悲剧的故事,围绕欧也妮的爱情悲剧这一中心事件,以葛朗台家庭内专制所掀起的阵阵波澜、家庭外银行家和公证人两户之间的明争暗斗、欧也妮对查理倾心相爱而查理背信弃义的痛苦的人世遭遇三条相互交织的情节线索连串小说。《欧也妮·葛朗台》是一幅法国19世纪前半期外省的色彩缤纷的社会风俗画,揭露了资本主义社会的罪恶,金钱对人灵魂的腐蚀和摧残。

故事的主人公是世界文学名著中"吝啬鬼"的典型形象——葛朗台。葛朗台是法国索漠城一个最有钱、最有威望的商人。1789年法国大革命时,葛朗台已经是个富裕的箍桶匠了。他认得字,能写会算,40岁上娶了木板商的女儿为妻室,买下了区里最好的葡萄园,他向革命军承包葡萄酒,狠捞了些钱,后又从丈母、外婆、外公处得到三笔遗产,由原来只有2 000法郎的商人变为拥有1 700万法郎的大富翁。

有钱的葛朗台却无比精明和吝啬,在家庭生活中是个锱铢必较的人物。他指挥一切、命令一切,亲自安排一天的伙食。连多用一块糖,多点一根蜡烛也不许可。他的妻子像奴隶般的顺从。家里杂务由女仆拿侬包办,她"像一条忠心的狗一样保护主人的财产"。

经常出入葛朗台家门的客人有两家六个人:公证人克罗旭一家(公证人、神甫克罗旭和他们的侄子特·篷风)和银行家台·格拉桑一家(格拉桑夫妇和他们的儿子阿道夫)。这两家人上葛朗台家来,目的是为了葛朗台的独生女儿欧也妮。这一切,老奸巨猾的葛朗台都看在眼里。他知道他们为了金钱和陪嫁,才争夺他的女儿。于是他将计就计,利用女儿作为钓饵来"钓鱼",以便从两边捞到好处。

葛朗台在巴黎的同胞兄弟因无钱偿还债务,破产了。他准备自杀。临死前,他打发儿子查理来投奔伯父。查理 20 岁,比欧也妮小 1 岁,他是个俊俏的后生和花花公子。初次见到这样一位标致的堂兄弟,欧也妮一下子爱上了他。

葛朗台从弟弟来信中,得悉弟弟破产了,把儿子托给他监护。然而,葛朗台不愿承担什么义务,更不愿把查理这个包袱背在身上。他用诡计骗得死去的兄弟的财产,还把查理打发到印度去。欧也妮把自己全部积蓄六千法郎送给堂弟作盘缠,查理回赠给他一个母亲留给他的镶金首饰盒,他们私订了终身。

葛朗台每逢新年,都有把玩女儿积蓄的习惯。1820 年新年到了,他发现女儿的积蓄不翼而飞,大发雷霆,把女儿锁在房里,只给她面包和冷水,为此,妻子被吓病了。

公证人克罗旭以利害关系劝葛朗台和女儿讲和。他说,如果葛朗台的妻子一旦死了,欧也妮可以以女儿的身份继承母亲的遗产,而他们夫妇的财产是从未分过的。葛朗台害怕了,才把女儿放出来。

有一天,欧也妮母女正在欣赏查理赠送的首饰盒,为抢夺金子,父女争执起来。直到葛朗台的妻子晕过去,他才住手。此后,葛朗台的妻子的病便一直没有好过。1822 年 10 月,这位可怜而懦弱的太太死了。葛朗台通过公证人让女儿签署了一份放弃母亲遗产继承权的证件,把全部家产总揽在手里。

1827 年,葛朗台已经 82 岁了。他患了疯瘫症,不得不让女儿了解财产管理的秘密。他不能走动,临死前仍然对金钱有着癫狂的掌控欲望。

　　欧也妮已30岁了,还未尝过人生的乐趣。葛朗台死后,她变得富有了,但她仍是孤单一人。七年来,她一直盼望着查理归来。可是,他去后连个音讯也没有。

　　查理在印度发了财,只要能发财,什么缺德的事都干,他心狠手辣,贪婪到了极点。他和各种肤色的女子鬼混,早把堂姊忘得一干二净了。为了攀附权贵,他无情地抛弃了欧也妮。欧也妮精神上受到极大的刺激,最后,她答应嫁给公证人的儿子,初级裁判所所长特·篷风,但只做形式上的夫妻。因篷风只为了钱才追求她,她可以把钱给他,而情感上则让她自由。几年后,欧也妮33岁守了寡,她用150万法郎偿清了叔父的债务,让堂弟过着幸福、名誉的生活。她自己则幽居独处,过着虔诚慈爱的生活,并"挟着一连串的善行义举向天国前进"。

二、写作背景

　　19世纪上半叶是法国资本主义建立的初期,拿破仑在1815年的滑铁卢战役中彻底败北,由此波旁王朝复辟,统治一直延续到1830年。由于查理十世的反动政策激怒了人民,七月革命仅仅三天便推倒了复辟王朝,开始了长达18年的七月王朝的统治,由金融资产阶级掌握了政权。《欧也妮·葛朗台》发表于1833年,也即七月王朝初期。刚过去的复辟王朝在人们的头脑中还记忆犹新。复辟时期,贵族虽然从国外返回了法国,耀武扬威,不可一世,可是他们的实际地位与法国大革命以前不可同日而语,因为资产阶级已经强大起来。刚上台的路易十八不得不颁布新宪法,实行民主共和,向资产阶级做出让步,以维护摇摇欲坠的政权。资产阶级虽然失去了政治权力,却凭借经济上的实力与贵族相抗衡。到了复辟王朝后期,资产阶级不仅在城市,而且在贵族保持广泛影响的农村,都把贵族打得落花流水。复辟王朝实际上大势已去。巴尔扎克比同时代作家更敏锐,独具慧眼地观察到这个重大社会现象。《欧也妮·葛朗台》描写了资产阶级暴发户发家的罪恶手段,作品深刻揭露了资产阶级的贪婪本性和资本主义社会的罪恶,塑造出葛朗台这样一个举世闻名的吝啬鬼形象。

三、精彩看点

《欧也妮·葛朗台》中细节描写极为传神,在场景、语言、动作、心理方面多有体现,使人物刻画大为增色。

(一)场景描写

"要是他起身继续散步,她便凑趣的坐在窗前瞧着围墙,墙上挂着最美丽的花,裂缝中间透出仙女萝,昼颜花,和一株肥肥的、又黄又白的景天草,在索漠和都尔各地的葡萄藤中最常见的植物。"

这一个长着野花的旧墙,在裂缝中顽强生长的肥肥的的野草,都是日常生活中最平常的事物,但这对于欧也妮来说却异常的不平常。因为这里有她曾经的爱情,有恋人纯美的山盟海誓。在忍受着父亲冷酷的压迫的同时,这里为她构建了一个心灵中的爱情天堂,成为她支持下去的动力。

这一些野花野草,是"在索漠和都尔各地的葡萄藤中最常见的植物",正如亲情、爱情在日常生活中是最平常的感情一样。欧也妮缺少亲情、渴望爱情,一个在日常生活中最平常的情感,欧也妮却都得不到满足。她只有通过"瞧"来回忆她曾经拥有的爱情,感受残酷现实中仅存的一丝温馨。欧也妮忍受着常人无法忍受的痛苦的时候,"墙上挂着最美丽的花,裂缝中间透出仙女萝,昼颜花,和一株肥肥的、又黄又白的景天草",暮春时分的春意盎然,一方面是展现了欧也妮乐观善良的个性,另一方面为下文,她付出全部的爱情,换回来的只是一个彻底的负心汉,而她与丈夫也只能保持永远的"友谊"这一情节埋下伏笔。

051

(二)语言描写

作者选择的每一个语言细节都那么微不足道,但却又强烈集中地表现出葛朗台的性格特征,塑造出一个个性鲜明的人物形象。如当克罗旭让他请裴日冷先生来替葛朗台太太治病时,他说出了这样一句话:"咄,咄,咄,咄!你知道我女人闹什么病呀。那些医生一朝踏进了你大门,一天会来五六次。"仅仅这一句话,从他对于克罗旭先生提起钱时连续发出四个"咄"可以看出老葛朗台对于钱的紧张，为了"那些医生一朝踏进了你大门，一天会来五六次"这样一个不必要的理由，竟把自己妻子的性命视如杂草，从这一个侧面可以表现出老葛朗台的极端的吝啬。同时，通过这样一个不轻不重的借口来掩饰自己的吝啬，也表现了他的狡猾。

"噢，是真金！金子！这么多的金子！有两斤重。啊！啊！查理把这个跟你换了美丽的金洋，是不是？为什么不早告诉我？这交易花得来，小乖乖！你真是我的女儿，我明白了。"这一段生动的语言细节描写彻底展现了他的虚伪、狡诈、厚颜无耻的本质。一捧就知道金子有"两斤重"，现出了他贪婪的本性，一连串的"金子"以惊叹的语气冲口而出，语调急促，语言简短，赤裸裸地表现其无耻而又无止境的贪欲。这些语言极其切合葛朗台作为资产阶级暴发户的身份，十分传神地描写出在葛朗台的眼中，只有金子才是最重要的，有鲜明的个性特征。

作者为了充分展现葛朗台虚伪与贪婪的个性，还细致描写了他在太太晕过去之后的一段话。"呕，孩子，咱们别为了一口箱子生气啦。拿去吧！——拿侬，你去请裴日冷先生。——得啦，太太，没有事啦，咱们讲和啦。——不是吗，小乖乖？不吃干面包了，爱吃什么就吃什么吧……啊！她眼睛睁开了。……嗳嗳，妈妈，小妈妈，好妈妈，得啦！哎，你瞧我拥抱欧也妮了。她爱她的堂兄弟，她要嫁给他就嫁给她吧，让她把小箱子藏起来吧。可是你得长命百岁的活下去啊，可怜的太太。嗳嗳，你身子动一下给我看哪！告诉你，圣礼节你可以拿出最体面的祭桌，索漠从来没有过的祭桌。"这段话中，葛朗台分别安抚了三颗受惊的心灵——欧也妮、拿侬、太太。虽然对象不同，可是内容却是一样的，同样围绕钱。即使现在他还是以为她们是因为钱而不高兴，以为她们是为了他的钱，以为钱可以解决一切问题，鲜明地刻画出了葛朗台这个露骨的吝啬鬼、虚伪的守财奴、面目多变的阴谋家的形象。

（三）动作描写

作者还善于捕捉生动的人物动作，让葛朗台进行充分、淋漓尽致的表演，从而揭露出极其贪婪、极其吝啬的性格特点。小说在写葛朗台看到查理留给女儿的那个金匣子时，他的"身子一纵，扑向梳妆匣，好似一只老虎扑上一个睡着的婴儿。"这一"纵"一"扑"强烈地辐射着葛朗台对金子的专注、贪婪，反映出他爱财如命的本质。但当他看到太太气得晕死过去时，"箍桶匠马上把梳妆匣扔在了床上"。因为如果气死了太太，女儿按法律将继承家庭财产的一半，狡诈的葛朗台知道以小失大划不来。这样一个细小的动作描写就鲜明地塑造出一个城府极深，而且狡诈善谋、面目多变的阴谋家的形象。

当虚伪的葛朗台想借由金币来和好时，"他到密室去拿了一把路易来摔在床上"，又"一边说一边把钱拈着玩"。"摔"这个动作并不是表现葛朗台的豪爽，正相反，他因要付出金币而生气，而懊恼，所以"摔"从反面突出了箍桶匠的吝啬及狡诈的个性特征。另一个动词"拈"描写的是箍桶匠对于金币的不舍，"拈着玩"而不愿放手，也突出他对金钱的专注。

（四）心理描写

心理细节描写是通过对人物心理活动的细致的描写，来表现人物的性格特征的描写方法。因为心理活动是人物自身主观思想的直接展露，所以心理描写往往能够更直接更深入地表现人物思想性格。《欧也妮·葛朗台》中就有许多出色的心理描写，它不是大段大段冗长单调的心理描写，而是常常在人物行动和语言中来表现。

小说心理活动的高潮是"抢梳妆匣"和"假装和好"。小说对于这两处情节并没有用大量笔墨来写老葛朗台的心理，但几乎他的每一句话，每一个动作都非常细腻地刻画了箍桶匠如何由抢梳妆匣时的疯狂到最后为了得到更多的金子而假装和好的过程，使人们清楚看到了他的贪婪吝啬、虚伪狡诘的本性。

四、读法指导

认识人物形象不妨从记住经典语句开始。"人生就是一场交易"，葛朗台的经典台词，之于金钱，他真是做到了超越了奴隶的"境界"。他的人生没有一刻是轻松的，没有一刻是自由的，没有一刻是有情的。他被金钱所缠绕，被金钱所限

053

制,被金钱所剥夺。"看到金子,占有金子,便是葛朗台的执着狂",金钱已经使他异化。看吧,读着这样的语句,想象人物的神态,小说中的人物是不是已经跃然纸上了?

抓取人物的外貌描写和个性化的对话也是一个阅读的窍门。在当查理来到葛朗台家时,葛朗台对拿侬的一番话绝妙之极。他要女奴去打乌鸦做汤,拿侬说:"先生,乌鸦吃死人可是真的。"葛朗台说:"你真是个大傻瓜,拿侬!它还不是跟大家一样有什么吃什么。难道我们就不吃死人吗?什么叫做遗产呢?"夸张的语言,凸显了人物形象。巴尔扎克简直就是天生的语言大师,不得不叹服。

将人物形象进行对比分析更能见人物特点。在这个家庭中光明和黑暗的对比十分强烈。与老葛朗台形成鲜明对照的是葛朗台太太的圣洁和葛朗台小姐的善良慷慨。圣洁的价值观在金钱统治的社会只能遭到无情的蹂躏,葛朗台太太临死时胸怀坦荡,因为死对她意味着苦难的终结,她只心疼从此抛下女儿一人在世上受苦。在这阴暗的小天地中,欧也妮的形象显得特别美丽明亮,但是这颗明星注定要黯淡下去。

关注环境描写能见出作者刻画当时世态人情的匠心。作者将 19 世纪初期法国外省的种种世态写得十分真实:洛瓦河平静河面下的鱼龙跳跃、古城镇的商业投机、阴湿静寂宅院中的家庭悲剧等,都令人有亲临其境的感觉。为其塑造的人物提供真实、具体的活动场景,从而使之有逼真的感觉,如对葛朗台居所的描述就使人有身临其境之感,用这个场景来衬托葛朗台的富足再合适不过了。

五、参考书目和论文

[1] 高正衡. 通过巴尔扎克的《人间喜剧》看法国十九世纪世俗文化[J]. 赤子,2012(21).
[2] 艾珉. 巴尔扎克:一个伟大的寻梦者[M]. 北京:人民文学出版社,2005.
[3] 肖淑芳. 欧也妮·葛朗台全新解读[M]. 沈阳:东北大学出版社,2014.
[4] [法]特罗亚. 巴尔扎克传[M]. 北京:商务印书馆,2013.

《红楼梦》导读

江 虹

一、书本简介

　　《红楼梦》，又名《石头记》《情僧录》《风月宝鉴》《金陵十二钗》《金玉缘》等，全书共 120 回，为章回体长篇小说，是我国古代小说中最杰出的现实主义作品，也是世界文学名著。世界文学史上为一个作家专门成立的文学研究会只有两个：除了莎（莎士比亚）学会，就是红学会。红学会遍布世界各地，国内还有专门的学术杂志《〈红楼梦〉研究学刊》，这些都足见《红楼梦》影响之大。

　　《红楼梦》的故事以贾宝玉、林黛玉的爱情悲剧为线索，广泛地反映了当时的社会现象和各种矛盾，真实而艺术地反映了我国封建社会走向衰亡的历史趋势。小说写作规模宏伟，结构谨严，语言生动优美，善于刻画人物，塑造了许多富有典型性格的艺术形象，是我国古代小说艺术的最高峰。有关小说的创作目的，目前研究主要有三种代表观点：爱情悲剧说，社会悲剧说，两个世界说。"爱情悲剧说"：描写宝、黛爱情的幽微曲折和悲剧结局，肯定了追求自由自主的叛逆人物，表达了对青春生命的礼赞和对悲剧命运的深沉叹息。"社会悲剧说"：借贾府的衰败过程昭示了封建社会必然走向灭亡的命运。"两个世界说"：小说中描写的贾府是外环境，是现实世界，跟政治环境密切相连；而大观园是内环境，是理想世界，是与龌龊肮脏的现实社会保持距离的纯洁乐土，是一个相对自由的生存空间。以大观园为象征,描写了一个理想世界的兴起、发展和幻灭,其原因在于理想世界是脆弱的,而又自始至终不能脱离现实世界。

《红楼梦》最初以手抄本形式流传,一般认为前八十回作者为曹雪芹,前80回都有以脂砚斋为代表的早期评书人的批语,因此称为"脂评本"或"脂批本"。脂砚斋究竟是谁,难以定论,但从批语中可知,是当时一个与曹雪芹关系很密切的人物,而且参与了《红楼梦》的创作和修改。小说后四十回现多选清人高鹗续作,研究者一般认为高鹗在贾宝玉和林黛玉的爱情故事上以悲剧结束,还是遵循曹雪芹原旨的,但写贾府的结局为"兰桂齐芳",家道复初,却违背了曹雪芹的原意。

二、写作背景

清代"康乾盛世",随着经济的恢复和发展,资本主义的因素也有了增长。这股新的力量与严重束缚它的封建主义体系不可避免地产生冲突,这种冲突反映在上层建筑领域便是,处于萌芽状态却蓬勃朝气的初步民主主义思想与腐朽的却居于统治地位的封建宗法思想之间的矛盾斗争。在这样的时代,《红楼梦》以贾、史、王、薛四大家族的兴衰为背景,着重叙述了贾家荣、宁两府逐渐衰败的过程,揭露了封建官僚地主家庭的荒淫腐败、虚伪欺诈及其各种罪恶活动,歌颂了贾宝玉、林黛玉的封建叛逆精神,描绘了一些纯洁少女的悲惨遭遇和反抗性格,对封建末期社会进行了剖析和批判。

《红楼梦》作者曹雪芹,名霑,字梦阮,号雪芹、芹圃、芹溪,约生于公元1715年左右,卒于1763年左右,出身于一个有文化素养的皇家世仆家庭。历康熙、雍正、乾隆三朝。

曹家本是汉人,祖上有战功,是清朝的开国功臣。到康熙年间,曹家已发迹,负责掌管宫廷所需各种织物的织造、采购、供应等任务,并为皇帝耳目,曹家的显赫与皇室有密切关系。曹家还是一个具有文学教养的世家。曹雪芹的祖父曹寅是当时有名的藏书家,又博学能文,能写诗填词谱曲。著名的《全唐诗》就是由他主持刻印的。这种家庭环境无疑地对曹雪芹的文学素养有直接的影响。

曹雪芹在少年时代经历过一段"锦衣纨裤""饫甘餍肥"的贵族生活,康熙末年,皇子们分朋树党,争权谋位。雍正即位后,展开了一场残酷的清除政敌的斗争。曹家受牵连,家道从此衰落,曹雪芹当时大约只有十二三岁,还在南京,被遣送回北京,住在北京香山,《红楼梦》就是在这里写成的。

曹雪芹多才多艺,曹家遭贬以后,逐渐衰落,"举家食粥酒常赊",曹雪芹成为一个落魄潦倒的文人。曹雪芹五十岁方得一子,因生活穷困,儿子得病夭折。雪芹伤感成疾,在贫病交迫中,于大年三十搁笔长逝。死后,"留下琴剑在壁,新妇飘零",连手稿也无人整理。几位好友草草殡埋了这位伟大作家。

曹雪芹一生经历了曹家由盛而衰的过程,他也由贵公子跌落为寒士。这种天壤之别的生活变化导致,一方面,少年时代贵族家庭生活在他身上留下的烙印,使他对本阶级怀有温情的眷念,思想上带有空幻的色彩;另一方面,社会的腐败,统治阶级的丑恶,使他对本阶级的面目有了认识,性格上具有叛逆的特征。这些都为他写出《红楼梦》这部伟大的作品提供了良好的基础。

057

三、精彩看点

1.《红楼梦》中的"悲"

(1) 从写作题材的表层意义看,贾府的悲剧是时代悲剧的一面镜子。纵观中国历史,正是在上层社会蔓延的种种腐败现象,抑制了资本主义萌芽的发展,阻碍了当时国家经济文化的发展和社会进步,以至导致国力的衰微、王朝的没落。全书通过贾府兴衰过程及宝、黛、钗的爱情婚姻悲剧来写时代和社会悲剧。

《红楼梦》中宝钗受到众多人的喜欢,而黛玉则不能,究其原因,便是宝钗能够迎合上上下下各种人的无论从物质还是精神的欲望,但是宝钗的这种作法又为宝玉所不齿,与宝玉的"欲"望所不符。而黛玉虽然没有得到众人的好感,然而她天生便与宝玉有着同样的"欲",与宝玉同样不齿一般的"俗人"。于是围绕着婚姻便展开了一场并不势均力敌的较量,明显可以看出:宝钗的一边处于强势,而宝玉和黛玉处于弱势。显然这种缘自世俗势力的"欲"构成的故事便构成了一种"社会悲剧",悲剧中的矛盾的双方各代表着不同的社会势力,他们都努力反抗。悲剧在于,即使反抗,在强大的传统力量面前,仍显得那么软弱无力,最终还是宝玉同宝钗成了婚。

(2)从写作题材的深层意义看,是通过几个女子的毁灭过程来写文化和性格悲剧。

贾宝玉娶了宝钗,可故事并没有就此终结,因为宝玉的心中并没有宝钗,同样的结局对于强者来说也是一种悲剧——"玉带林中挂,金钗雪里埋",自然宝钗会冷冷清清地度过一生。宝玉在失去黛玉后最终选择的是逃避,这种逃避,来自一种失去后的顿悟。贾宝玉看到周围一切美好的事物饱经摧残或者毁灭,对于美好如水一般的女儿的追求,对女儿的一段段缠绵的痴情最终遭到无情的打击,如《飞鸟各投林》所写:"好一似食尽鸟投林,落了片白茫茫大地真干净。"宝玉对待眼前的一片"白茫茫的大地",似乎悟出了什么,逃离了"红尘"。而这种逃避正体现了宝玉的"性格的悲剧",表现了宝玉性格中最最软弱的一面,他没有勇气反抗。因为没有勇气反抗,他失去了黛玉,而失去黛玉后的宝玉,更失去了继续斗争的信念,这种连锁反应来得如此之突然和强烈,更构成了《红楼梦》的悲剧效应。

(3)从写作题材的象征意义看,是通过由好到了、由色到空的变迁过程来写人生和命运悲剧。

鲁迅说过,悲剧就是将人生的有价值的东西毁灭给人看。"人之生也,与忧俱在。"生命的欢乐往往是在痛苦的追求之中才实现。人生总是这样,总是不美满,总是有所欠缺,而生命原是要不断地受伤和不断复原,这是人人概莫能外的悲剧。《红楼梦》的悲剧意义可从《好了歌注解》中窥见一斑。

　　陋室空堂,当年笏满床;衰草枯杨,曾为歌舞场。蛛丝儿结满雕梁,绿纱今又糊在蓬窗上。说什么脂正浓、粉正香,如何两鬓又成霜?昨日黄土陇头堆白骨,今宵红灯帐底卧鸳鸯。金满箱,银满箱,展眼乞丐人皆谤。正叹他人命不长,那知自己归来丧。训有方,保不定日后作强梁。择膏粱,谁承望流落在烟花巷!因嫌纱帽小,致使锁枷扛;昨怜破袄寒,今嫌紫蟒长。乱烘烘,你方唱罢我登场,反认他乡是故乡。甚荒唐,到头来,都是为他人作嫁衣裳!

由好到了、由色到空的感伤色彩,这侧重表现在许多曲、词的咏叹之中。如"多情公子空牵念","喜荣华正好,恨无常又到","风流灵巧招人怨","可怜金玉质,终陷淖泥中"等等,都体现为美的毁灭。见者真,故知者深,由于曹雪芹深刻体验到人世的痛苦和人生之"大哀",故能将这种痛苦提升到一种人类痛苦的高度加以艺术概括和表现。这使得整部作品笼罩着感伤的色彩。

而贯穿于整个故事中的各种内涵深厚的"箴言",也给故事增加了"命运悲剧"的成分。可以说,《红楼梦》是各种悲剧类型的一种交织的体现,而这种交织极大地充实了故事情节和深刻地刻画了人物形象。这无疑成为了我国古代悲剧的一大突破。

2.《红楼梦》中的"美"

《红楼梦》算得上是描写我国封建社会各方各面的一部百科全书,其中的文学、音乐、建筑、绘画、雕塑、风俗人情、宗教祭祀、衣食住行中蕴含着的美令人叹为观止。

（1）词美

书中的诗词曲赋深深体现我国古代文学中的幽、雅、朴、深等的特点,与小说氛围、人物有机结合。同是咏柳絮,多愁善感的林黛玉的《唐多令·咏柳》中的"草木也知愁,韶华竟白头! 叹今生谁舍谁收? 嫁与东风春不管,凭尔去,忍淹留"与自傲世故的薛宝钗的"韶华休笑本无根。好风频借力,送我上青云",绝然两种不同的境界。一为婉约,一为豪放,一以悲情惆怅胜,一以自负不羁胜。

（2）人美

掩卷而思,小说中太多经典的画面让人过目难忘、久久回味:黛玉葬花、宝钗扑蝶、宝琴立雪……来看六十二回中"憨湘云醉眠芍药裀":"湘云卧于山石僻处一个石凳子上,香梦沉酣,四面芍药花飞了一身,满头脸、衣襟上,皆是红香散乱,手里的扇子在地下,也半被落花埋了,一群蜂蝶闹穰穰的围着。他又用鲛帕包了一包芍药花瓣枕着。众人看了,又是爱,又是笑,忙上来推唤挽扶。湘云口内犹作睡语,说酒令,嘟嘟囔囔说:泉香而酒冽,玉盏盛来琥珀光,直饮到梅梢月上,醉扶归,却为宜会亲友。众人笑推他,说道:'快醒醒儿!吃饭去。这潮凳上还睡出病来呢。'湘云慢起秋波,见了众人,低头看了一看,自己方知是醉了。"

取杨贵妃酒后醉态之形似,取寿阳公主在梅花树下酣睡花瓣飘身之美感,又吸收了唐寅《海棠美人图》诗画"褪尽东风满面妆,可怜蝶粉与蜂狂"的诗情画意,综合塑造了史湘云醉眠芍药裀的美丽形象。曹公写道:"一看四面粉妆银砌,忽见宝琴披着凫靥裘站在山坡上遥等,身后一个丫鬟抱着一瓶红梅。"寥寥几字,通过这诗意的画面,诠释了宋人卢梅坡《雪梅》诗中"有梅无雪不精神,有雪无诗俗了人"的深刻意境。

(3)景美

入了大观园,经过那"曲尽通幽处",便是宝玉亲自提名的"沁芳亭"。这里"佳木茏葱,奇花炳灼,一带清流,从花木深处曲折泻于石隙之下"。再往里头走几步,路是愈加平坦宽豁,"两边飞楼插空,雕甍绣槛,皆隐于山坳树杪之间"。这可是大名鼎鼎的"沁芳亭桥"了。贾宝玉为这美景题了一副对联:绕堤柳借三篙翠,隔岸花分一脉香。刘姥姥初进大观园的时候,贾母就先带她去看了这座桥,众人坐在亭子里赏景。此处视野开阔,能看见四处的水流花谢。贾母心里当然是喜滋滋的,便问刘姥姥:这景好不好?刘姥姥完全陶醉其间,一时间竟想不出什么好的赞美之词,只说哪怕是过年买的年画儿,也画不出这样好的景致!

林妹妹的潇湘馆屋子外面,种了不少的竹子,青翠欲滴,与她独特的风流态度相映,两边"翠竹夹路,土地下苍苔布满,中间羊肠一条石子漫的路"。哪怕是酷暑的午后,林黛玉的潇湘馆也是"凤尾森森,龙吟细细",让人一下子就宁神静气,任凭他什么烦躁都没了。

如果说雕梁画栋究竟还属于富贵气象,那大观园里的"归园田居图"必然能打动你。一带"黄泥矮墙",墙头皆用稻茎掩护,外头种了几百株杏花,如"喷火蒸霞"一般绚烂。茅屋外种的是桑、榆、槿、柘,任其曲曲折折地长着,青篱外的山坡下,有一口土井,下面便是田亩,各色蔬果齐备,如今正开着一大片油亮的菜花,漫然无际。这便是李纨所住的稻香村。李纨自称"稻香老农",即所谓的"竹篱茅舍自甘心"。

3.《红楼梦》中的"幻"

鲁迅说:"自有《红楼梦》出来以后,传统的思想和写法都被打破了。"红楼梦的虚虚实实,亦幻亦真总是耐人寻味。《红楼梦》有两个叙述层:一是现实性叙述层,即以荣、宁二府的兴衰荣辱、悲欢离合、情恨纠葛为主;另一条是虚幻性叙述层,即以与现实相对应的太虚幻境、风月宝鉴、木石前盟等为主。小说一开篇就令人耳目一新,以神话故事、"假语村言"掩去内容的实质,将作品置入扑朔迷离的雾色之中,而改借用"真""假"观念,托言"梦""幻"世界,使得整部小说按着这一以假寓真的结构铺陈发展,最后营造出一个"生活世界"。

俞平伯在《读〈红楼梦〉随笔》中,反复提醒我们要注意故事的虚中实,实中虚。这部小说人物和生活都那样真实,而又带有大胆的幻想的色彩,恰如第一回太虚幻境牌坊上一副对联"假作真时真亦假,无为有处有还无"所言。关于这部小说的来历,作者首先给它虚构了一个奇异的故事:女娲氏炼石补天的时候,三万六千五百块石头都用上了,单单剩下一块未用。这块石头"自经锻炼之后,灵性已通,见众石俱得补天,独自己无材,不堪入选。遂自怨自叹,日夜悲号惭愧"。这一切往事,却也不过是一块无才补天的顽石堕入红尘,所历经的一世一劫,所经由的荒唐一梦。开篇不久,作者便将宝玉带入太虚幻境里,以十二首判词,十二曲小调,隐隐暗示结局。第七十九回里,宝玉无意的一句"茜纱窗下,我本无缘;黄土垄中,卿何薄命?"仿佛是他对木石前盟终虚化的一句提前的叹气。《红楼梦》便是用这样一种带着一点虚幻笔调,在琐碎里体现深刻,于平淡中显示伤悲。那些前世、太虚幻境、还泪之说是虚幻,但宝黛之间的感情,作者对世间美好事物的怜惜与悲悯,却非梦幻。

四、阅读方法

《红楼梦》结构庞大严整,艺术性和思想性较高,说它是一部空前伟大的小说固当之无愧。但读《红楼梦》却并不简单。因为"它的真假虚实、轻重隐显、变化百端,使我们不容易抓住,而且稍一疏忽,就会走入迷途,误解到作者原意的反面去"(俞平伯语)。

061

那一开始该怎么读呢？主要可以着眼于三个方面的致力：《红楼梦》写了什么，即主要内容和主题思想；写得怎样，即艺术成就；怎么写的，即创作技巧。

写了什么。面对庞大的架构和人物群，我们读过后要有梳理过程以帮助内容的记忆和理解。梳理的角度可以多层次，重点情节梳理、重点人物梳理、重要环境梳理；梳理的形式多种多样，比如绘制人物关系图谱、手绘大观园图、人物名片制作、大事记等。对于作品主题思想的把握，不能以今度古，不能超越阶级。这样，就能理解作者处处刻画封建大家庭的罪恶，但对这大家庭的崩溃又每每流露了伤悼与追怀的矛盾。

写得怎样以及怎么写的。曹雪芹花了十余年的工夫来写这本书，"字字看来都是血，十年辛苦不寻常"。一部《红楼梦》值得我们反复品读。先可以酣畅淋漓地通读一遍，每遇心有戚戚处，旁批几笔。再读一遍时，可以有针对性地赏析，比如欣赏某个人物，找出描写人物的语句并进行反复品读，抓住外貌、语言、动作、心理活动四个方面对人物进行认识和了解，关注重点事件，进而总结出人物性格特点。继续读一遍，可以找"脂评本"来读，借助脂砚斋的点评加深认识。比如在写林黛玉初进贾府时的描写："寂然饭毕，各有丫鬟用小茶盘捧上茶来……盥手毕，又捧上茶来，这方是吃的茶。"结合脂砚斋对其所下的批注："余看至此，故想日前所阅'王敦初尚公主，登厕时不知塞鼻用枣，敦辄取而啖之，早为宫人鄙诮多矣'。今黛玉若不漱此茶，或饮一口，不无荣婢所诮乎？观此则知黛玉平生之心思过人。"可以更加深刻地领会到文章中细节描绘的老练精当。

除了上文所说的从"言行举止"中体味人物形象外，小说中还有许多妙处。如，用环境来衬托人物性格，"潇湘馆"的清幽宁静，不与群芳为伍，一定是清冷孤傲的黛玉所住；栊翠庵的红梅好似高洁的妙玉……同一个人物会在不同的事件中反复皴染，让读者看到人物复杂的人性，比如王熙凤，除了大家熟知的泼辣、贪婪外，她也是精明、热情、大方的。《红楼梦》中的人物大多"秉正邪两赋，善恶相兼"，符合现实生活，因此给人真实的感觉。同时，也因其复杂性，需要读者细细评量、反复思考，才能全面完整地认识其形象意义。在这些人物身上都打着鲜明的阶级与时代的烙印，寄托了作者深刻的情感，读懂了人物，才能读懂整个小说、读懂作者。

想要深入赏析文学作品,有自己独立的阅读感受非常重要,除此,还得通过查阅有关资料,找名人、名家(比较著名的红学大家有王国维、胡适、蔡元培、冯其庸、周汝昌等)的解读来帮助自己的阅读循序渐进。如在脂评第一回的一段眉批:"事则实事,然亦叙得有间架、有曲折、有顺逆、有映带、有隐有见、有正有闰,以致草蛇灰线,空谷传声,一击两鸣,明修栈道,暗度陈仓,云龙雾雨,两山对峙,烘云托月,背面敷粉,千皴万染诸奇。书中之秘法,亦不复少。"这里罗列的重要的创作手法,在全程阅读过程中都要关注。

五、参考书目

[1] 余英时. 红楼梦的两个世界[M]. 上海:上海社会科学出版社,2006.
[2] 王国维. 红楼梦评论[M]. 上海:上海古籍出版社,2005.
[3] 周汝昌. 红楼十二层[M]. 山西:书海出版社,2005.

《经典常谈》导读

王　俊

一、书本简介

　　《经典常谈》写于 1938 至 1942 年间,当时朱自清在国立西南联合大学中文系及其师范学院国文系任教。1942 年 8 月《经典常谈》由重庆国民图书出版社初版,并于 1946 年 5 月在上海文光书店再版,是朱自清著作中十分畅销且长销的一部。这部完成于战时昆明,旨在对于传统经典进行钩玄提要的文化读本,仅在 1946 至 1950 年间,就由文光书店先后发行过五版,风行一时。而时至今日,此书也仍是此类著作中口碑甚佳、流播最广的一种。

　　《经典常谈》正文计有"《说文解字》第一""《周易》第二""《尚书》第三""《诗经》第四""三《礼》第五""《春秋》三传第六""'四书'第七""《战国策》第八""《史记》《汉书》第九""诸子第十""辞赋第十一""诗第十二"与"文第十三"共十三篇,平均每篇数千言。朱自清以高度洗练而娴熟的笔法对十三类经典进行了准确又不失生动的介绍,使得全书兼备学术性与文学感。

　　朱自清在 1942 年 2 月为《经典常谈》写作的序言中,开宗明义地表示:"在中等以上的教育里,经典训练应该是一个必要的项目。经典训练的价值不在实用,而在文化。有位外国教授说过,阅读经典的用处,就在教人见识经典一番。这是很明达的议论。再说做一个有相当教育的国民,至少对于本国的经典,也有接触的义务。"

在写作《经典常谈》的过程中,他一再呼吁:"中学生应该诵读相当分量的文言文,特别是所谓古文,乃至古书。这是古典的训练,文化的教育。一个受教育的中国人,至少必得经过这种古典的训练,才成其为一个受教育的中国人。"而所谓"古典的训练",目的不是"教学生练习文言的写作",而是通过阅读古文、古书与传统经典,"使学生了解本国固有文化"。《经典常谈》就是这样一部意在为中学生水平的青年读者写作的具有导读性质的中国传统文化读本。用朱自清自己的话说,其初衷是希望"读者能把它当作一只船,航到经典的海里去。"

在《经典常谈》中,朱自清特别强调"要读懂这些书,特别是经、子,得懂'小学',就是文字学,所以《说文解字》等书也是经典的一部分。"而章太炎在《国学概论》中早已作如是观。重视"通小学"的意义,不仅表现为朱自清将《说文解字》置于《经典常谈》十三篇之首,更在于其写作此书本身,也是一种在广义上为青年读者"通小学"的努力。在朱自清看来,"我们理想中一般人的经典读本",应当"一面将本文分段,仔细地标点,并用白话文作简要的注释",同时"每种读本还得有一篇切实而浅明的白话文导言"。而《经典常谈》无疑正是朱自清对于写作"切实而浅明的白话文导言"的成功实践。

朱自清在《经典常谈》的序言中自陈:"各篇的讨论,尽量采择近人新说;这中间并无编撰者自己的创见,编撰者的工作只是编撰罢了。"此语并非故作谦虚,而是道出了此书的写作方法。例如,在《〈尚书〉第三》一篇中,朱自清的核心观点即完全根据顾颉刚的"层累地造成的中国古史"学说而得出。其中对于东汉古文经学家王肃如何通过伪造《古文尚书》,将《尚书》的主要思想由"鬼治主义"篡改为"德治主义"的辨析,尤其精彩。但这一部分不是朱自清的研究心得,而是直接参照顾颉刚在"今译"《盘庚》一篇时写作的导读,及其在《论今文尚书著作时代书》一文中做出的论述完成的。在其他各篇中,他整合顾颉刚的观点之处也还有不少。而在《经典常谈》中引用到其他学者,则有更多。在《经典常谈》中,朱自清借鉴研究成果的学者计有容庚、陈梦家、顾颉刚、李镜池、余永梁、洪业、雷海宗、郑鹤声、冯友兰、游国恩、周作人、罗根泽、朱希祖、胡适、胡小石、傅斯年与梁启超等

065

近二十家。需要说明的是,其中对于梁启超的引用是在《文第十三》一篇中,引用的具体内容是其在《清代学术概论》中对于自家"新文体"的夫子自道,而非研究成果。除此之外,引用其他各家之处均为其对于相关经典的学术论述。而其他各家无一例外都是朱自清的同代学者,这正应了他所谓"尽量采择近人新说"的写作原则。

1980 年也即朱先生逝世 32 周年,《经典常谈》由生活·新知·三联书店重刊。重刊时,还请叶圣陶先生写了重印版序文。作为朱自清先生生前的同事,叶圣陶序文首段开宗明义:"出版社准备重印这本《经典常谈》,要我写篇序文,我才把它重新看一遍。朱先生逝世已经 32 年,重看这本书,他的音容笑貌宛然在面前,表现在字里行间的那种嚼饭哺人的孜孜不倦的精神,使我追怀不已,痛惜他死得太早了。"

叶老的这段话至少告诉我们这样两层意思:一是他写序文的背景,二是他和朱自清先生的同志交往特别是他对先生"嚼饭哺人精神"的肯定和赞美。诚如叶圣陶先生又言:"朱先生所说的经典,指的是我国文化遗产中用文字记下来的东西。假如把准备接触这些文化遗产的人比作参观岩洞的游客,他就是给他们当个向导,先在洞外讲说一番,让他们心中有个数,不至于进了洞去感到迷糊。他可真是个好向导,自己在里边摸熟了,知道岩洞的成因和演变,因而能够按真际讲说,决不说这儿是双龙戏珠,那儿是八仙过海,是某高士某仙人塑造的。求真而并非猎奇的游客欢迎这样的好向导。"以此我们不难得知,《经典常读》的文化性、可读性、普及性是都具备了的。全书所包含的 13 篇内容都是经朱自清先生深入浅出、古语今译了的。

二、写作背景

新文化运动中,随着国语成为官方确立的教学语言,使用白话文编撰教科书与读本的要求也就不仅限于国语一科。1922 年 3 月,顾颉刚应约为商务印书馆编撰《现代中学本国史教科书》。5 月,他以白话文"今译"了《尚书》中的《盘庚》与《顾命》两篇。8 月,受到鼓励的顾颉刚又完成了《金縢》一篇的"今译",并随即发表在《语丝》杂志上。而三篇"今译"的体例均由胡适提倡的白话文注释、翻译与导读三个部分组成。

正是顾颉刚的三篇"今译"《尚书》的作品,给时任绍兴春晖中学教员的朱自清留下了深刻印象。在为《经典常谈》写作序言时,他将顾颉刚的这一尝试视为新文化人进行经典教育的先驱。他说:"顾颉刚先生用浅明的白话文译《尚书》","这样办虽然不能教一班人直接亲近经典,却能启发他们的兴趣,引他们到经典的大路上去",而《经典常谈》"也只是向这方面努力的工作"。在收录于1948年4月由上海文光书店出版的《标准与尺度》一书中的《古文学的欣赏》一文中,朱自清又再度表彰了顾颉刚"今译"尚书的重要贡献。在他看来,"'五四'运动以后,整理国故引起了古书今译,顾颉刚先生的《〈盘庚〉篇今译》最先引起我们的注意。他是要打破古书奥妙的气氛,所以将《尚书》里诘屈聱牙的这《盘庚》三篇用语体译出来,让大家看出那'鬼治主义'的把戏","他的翻译很谨严,也够确切;最难得的,又是三篇简洁明畅的白话散文,独立起来看,也有意思。"朱自清的评价虽然兼及学术史与文学史,但贯穿其中的主线显然还是教育家的立场。而他本人,也正是通过顾颉刚的三篇"今译",完成了对于《尚书》的"经典训练"。从这一角度来看,朱自清写作《经典常谈》便是旨在将其青年时期接受经典教育的成功经验"金针度人",传递给更为年轻的一代读者。其中蕴含的正是他对于"经典"应当如何"教育"的思考。

当朱自清写作《经典常谈》时,新文学与新文化已经站稳脚跟,开始担负起参与抗战救国的历史责任。因此,曾经对于传统经典持有激烈批判态度的新文化人也转向表彰其间的积极因素,肯定其在国民教育中作为文化训练载体的重要作用。但态度调整并非简单的立场反复,新文化人依旧是在当初新文化运动的延长线上完成的对于传统的接纳。只不过由于时过境迁,新文化本身的地位发生了显著变化,所以在其面对传统经典时姿态也随之调整为主动与开放。而被接纳的传统其实只是经典中可以适应现代生活以及现代国家建设的部分,而非读经的老路被重新认同。是故,《经典常谈》虽是一本小书,但昭示的却是新文化人自我演进的大道。

三、精彩看点

首先,叙述的脉络清楚。朱自清做指路的工作是很有特色的,他在介绍一部经典的时候,就像一位导游向游客介绍着一座城市、一个风景点。他叙述它的源头、它的发展与特点,使读者油然产生去了解经典的欲望,就像游客听完介绍,急切地产生要赶快去领略这一景点的喜悦与追求。这样的叙述特点非常普遍。如对《周易》的介绍:首先从伏羲氏画八卦的传说、卜法和筮法、《周易》书名的由来的介绍,再论述《周易》如何逐步演变成儒家的经典以及如何在民间的流传和影响,即医卜、星相等种种迷信和花样的传播,最后再得出"儒家的《周易》是哲学化了的,民众的《周易》倒是巫术的本来面目"的结论。整篇介绍自然流畅,使读者对《周易》有了一种总体上的了解。

又如对《尚书》的介绍:作者首先从"《尚书》是中国最古的记言的历史",说到《尚书》主要内容及其形式,以及《尚书》的成书过程及书名的含义;着重介绍了《尚书》流传过程中的种种遭遇,特别是"今文"和"古文"之争;最后又介绍了作者所见的最新的研究成果,指出《今文尚书》也有真伪之分。这样的叙述,流畅中带着起伏,既传递给读者知识,还带给读者惊奇。

叙述中的脉络分明,是《经典常谈》的一个显著的特点,产生这样的效果,既是作者写作方法上的特长,更重要的是作者对所述对象的深入透彻的了解。作者是带着读者在参观欣赏,而指导别人欣赏,必须自己认真仔细地欣赏过,才有可能帮助读者做到透彻的了解。

其次,旁征博引是《经典常谈》在叙述上的另一个特点。对经典的介绍,要让读者感到有兴趣,有新鲜感,需要增加叙述的说服力,就离不开让事实来说话。如《〈诗经〉第四》:

"诗言志"是一句古话:"诗"这个字就是"言"和"志"两个字合成的。但古代所谓"言志"和现在的所谓"抒情"并不一样;那"志"总是关联着政治或教化的。春秋时通行赋诗,在外交的宴会里,各国使臣往往得点一篇诗或几篇诗叫乐工唱。这很像现在的请客点戏,不同处是所点的诗句必加上政治的意味。这可表示这国对那国,或这人对那人的愿望、感谢、责难等等,都从诗篇里断章取义。断章取义是不管上下文的意义,只将一章中的一两句拉出来,就当前的环境,作政治的暗示。

在作了如上的叙述之后,接着又举了《左传》襄公二十七年的例子来加以证明。对一个古今有所变化了的概念,如何使读者理解得更确切,朱先生没有简单地下结论,而是一步步引用事实,让具体的例子说话,最后让读者自然地接受自己的结论。又如关于《春秋》作者的问题,朱自清首先把各种有关孔子行道不成、获麟有感而作《春秋》的传说叙说了一遍,犹如讲了一个很形象具体的故事,来勾起读者的兴趣、加强读者的注意,但作者很快话锋一转,运用事实来纠正以往的传说:"这个故事虽然是够感伤的,但我们从种种方面知道,它却不是真的。《春秋》只是鲁国史官的旧文,孔子不曾掺进手去。《春秋》可是一部信史,里面所记的鲁国日食,有三十次和西方科学家所推算的相合,这决不是偶然的。不过书中残阙、零乱和后人增改的地方,都很不少。"诸如此类的叙述特点,在《经典常谈》中十分普遍,叙述的口吻温文尔雅,表现的形式引经据典,让读者倍感亲切、真实。

069

《经典常谈》在语言上也很有特色。一般的读者都对朱自清的抒情散文和杂文的语言赞赏不已,其实,撰写《经典常谈》这样既有学术性又通俗化的著作,作者也是运用自己倡导的"活的口语",采用类似谈话的所谓"谈话风"的语言风格。读《经典常谈》,仿佛在听一个智者用很通俗的语言讲述古老的故事。在这里,古与今之间的通道打开了,似乎可以说这是他送给青年读者的一份礼物,包含着他对青年一代的期望。

既是为青年读者所写,朱自清很注意引起读者的兴趣与注意力。《经典常谈》的每一篇,基本上都有一个引人入胜的开场白,这似乎跟朱自清长期从事教师职业有关,写学术著作也仍有讲课的模样。如《〈周易〉第二》:

在人家的门头上,在小孩的帽饰上,我们常见到八卦那种东西。八卦是圣物,放在门头上,放在帽饰里,是可以辟邪的。辟邪还只是它的小神通,它的大神通在能够因往知来,预言吉凶。算命的、看相的、卜课的,都用得着它……

　　八卦及阴阳五行和我们非常熟习,这些道理直到现在还是我们大部分人的信仰,我们大部分人的日常生活不知不觉中教这些道理支配,可见影响之大。讲五行的经典,现在有《尚书·洪范》,讲八卦的便是《周易》。

　　这是从当时人们习以为常的习俗或风俗入手的。这些现象或许人们每天都经历着,但不一定清楚这类现象产生的来源及其变化,更不一定清楚这类现象出现的理论依据,听了作者的介绍,了解到这类现象原来还有经典作为理论依据,自然能够引起读者去了解一下经典的兴趣。与上例几乎完全一致的可见《三〈礼〉第五》:

　　许多人家的中堂里,供奉着"天、地、君、亲、师"的大牌位。天地代表生命的本源。亲是祖先的意思,祖先是家族的本源。君、师是政、教的本源。人情不能忘本,所以供奉着这些。荀子只称这些为礼的三本,大概到后世才宗教化了的。

　　以上两例可看出,从读者身边的事情说起,使读者产生亲近感,这正是朱自清善于调动语言技巧,捕捉读者心灵的高超手法的具体应用。

　　朱自清写作《经典常谈》,并不因为是对经典的介绍,而使语言显得枯燥、沉闷或说教,相反,在许多时候却写得非常的轻松与幽默,使读者既感到自然,又感到亲切、轻松。这是朱自清《经典常谈》语言上的又一特点。如《诗经》第四》:

　　一个人高兴的时候或悲哀的时候,常愿意将自己的心情诉说出来给别人听。日常的言语不够劲儿,便用歌唱:一唱三叹的叫别人回肠荡气。唱叹再不够的话,便手舞起来了,脚也蹈起来了,反正要将劲儿使到了家……

又如《三〈礼〉第五》：

> 儒家说初有人的时候，各人有各人的欲望，各人都要满足自己的欲望；
> 没有界限、没有分际大家就争起来了。你争我争，社会就乱起来了。那时的
> 君师们看了这种情形，就渐渐给定出礼来，让大家按着贵贱等级，长幼的次
> 序，各人得着自己该得的一份儿吃的、喝的、穿的、住的，各人也做着自己该
> 做的一份儿工作。各等人有各等人的界限和分际；若是只顾自己，不管别
> 人，任性儿贪多务得，偷懒图快活，这种人就得受严厉的制裁，有时保不住
> 性命。

以上两段话，一是对古代人们发泄自己情绪的描写，一是对儒家所推崇的政
治制度的描述。尽管这些话的内容都有古代典籍的依据，但作者决不拘泥于古
籍，而是用自己的语言说出来，生动、形象、轻松、幽默。再如："一个人饮食言动，
也都该有个规矩，别叫旁人难过，更别侵犯着旁人，反正诸事都得记着自己的份
儿。"这样的句子，完全是口语化的，仿佛是与人交谈。这是作者所倡导的散文创
作中的"谈话风"的风格在学术著作中的活用，使学术著作减却了书卷气，而增添
了生活味。

《经典常谈》应该说在经典与读者的沟通上是成功的，它的结构方式，它的语
言特色，充分考虑到了读者的需要。它不是为学者而写，而是为一般普通读者而
写，为一般受过中等教育的读者而写。它面对的是普通读者，它使用的是普通读
者所都能接受的语言。这正是《经典常谈》的可贵之处。

在《经典常谈》的行文过程中，朱自清还专门使用了"拟演说体"，模仿在课堂
上传道解惑的声口，拉近了与青年读者之间的距离。在他看来，"思想，谈话，演
说，作文，这四步一步比一步难，一步比一步需要更多的条理；思想可以独自随心
所向，谈话和演说就得顾到少数与多数的听者，作文更得顾到不见面的读者，所
以越来越需要条理。""语脉和文脉不同"，但"说话可以训练语脉；这样获得的语
脉，特别是从演说练习里获得的，有时也可以帮助文脉的进展"，"所以要改进作
文，可以从练习演说下手"。这是一位从中学教到大学，并且长期关注教育问题

的资深教授的经验之谈。朱自清关注的教育问题,不仅涉及学科建构、课程设计与专业著述等层面,更包括教科书与读本编撰,甚至十分具体的教学方法。在写作《经典常谈》时,"读者"的因素可谓从未"缺席",他拟想中的听众一直都以"在场"的方式左右着他对于文章尺度与感觉的经营。十三篇导读中的绝大部分都是在娓娓道来中开笔:

> 中国文字相传是皇帝的史官叫仓颉的造的。这仓颉据说有四只眼睛,他看见了地上的兽蹄儿、鸟爪儿印着的痕迹,灵感涌上心头,便造起文字来。文字的作用太伟大了,太奇妙了,造字真是一件神圣的工作,但是文字可以增进人的能力,也可以增进人的巧诈。仓颉泄露了天机,却将人教坏了。所以他造字的时候,"天雨粟,鬼夜哭"。(《〈说文解字〉第一》)

> 在人家门头上,在小孩的帽饰上,我们常见到八卦那种东西。八卦是圣物,放在门头上,放在帽饰里,是可以辟邪的。辟邪还只是它的小神通,它的大神通在能够因往知来,预言吉凶。算命的,看相的,卜课的,都用得着它。他们普通只用五行生克的道理就够了,但要仔细推算,就得用阴阳和八卦的道理。(《〈周易〉第二》)

> 屈原是我们历史里永被纪念着的一个人。旧历五月五日端午节,相传便是他的忌日;他是投水死的,竞渡据说原来是表示救他的,粽子原来是祭他的。现在定五月五日为诗人节,也是为了纪念的缘故。(《辞赋第十一》)

这类叙述,显然不是学术论文的写法,而叙述的内容,纯粹从学术的角度而言,也不无可以推敲之处。但朱自清明显也在讲求一种"文章作法",这些现场感极强的文字,与他对于自己是一位"国文教师"的定位直接相关。他说:"我是一个国文教师,我的国文教师生活的开始可以说也就是我的写作生活的开始","这就决定了我的作风是国文教师的环境教我走到这一路"。所以,在《经典常谈》中,朱自清既是以学者的身份在论学,更是以国文教师的思路在授课。换句话说,此书在肩负了经典训练的使命同时,也具有国文训练的功能。而后者也对于新文学乃至新文化本身的内涵多有拓展。

四、读法指导

  《经典常谈》是学术普及性著作,作为高中生(今后立志读中文系的同学除外),没有必要对其中的学术问题加以细细研究。建议大家可以采用制作知识卡片的办法,把经典著作的常识内化为自身的知识结构。例如,读了《〈诗经〉第四》,了解《诗经》的版本流传;读了《〈史记〉〈汉书〉第九》,整理出《史记》和《汉书》的不同之处;读了《文第十三》,归纳出桐城派的知识,等等。把这些都抄写在一张张卡片上,整本书读下来,你收获了许多关于国学知识的卡片,丰富了自己的语文素养。

  我们更希望看到,对《经典常谈》中提及的某一部经典作品感兴趣的同学,可以找来原典阅读。比如找来《说文解字》的影印版本来看,当你用手指抚摸那些两千多年前流传至今的象形文字,当你亲自发现某一个汉字的奥秘,那种激动和喜悦不是打篮球、玩王者、吃鸡能够比拟的,为什么不来试试?

073

五、参考书目和论文

[1]朱自清.经典常谈[M].北京:生活·读书·新知三联书店,2004.
[2]朱农.希望专家学者写点这样的书——《经典常谈》[J].中国社会科学,1983(1).
[3]郁松华.读朱自清先生的《经典常谈》[J].南京师范大学文学院学报,2000(3).
[4]苏震亚.《经典常谈》的国民性[J].散文百家,2010(9).
[5]邓楠.大师眼中的国学经典——读朱自清的《经典常谈》[J].考试(高考文科),2012(5).
[6]李浴洋.什么"经典",怎样"常谈"——教育史视野中的朱自清《经典常谈》[J].现代中国文化与文学,2017(2).

《野草》导读

朱学慧

一、书本简介

在鲁迅的作品中,《野草》是一部散文诗集,共收入散文诗 23 篇。这些作品创作于 1924 年 9 月至 1926 年 4 月,曾在当时的《语丝》周刊上陆续发表。1927 年 4 月在广州编定,并写了《题辞》,7 月由北京北新书局出版,为"乌合丛书"之一种。鲁迅说他的《野草》"大半是废弛的地狱边沿的惨白小花,当然不会美丽"。但在我国现代文学史上,它却是一束璀璨的明珠、绮丽的鲜花,在现代散文诗的创作上,更是独树一帜,开一代先河。

《野草》以曲折幽晦的象征表达了 20 年代中期作者内心世界的苦闷和对现实社会的抗争。《这样的战士》《淡淡的血痕中》《一觉》等篇表达了对现实的失望与愤懑;《影的告别》《死火》《墓碣文》等篇描绘了对自我深刻解剖之后的迷茫心境;《希望》《死后》等篇写出了对未来的恐惧,深刻地表现出作者的人生哲学。语言俏奇瑰丽,意象玄妙奇美。

鲁迅先生痛恨这丑恶世界,所以希望大火烧光一切。他在《野草》的《题辞》里说:"我自爱我的野草,但我憎恶这以野草作装饰的地面。"鲁迅在这本散文诗集中,表现出深刻的虚无主义思想。鲁迅的虚无主义思想表现为存在的困惑和焦虑,它建立在作者个体真实的体验之上,在一定程度上体现了后现代主义的某些色调。虚无主义构成了鲁迅的深刻性和复杂性。

薄薄的一本散文诗集《野草》,是鲁迅先生送给中国新文学的一份厚重的礼物。《野草》在文学界始终被认为是鲁迅创作中最美的一部作品。对《野草》从20世纪20年代最初产生的零散浮泛的感言,到20世纪八九十年代的众说纷纭的理论诠释,人们都可以做言无不尽的论说,而又觉得言犹未尽。一些难懂的晦涩篇章和抒情的意象、语言,至今很难做出无可辩驳的解释。但有一点却是大家公认的:到现在很难有人敢言,我已经把一本《野草》都说清楚了。可以这样说,《野草》已经成为鲁迅全部文学创作中留给后人的一个世纪性的文学猜想。

二、写作背景

《野草》连《题辞》一共有24篇散文诗,最早发表的《秋夜》写于1924年9月15日,最后一篇《一觉》写于1926年4月10日,前后历经一年零七个月。1927年4月26日,在作品结集出版之时,鲁迅又写了代序言的《题辞》。写作时间和环境,虽然有所不同,而作者的心境、思想和艺术手法,却大体是一致的。这部诗集真实地记述了作者在新文化统一战线分化以后,继续战斗,却又感到孤独、寂寞,在彷徨中探索前进的思想感情。

于《野草》出版后的五年,鲁迅这样说明自己写作《野草》时孤独寂寞而又不断求索的心境:"后来《新青年》团体散掉了,有的高升、有的退隐、有的前进,我又经验了一回同一战阵中的伙伴还是会这么变化,并且落得一个'作家'的头衔,依然在沙漠中走来走去,不过已逃不出在散漫的刊物上做文字,叫做随便谈谈。有了小感触,就写些短文,夸大点说就是散文诗,以后印成一本,谓之《野草》。得到较整齐的材料,则还是做短篇小说,只因成了游勇,布不成阵了,所以技术比先前好一些,思路也似乎较无拘束,而战斗的意气却冷得不少。新的战友在哪里呢?我想这是很不好的。于是印了这时期的十一篇作品,谓之《彷徨》,愿以后不再这模样。'路漫漫其修远兮,吾将上下而求索。'"这些自述,包含了关于自己的《野草》《彷徨》与他那时"荷戟独彷徨"心境之间的关系,它们所产生的思想情绪的根源,也说明了散文诗《野草》里那些小感触,隐含着怎样一种沙漠里走来走去的孤军奋战者的痛苦与沉思,它们是与叙事书写不同的内在情感世界哲理化了的结晶,一种深层情感意识的艺术凝聚与升华。

三、精彩看点

1. 奇特的艺术构思

给现实的情怀披上梦境的面纱,是《野草》散文诗追求诗意和哲理相结合的艺术构思所采用的丰富多彩的表现方法之一。这一类篇章以"我梦见"开头的就有 7 篇。如《影的告别》,影要离形而去,在现实生活中是不可能有的,作者却可以通过幻觉,把内心的感受形象地表现出来。《墓碣文》中,死尸居然从墓穴中坐起,对着活人说话,而且早已自己掏吃心脏,这仍然写的是幻觉和梦境,反映的却是作者的现实思想,与旧我告别和严格的自我解剖精神。这些篇章是鲁迅当年思想矛盾和复杂心情的真实反映,一方面对现实感到空虚失望,一方面又不甘心于悲观消沉,在苦闷中不忘奋勇前进,满怀热情地探寻新路。《失掉的好地狱》是以梦幻反映现实社会的黑暗。这类描写虽然有悖于常理,但却反映了事物的本质。这种奇幻的新颖的构思,创造了新奇深广的意境,大大加强了作品的艺术魅力。它使形象易于驰骋,不受时间、空间的限制,并能自如地发抒自我,叙写不同的生活感受。《好的故事》虽然没有用"我梦见自己"这样的方式开头,但是全文的主体部分都是描写梦中作者所"回忆"的和"现在"所看到的景物。将瑰丽的梦境和真实的生活奇特而又和谐地编织在一起,来抒发、寄寓和象征作者深邃的思想,丰富的感情,幽远的情趣,美好的理想,热烈而执著的追求,正是这篇散文诗在艺术上的主要特色。鲁迅以动人的笔触叙写了一个"美丽、幽雅、有趣"的故事,那情境确是色调明丽、闪烁生光的;但那只是作者的梦中所见。构成抒情主人公置身其间的完整意境的主体,则是对现实情景的描绘,是作者反复渲染的"昏沉的夜"。这一意境是深重沉郁的。它蕴含着作者的双重感情:既有热烈的追求和向往,又有清醒的现实感和现实的沉重感;有几分欢欣,亦有几分凄楚。这种种情绪都通过奇特的艺术构思表现了出来。

2. 鲜明的对比手法

在《野草》的许多篇章中,鲁迅还常常运用对比的手法构思全篇,如,在《雪》中,江南的雪野和朔方的雪野形成鲜明的对比。这种对比,不仅突出了江南和朔方冬景的不同特点,而且使文章前后两部分内容产生了内在的联系,即一方面反映了作者美好的理想与黑暗现实尖锐的对立,另一方面说明环境越是冷酷,越是抑制不住他对美好事物的怀念与憧憬。文章的开头写"暖国的雨","单调","他自己也以为不幸否耶?"这是为了跟雪进行对比,用"雨"的"单调"来衬托雪的灿烂,突出作者对雪的赞美和喜爱之情。作者以雨的"精魂"来突出朔方的雪的雄健壮美。全篇写了三种对比:暖国的雨与江南的雪的对比;江南的雪与朔方的雪的对比;朔方的雪与暖国的雨的对比。文章层层对比,相互映照,突出了作者对光明未来的憧憬和在严酷的环境中奋发向上的精神。

3. 突出的象征手法

如在《秋夜》中,鲁迅用奇怪而高的夜空、各种鬼眨眼的星星、制造寒冷的严霜、惨白的月亮等象征反动的黑暗势力,而孤零挺拔、饱经风霜仍直刺天空的枣树,则象征着刚强不屈、坚韧奋战的勇士。鲁迅试图表达这样一个深刻感受:对于秋夜严霜般冷酷无情的黑暗社会,必须不屈不挠地进行韧性战斗。他不是直抒胸臆,而是采用象征的手法寓情于景,以枣树在凛秋中对夜空的殊死搏斗,作为这首散文诗构思的基础。在枣树这一形象中,铸进了自己的特质、认识和情感,使之人格化,时代化了。枣树,是坚韧顽强的革命战士形象,也是作者的形象。《秋夜》是时代的奏鸣曲,是韧战精神的颂歌。

又如,《雪》用滋润美艳的江南雪、各色俏丽的梅花、忙碌的蜜蜂、孩子们堆成的晶莹透明的雪罗汉等,象征诗人对美好生活的向往和追求;那蓬勃奋飞、旋转升腾的朔方雪,则象征着诗人在严冬般重压的环境下对反动统治的愤怒和反抗以及孤军奋战的复杂心境。这类含而不露的描写,给人以许多启迪和思索的余味,正所谓寄意深远,奇妙无垠。

《过客》是《野草》中唯一的诗剧,在表现手法上也是以象征为主的。剧中三个人物是三种不同人生态度的象征。剧中荒凉阴冷的场景和过客对他所来之处的描绘,显然是当时黑暗社会的象征。此外,那不断呼唤过客的声音,过客和老翁所说的坟,小女孩所说的野蔷薇、野百合以及她送给过客的布,也都是应该从象征意义去理解而不能受限于原句字面上的意义的。由于剧中较多地运用了象征手法,就使得思想内容的表达既形象生动,又含蓄深刻,具有极大的包容性。

4. 诗情与哲理的结合

翻开《野草》,你就会感到它散发着浓郁的抒情诗意,并蕴含着精警的哲理思想。鲁迅把二者紧密结合在一起,达到了高度统一。如《秋夜》对枣树与夜空斗争的抒写,蕴含着战士的博大情怀和崇高品格;《好的故事》在对美丽大自然的抒写中,寄予了对美好生活的热烈憧憬;《过客》描绘了三种人的不同经历、思想,着力表现了老者的颓唐,女孩的幼稚天真,过客的坚忍不拔,哪怕是走向坟场也决不停步,从而寄寓着不同人生态度的或深或浅的哲理,褒贬有致,是非自明。《过客》的对话不像一般的小说、戏剧的对话那样注意刻画人物性格和推动情节的发展,而是重在抒写作者对人生的体验和内心的诗情。因此,它的对话显得诗情浓郁,哲理丰富,既耐人寻味,又引人深思。

5. 优美精练的语言

《野草》不但具有诗的内在美,而且具有诗的语言美,文字简洁、凝练,无一冗词赘语,而又蕴含深广,委婉深致。或渲染、或复沓、或精描,极富表现力;抒情达意、状物写景,无不运用自如。如《题辞》,鲁迅一下笔,便以沉郁的笔调写道:"当我沉默的时候,我觉得充实;我将开口,同时又感到空虚。"这是一种悲愤到极点而"无话可说"的心情,言简意赅,蕴蓄着绵绵思绪和大海怒涛般的情怀。通观全篇,又何处不是这样呢?整篇《题辞》,犹如一曲乐章,沉郁是它的基调,但又不乏炽热的弦响,澎湃的激情。在句式上,时而采用短句,时而采用长句,时而长短相间,错落参差。全篇多用排比,加上雄放明快的节奏和抑扬顿挫的内在韵律,产生了极强的音乐美。《秋夜》的开头为很多论者津津乐道:"在我的后园,可以看见墙外有两株树,一株是枣树,还有一株也是枣树。"明明可以用字数更少的句子表达,却偏偏使用一种笨拙而略显重复的方式,传达作者内心的孤独和拂郁之情,而这样的句子,必得通过诵读,因声求气,领会句子的复沓和内在情感的沉重。

四、读法指导

1. 抓住《野草》中的形象

《野草》是具象化的写作,整本书使用了象征手法,贯穿了很多意蕴丰富的形象。虽然《野草》中很多篇幅的表达异常隐晦,但形象本身,我们是可以根据文学传统、阅读经验和具体语境,初步揣摩其含义的。比如《秋夜》里这样写"小粉红花":

> 我记得有一种开过极细小的粉红花,现在还开着,但是更极细小了,她在冷的夜气中,瑟缩地做梦,梦见春的到来,梦见秋的到来,梦见瘦的诗人将眼泪擦在她最末的花瓣上,告诉她秋虽然来,冬虽然来,而此后接着还是春,胡蝶乱飞,蜜蜂都唱起春词来了。她于是一笑,虽然颜色冻得红惨惨地,仍然瑟缩着。

079

先从文学传统说,"瘦的诗人"临花流泪,在文学史上不乏这样的形象和场景,如李清照《醉花阴》"莫道不销魂,帘卷西风,人比黄花瘦"。当我们有了一定的古代诗歌的阅读基础,再来看这段描写,就可以产生连接古今彼此的文学场景的相类联想;再看文段中"细小""瑟缩""红惨惨"这样的限定语,就可以得出粉红花是瘦弱可怜的形象。如果要对这花背后喻指的"人"进行定位的话,应该是在黑暗的时代中仍有对美的追求的弱小者,"瘦的诗人"的眼泪所营构的语境,可让我们将其定位于当时的一批心怀理想和追求的文学青年。

2. 关注《野草》中形象的互文关系

不仅如此,《野草》中的形象存在互相指涉和诠释的关系,比如《希望》《过客》和《墓碣文》这三个文本,可以用"希望"这条线一以贯之,我们可以在它们所呈现的不同语境里看到鲁迅对"希望"的不同态度。《希望》里有直抒胸臆式的警句:"绝望之为虚妄,正与希望相同",这句话表达如此果决彻底,表明鲁迅是把希望和绝望看作同一的;而在《过客》里,老翁看到了前方是坟(绝望),女孩看到前方是野花,过客知道有野花,却也认定是坟,三种人,是三个不同阶段的人生态度的象征;《墓碣文》更像是对此话题不同态度的一个总结式的回答:"于无所希望中得救"。看完这三篇,我们才懂得,鲁迅虽然对"希望"这一话题持绝望的态度,但他的人生观也正是以此为起点而非终点,这是一种更加超然和成熟的选择。

3. 借助鲁迅其他作品形成的文本群来观照《野草》

进一步来说,不仅是《野草》中的不同篇目,我们读过的鲁迅的其他作品,都可以互相参照验证:比如《呐喊·自序》里对心路历程的剖白,"做着好梦的文学青年"和《秋夜》里小粉红花的关系;比如小说《故乡》结尾对于"希望"的论述和上述三篇之间的互相诠释;比如《药》《阿Q正传》里观众对行刑的围观,《示众》里盲目痴愚的群众和《复仇》里鲁迅对这种围观和群众毫不留情的鞭笞。《野草》这本书里的许多主题词,只有和鲁迅的其他作品对照起来看,意义才更为丰富。

五、参考文献

[1]鲁迅.野草[M].北京:人民文学出版社,2006.

[2]孙玉石.《野草》研究[M].北京:北京大学出版社,2007.

[3]李天明.难以直说的苦衷——鲁迅《野草》探秘[M].北京:人民文学出版社,2000.

[4]朱金顺.中国现代文学史[M].北京:北京师范大学出版社,1996.

《三国演义》导读

肖梅清

一、书本简介

　　《三国演义》的作者罗贯中,生平所知甚少。明人贾仲明《录鬼簿续编》称,"罗贯中,太原人,号湖海散人。与人寡合,与余为忘年交。"据此推算,罗贯中生年或在元仁宗皇庆元年(1312年)前,卒年或在明初洪武年间(1382—1392年)。然以上说法至今尚存疑点,未可作为定论,只做一说。另据明人王圻《稗文汇编》的记载,罗贯中"有志图王",又据清人图集所题序跋,罗贯中曾为张士诚幕僚。上述记载如可信,则其所作戏曲小说多敷衍政治、军事斗争故事,亦非偶然了。

　　罗贯中所作《三国演义》是中国文学史上第一部章回体历史小说。小说以陈寿《三国志》和裴松之《三国志注》为重要的历史依据,并在《全相三国志平话》等宋元时期的讲史话本和民间传说以及戏曲的基础上,经文人进一步加工润色而成,至清代康熙年间,毛宗岗父子又对《三国演义》做了整理、加工和批评,其后毛本遂成为通行本。该书反映了从东汉灵帝中平元年(184年)到西晋武帝太康元年(280年)约九十七年的历史风云。全书把以曹操、刘备、孙权为首的魏、蜀、吴三个政治、军事集团之间的政治和军事斗争为主要内容,展现了东汉末年和三国时代复杂的社会面貌。

二、精彩看点

1. 历史小说的真实和虚构

作为历史小说,《三国演义》在艺术上的成败,首先取决于如何处理历史真实和文学虚构的关系。清代史家章学诚称《三国演义》"七分实事,三分虚构。观者往往为所惑乱",所言非虚。钱锺书在《管锥编》也说,即使是"史家追述真人真事"的历史纪实,也离不开作者"遥体人情,悬想事势"的臆造虚构。这样,才能造成历史性和文学性的互渗、实用理性和审美情感的交融,更何况带有"野史"性质的历史小说呢?

《三国演义》不像《封神演义》那样恣意虚构,将殷周鼎革写成神话,而主要依据西晋陈寿创作的纪传体国别史史书《三国志》对魏、蜀、吴三个集团的描写,讲述的基本史事和历史演变大势,均"据实指陈,非属臆造",客观真实地反映了汉末魏晋时期政权的更替系统,无悖于史实。在这一点上,《水浒传》相较而言就是虚幻的文本特性,除了宋江这个人物和反朝廷的武装活动的大框架外,他与历史上宋江起义的事件没有多少关系。

历史小说的艺术审美价值要超越历史的真,必须通过假定、虚拟、想象来实现的。因而我们在解读这一类作品时,更要把阅读的焦点集中在历史素材中所没有的、作者用文学匠心虚构出来的东西。《三国演义》的题材取舍、人物描写、故事演绎就是广纳传说、野史,倾注自己的感悟,来进行艺术地虚构的。《三国演义》一书的艺术虚构,有如下几种情况:

一是正史所无,纯属虚构的情节。如在诸葛亮的相关故事中,"舌战群儒""智激周瑜""七星坛借东风""柴桑祭吊周瑜"皆于史无征;失街亭虽为史事,空城计确属虚无。在关羽故事中,"暂归曹操"是实,"约法三章""过五关斩六将""华容道义释曹操"为虚。此外,最为著名的"桃园结义",则更属子虚乌有。

二是正史记载简略,《三国演义》加以夸张和渲染。如刘备之访孔明,在《三国志》仅"先主遂诣亮,凡三往乃见"一句,到《三国演义》里却被敷衍为丰赡华腴、曲折跌宕的"三顾茅庐"故事。《三国志》有诸葛亮"(建兴)三年春,率众南征,其秋悉平"的记载,《三国演义》因此衍成颇富戏剧色彩的"七擒七纵"的故事。《三国演义》绝大多数情节,皆属此类。

三是把正史所记某人之事,移花接木,张冠李戴。如"三顾茅庐"中张飞前后三次表示愤怒:他把诸葛亮看成一个"村夫",说是"使人唤来便了"。在历史上,这本是刘备的话。再如《三国志》明确写到,是刘备求见督邮,不被接见,刘备径直入内绑了督邮,杖责二百。但在《三国演义》中,怒鞭督邮的人变成了张飞。

以上种种,细加分析,不难看出,《三国演义》这么创作的原因有四:

一是服务于对人物形象的塑造。如"三顾茅庐"这一情节的主角当然是诸葛亮。对于《三国志》中只是简要一笔提起的"先主诣亮,凡三往乃见",罗贯中却拿出了更多热情,浓墨重笔,尽情渲染。诚如毛宗岗评点所言,虽然曲曲折折还是见不到孔明,但这见不到孔明之处,无一不与孔明的心灵境界息息相通,高度统一于孔明的志趣品格。且看"一顾茅庐"就有三个层次:一是写荷锄耕于田间的农人的歌谣,暗示诸葛亮超越世俗荣辱的品质;二是写应门童子出来,刘备报了一大堆头衔,童子却说"记不得许多名字",并交代先生"归期不定",写出了孔明超越世俗的隐者气质;三是写孔明之友崔州平给刘备泼了一盆冷水,指出如今正是由治而乱的历史关键,想要改变这种规律只能是"徒费心力耳"。这就预言了孔明命运的悲剧色彩。

二是符合故事演绎上的需求,造成情节上的曲折性。《三国演义》虚构铺垫了那么曲折的过程,就是因为古典传奇小说首重的是情节。情节的生命之一,就是悬念的曲折跌宕,即让读者不会感到阅读的沉闷和单调,反而是将自己的关切一直悬在那里。对于诸葛亮的出山,和《三国志》里徐庶一人的极力推荐不一样,《三国演义》中司马徽在表达他的推崇时是有保留的,怪徐庶"惹他出来呕心血也",甚至在"玄德留之不住",径自"出门仰天大笑,曰:'卧龙虽得其主,不得其时。惜哉。'"暗中预言诸葛亮肯定不能成功。这样的情节设置,显然是作者要强调,此人的预见为日后的历史所证明。诸葛亮的失败,有点宿命的悲剧性,从这里可以说是留下了伏笔。而这种悲剧结局的安排,要等到诸葛亮鞠躬尽瘁,身死五丈原后才能显示出来。

三是出于情感和主题表达的需要,以服务于拥刘贬曹的内容倾向,突出斥奸颂仁、誉忠责篡的政治诉求。如《三国演义》为了把刘备理想化为充满仁德之心的明主，把《三国志》中所记载刘备"缚督邮，杖二百"的暴虐行为转嫁给了一贯粗野的张飞。再如，在"三顾茅庐"求见诸葛亮不得时，相对张飞先是"既不见，自归去罢了"，后是"量一村夫，何必哥哥自去，可使人唤来便了"，再是"我只用一条麻绳缚将来"的鲁莽急躁的反应，刘备则是严词叱责张飞的无礼，并始终耐心等待诸葛亮的接见。这显然是为了表现刘备求才的诚恳，如此贤君明主自是人心所向。

四是文人小说创作上的审美情趣的需要。《三国志》作为史书，写刘备拜访诸葛亮，完全是出于理性的考虑——为了自己的霸业宏图。关键是诸葛亮给刘备出了什么样的主意，制定了什么样的战略。至于"三顾"的过程中，人物情绪上有些什么样的反应，是可以略而不叙的。而对于小说来说，其根本价值乃是审美和审智的。如"二顾茅庐"时写到：

　　玄德视之，见小桥之西，一人暖帽遮头，狐裘蔽体，骑着一驴，后随一青衣小童，携一酒葫芦，踏雪而来。

这是一幅充满古典诗意的文人画。骑驴而来，随一小童，显示生活的安闲；携一酒葫芦，乃是逍遥的表现；踏雪而来，以不避风雪为美。作者唯恐如此诗意被读者忽略，又让这个人物口吟歌颂雪里梅花的诗歌，全是高雅的诗趣。而张飞此时提出他的"村夫"论，却又是非常粗俗的，但这粗俗有另一种趣味，也就是谐趣。可见，历史小说有别于史书，是需要艺术审美上的情趣的。

法国作家大仲马说，他把历史当作挂衣服的钩子，衣服则是他缝制的。历史小说就是这样，在历史史料的基础上，进行虚构加工。文史各有职能，史学求真，文学求美。对于《三国演义》，我们切勿以信史待之，只能以历史演义小说欣赏之，全书最生动的也恰恰就在罗贯中的虚构中，我们从中能把握全书的思想倾向，获得充分的美学享受。

2. 文白间杂的语言

蒋大器在《三国志通俗演义·序》写到"文不甚深，言不甚俗"，这句话指出了

《三国演义》文白间杂的语言特点。即一方面,《三国演义》采用传记文学的书面语言,典雅而不古奥、深涩;另一方面作品又吸取了平话的口头语言,通俗而不鄙俚。这样的语言,雅俗共赏,人人可读。

首先,故事发生的时间是历史上的三国时期,而战国到两汉这一段时期是正宗的"文言时代"。为了使作品更富有艺术的真实性,给读者以再现历史的真实感,作品中的人物对话等皆采用三国时期的文言语言。如第十回描写陈宫与张邈的对话:

> "今天下分崩,英雄并起;君以千里之众,而反受制于人,不亦鄙乎! 今曹操征东,兖州空虚;而吕布乃当世勇士,若与之共取兖州,霸业可图也。"

无论是实词、虚词,还是判断句、被动句都是典型的文言。

但同时,《三国演义》成书年代大约是是元末明初,这就使得作品不可避免地受到当时兴起的白话小说创作和阅读的潮流的影响,渗透进一些白话因素,呈现出浅近而不生涩的特质,从而实现作者、文本、读者的有效沟通和对话。

其次,"据正史、引史籍"的创作方式,使得《三国演义》有超过一半的内容直接引用《三国志》这些史料,营造了厚重的历史气氛,如改用纯粹的白话口语就难以协调。如"白帝城托孤"一事,《三国演义》记述的文字几乎和《三国志》相关章节完全一致:

> 先主泣曰:"君才十倍曹丕,必能安邦定国,终定大事。若嗣子可辅,则辅之;如其不才,君可自为成都之主。"孔明听毕,汗流遍体,手足失措,泣拜于地曰:"臣安敢不竭股肱之力,尽忠贞之节,继之以死乎!"(《三国演义》第八十五回)
>
> 先主于永安病笃,召亮于成都,属以后事,谓亮曰:"君才十倍曹丕,必能安国,终定大事。若嗣子可辅,辅之;如其不才,君可自取。"亮涕泣曰:"臣敢竭股肱之力,效忠贞之节,继之以死!"(《三国志·蜀志·诸葛亮传》)

但同时,《三国演义》也以《三国志平话》等宋元话本小说以及民间流传的三国故事为依据,这就使得《三国演义》带有民间传播加工、艺人讲说演唱的口语白话特点。如"却说""且说""话分两头""且听""欲知后事如何,请听下回分解"等语言的使用。

再者,《三国演义》也是一部有着大量文人人为加工成分的文学作品,文学作品要有血有肉地表现人物各异的性情,就必须借助有代表性的人物语言。而《三国演义》全书描写了大大小小千余人物,其主要身份有三类:

身份显赫、位高权重如刘皇叔类。其身份地位、学识修养决定了其语言是比较庄重古雅的,不能随心所欲。如:

> 玄德曰:"不容寇降是矣。今四面围如铁桶,贼乞降不得,必然死战。万人一心,尚不可当,况城中有数万死命之人乎? 不若撤去东南,独攻西北。贼必弃城而走,无心恋战,可即擒也。"(《三国演义》第二回)

文官、谋士、说客等一大类如孔明的人物。其身份学识决定了其语言较书面化,或长篇大论,或旁征博引,文采斐然。如"隆中对":

> 孔明曰:"自董卓造逆以来,天下豪杰并起。……将军既帝室之胄,信义著于四海,总揽英雄,思贤如渴,若跨有荆、益,保其岩阻,西和诸戎,南抚彝、越,外结孙权,内修政理;待天下有变,则命一上将将荆州之兵以向宛、洛,将军身率益州之众以出秦川,百姓有不箪食壶浆以迎将军者乎? 诚如是,则大业可成,汉室可兴矣。此亮所以为将军谋者也。惟将军图之。"(《三国演义》第三十八回)

诸葛亮的语言中有大量骈句和散句的结合运用,显然是文人深思熟虑,字斟句酌而来,颇有骈体文的恢宏气势,把史家散文特点发挥到了极致。

关羽,可以代表武将、义士等一大类人物。他们的身份地位决定了其语言虽不需严肃古板,但也不能太生活化,更不能太俗。因此,小说中往往给他们使用浅近的文言。如：

> 云长曰："昔日关某虽蒙丞相厚恩，然已斩颜良，诛文丑，解白马之围，以奉报矣。今日之事，岂敢以私废公?"(《三国演义》第五十回)

以上三类人物几乎代表了《三国演义》人物的绝大多数类型，从中可看出《三国演义》主要反映的是高级的谋略价值，上层的精英价值。人物身份特点和作品的价值方向，决定了作品语言上文言的主体地位。

但同时，完全是这样的人物形象，未免过于高雅，因而也不时要请草莽如张飞等出来，适当加添、穿插一些口语、白话、粗话，表现其直爽、暴躁、粗鲁的个性，增加一种百姓视角、平民文化，这就在通篇都是雅致的诗话气氛中，渗入了一点诙谐的趣味。如吕布得知张飞抢了自己在山东买的马，随即点兵往小沛，大骂刘备，张飞就直接反击说：

087

> "我夺你马你便恼，你夺我哥哥的徐州便不说了!"(《三国演义》第十六回)

类似这样的白话不能改变文言为主体的地位，但这样的灵活运用使文本语言更能表现人物性格，大大增强了文本的白话特色和艺术张力，也将它推向了更广的读者群体。

还有，就作品本身的文学价值而言，文言擅长简述而白话擅长铺陈，《三国演义》文白夹杂，则可充分根据情节进展的需要灵活运用这两种语言：当简要处寥寥数笔文言画龙点睛，当细致时洋洋大片白话锦上添花。如此，作品既有文言的精炼庄重、言简意赅，又有白话的丰盈亲和、恰到好处。间杂文言和白话的文风大大增强了文本的表现力。

需要特别一提的是，《三国演义》从篇首到卷终，引用、改造和借鉴了诸多章表、诗词，这些或典雅、或简练、或严整的诗文语言，蕴含深厚，耐人咀嚼，造成浓郁的抒情氛围，和整部作品的叙述语言相结合，奠定了章回体小说韵散结合的语言形式,大大增强了小说的文学魅力。

对比相同题材的作品,正史《三国志》用典范的文言,理微义奥,不易读懂;讲史平话《三国志平话》,言辞鄙陋,不易吸引精英阅读群体。两部作品的读者群远远没有《三国演义》这样广泛,从语言上看,其原因就在于《三国演义》兼用文言与古白话,避艰深而就浅易,远鄙陋而求新雅,既便于叙事写人的灵活运用,又使各类读者喜闻乐见,从而取得了小说语言的成功。

3. "尊刘贬曹"的思想倾向

一部长篇小说,其主题应该是复义的。但自从三国故事开始被记录及改写,"尊刘贬曹"思想倾向,就是时常鸣响着的旋律。《三国演义》成书后,"尊刘贬曹"的思想则完全确立。考究源流,可以看出这一创作倾向受到时代政治变化、作者个人的生命体验等多方面的影响。

西晋陈寿《三国志》因为"晋承魏祚",也因为自己"身为晋武之臣",尊魏为正统,给予建立魏政权的曹操很高的评价。到了北宋,司马光作《资治通鉴》沿陈寿先例,则是因为赵匡胤篡后周而自立,近乎曹魏之篡汉。而南宋各种演唱的"话本"则力争以蜀为正统,加入了不少有损曹操形象的材料,又是因为南宋"偏安江左,近于蜀,而中原魏地全入于金"。《三国演义》成书于元末明初,此时正是元蒙异族对汉族进行打压统治的时期。故此书洋洋洒洒数万言,呈现的"蜀帝魏寇"的正统观念并不只是对逝去历史的一个简单回顾,而是有所寄托的,是将窃据中原的元人与曹魏相提并论,而把政治的道统寄托在抗魏的蜀汉刘备上,是对汉族统治中国的政治道统理想、社会意识的间接表达。这正如德国哲学家伽达默尔所言,艺术作品是对一种可能恢复的永恒秩序的呼唤。

据载,罗贯中是一个深受儒家入世思想影响的正统文人,很早就有"有志图王"的政治理想,在自觉学有所成后,投奔农民起义军领袖张士诚做幕僚。在起义军被灭后,罗贯中心中仍然难以割舍"修齐治平"的政治情怀。因此当政治抱负在现实中实现不了时,这个落魄文人将一己幽愤、理想化为一纸文章,重新演绎了三国的历史。故通贯《三国演义》全书的"尊刘贬曹"思想倾向,实际是寄托了罗贯中个人渴望明君的政治诉求和有志成为诸葛亮那样的贤臣的情怀襟抱。

《三国演义》描写的是东汉末年到西晋初年之间近一百年的历史风云,反映了三国时代的各路政治势力，各种矛盾斗争。但在篇幅比重的安排上，除了一开始汉末乱世，各路英雄登场以及曹操平定北方阶段，其余均以刘备集团为写作中心，并在开篇就将当时诸多显赫人物置于一边，首先将后起的、出身孤寒的、名不经传的刘备作为第一位英雄推出，这无疑是受"尊刘贬曹"的创作倾向的影响。

因为这种创作倾向，《三国演义》在蜀汉和曹魏政权的两位握权者刘备和曹操的形象塑造上，多有偏向。

关于两人的出身，裴松之注《三国志》明确指出，刘备"虽云出自孝景，而世数悠远，昭穆难明"，但《三国演义》不肯囿于这些记载，不惜虚构事实，千方百计渲染他"中山靖王刘胜之后，汉景帝阁下玄孙"的皇室宗亲出身，提高他的身价，并评价其自小就至孝至勤，在称呼上，他人也常用"先生""皇叔"等尊称。而对曹操则称"曹贼""奸雄"等恶名，甚至在介绍他时，直呼其小名"阿瞒"，并记述他少时放荡无度、欺诈无赖的习性。

在刘汉和曹魏两个军事政治集团的争斗胜败上，《三国演义》也宣扬一种基于"蜀帝魏寇"倾向的天命观。刘备代表的是汉室皇权帝胄的正统，蜀汉政权的发展颇多坎坷，虽最终失败，不免有一种悲剧色彩，但作者在记述纷争的过程中极力贯彻一种"天生贵人"必有"天助"，最终也应"天成"的宿命思想。而对于曹魏政权最终被司马氏篡得这一结局，在《三国演义》的第一百一十九回有诗叹"魏吞汉室晋吞曹，天运循环不可逃"，这就是将魏灭的原因归为天理循环，因果报应。

在人物塑造方面，曹操的自私残忍和刘备的仁德宽厚形成了鲜明的对比。"隆中对"一回，刘备初见诸葛亮就表明了自己"欲伸大义于天下"的仁爱志向，对诸葛亮做出"以天下苍生为念"的请求。关于曹操的为人，《三国演义》写他残杀吕伯奢全家之后，竟声言"宁教我负天下人，休教天下人负我"，这两句话可以说准确地概括了曹操极端自私的人生哲学。纵观《三国演义》全书，曹操一生，小至待人接物，大至操纵权柄，确乎处处以此为行为准则。极端自私的人生哲学与政治家的才能气魄结合，成就了曹操一代"奸雄"的形象，更决定了曹魏集团"霸者之政"的特点，以霸力而兼诈力进取天下。这与刘备在"三让徐州""携民渡江"等事件中所展现出的"仁者之政"，恰好形成鲜明的对比。

罗贯中记述的曹、刘二人的事迹，虽然很多情况并非空穴来风、无史可据，但确有不少过分夸赞刘备或诸葛亮的勇力和谋略，虚构胜利、隐其失败的内容，这些被特意模糊或者不切实际虚构的事实真相，能给刘备收获大量赞赏和同情，而给曹操以极大的否定和鄙视，使之最终形成忠与奸、美与丑、好与坏的尖锐对比，实现了作品"尊刘贬曹"的内容倾向，也成功地完成了对刘备和曹操两个人物的艺术创造。

不光是曹、刘二人的形象形成鲜明的奸诈和仁厚对比，曹魏集团的内部关系与蜀汉集团也不同。群雄逐鹿中原，无不求贤若渴。曹操和刘备相异的是，曹操为了罗致人才，往往不惜利诱和胁迫，如为了强揽徐庶入营，曹操意欲"赚其母至许昌，令作书召其子"，在被徐庶母亲触忤拒绝后，曹操竟欲怒而杀之；对于已经到手的人才，又大抵充满猜疑和欺诈，如谋士荀彧对曹操事业的发展竭忠尽力，但当他对曹操"加九锡"的愿望有所触逆时，曹操便"深恨之，以为不助己也"，不久即赐死。与曹操使诡计、傲慢待人相比，刘备却显得礼贤下士，宽厚待人。小说在第三十六、三十七两回详细记述了刘备"三顾茅庐"请诸葛亮出山相助的过程，展现了他耐心谦恭的诚意，在孔明自言"懒于应时节，不愿奉命"时，刘备甚至流下眼泪。在孔明同归新野后，刘备也表现出足够的真诚信任，对诸葛亮几乎言听计从。"白帝城托孤"更是表现了二人之间理想的君臣关系。

刘备的仁君风范，君臣之间的兄弟情谊，构成蜀汉集团的"王者之政"，这正是作者之所追求、《三国演义》着力歌颂、民心之所向的理想政治。与"王者之政"形成鲜明对比的，则是曹魏集团的"霸者之政"，使得曹操虽有满腹政治野心和谋略，却众叛亲离。

三、读法指导

鉴于《三国演义》是一部一百二十回的长篇历史小说，篇幅较长，故事情节盘根错节，人物关系错综复杂，按部就班地阅读容易对作品内容的把握流于碎片化、表面化，建议同学们可以综合采用以下几种阅读方式：一、摘要概括法。依据甚至直接摘录回目内容，对一些重要并精彩的情节作梗概性的归纳，这种阅读方式使得我们对于作品内容的把握主次分明,重点突出。二、思维导图法。相对于传统阅读方式,这种边阅读边绘图的方法,不仅能够调动我们的阅读积极性,而且能够帮助我们把握事件的起因结果,更全面、更深入地了解故事情节,理清庞杂的人物关系,更好地理解人物之间的爱恨情仇。我们可以按照时间顺序、按照三大军事集团势力分布、按照三场主要战役的发展情况等来绘制思维导图。三、点评阅读法。对人物的精彩刻画、对事件的有序叙述,对计谋的说明,不仅要归纳摘录,更要品评赏析。同学们可以借助圈画、旁批等手段,或探究叙事技巧,或咂摸复杂情感,或揣摩语言风格等。并且可以和毛宗岗批注进行比照阅读,加深自己对于作品内容和艺术性的认识。四、比较阅读法。《三国演义》的故事脱胎于陈寿所作的《三国志》,但史书和小说毕竟还是有区别的,比如语言的浓淡之处,情节的虚实之处等。比较这两部作品,有助于我们在文史之间获得一个明确的认识,也更可见《三国演义》作为历史演义小说,文学艺术上的精彩之处。

091

四、参考书目和论文

[1]罗贯中.三国演义[M].北京:人民文学出版社,1983.

[2]陈寿.三国志[M].北京:中华书局,2006.

[3]郭预衡.中国古代文学史[M].上海:上海古籍出版社,1998.

[4]沈伯俊.《三国志》与《三国演义》关系三论[N].福州大学学报(哲学社会科学版),2003(3).

[5]郑铁生.谈《三国演义》与《三国志》对照之虚实[N].内江师范学院学报,2009(1).

[6]陈文玉,宋国庆.《三国演义》语言艺术新探[J].艺术科技,2016(10).

[7]史敏.蜀汉集团与"忠义说"——《三国演义》主题论[J].语文学刊,1998(6).

[8]刘琦.《三国演义》"尊刘抑曹"倾向新论[N].华中师范大学研究生学报,2009(3).

《百年孤独》导读*

胡旻彦

一、书本简介

《百年孤独》是拉丁美洲作家加夫列尔·加西亚·马尔克斯的代表作,也是最为出色的魔幻现实主义杰作。自 60 年代问世后,已被译成 36 种以上的文字,在世界各地受到一致称赞,赢得了巨大的声誉。1984 年,《百年孤独》被译成中文,在中国文坛上形成一股"马尔克斯热",并直接催生了 1985 年兴起的小说界的"寻根热"。寻根文学中最好的小说,如王安忆的《小鲍庄》、韩少功的《爸爸爸》《女女女》,还有后来残雪的一些卡夫卡式小说,都有《百年孤独》的影子。寻根小说成为当时最流行的文学类型,这与马尔克斯魔幻现实主义的影响是密切相关的。

阿根廷文艺评论家因贝特曾对魔幻现实主义进行过总结和概括,他指出,"魔幻现实主义作家就像魔术家一样,通过魔幻的方式来表现现实,而不是把魔幻作为现实来表现。这群作家故意把现实夸张、变形,或者干脆使现实消失,来达到陌生化的效果,从而深刻描绘出某种现实状况。"然而,作为被归入魔幻现实主义麾下最著名的作家,马尔克斯却不承认自己属于此流派,更不承认自己是在进行什么主观变形,他干脆认为自己写的就是现实。马尔克斯在不同场合多次

---

* 注:请先看"四、读法指导",再决定要不要读完本导读。

宣称自己是现实主义作家,他主张,"现实是最伟大的作家","我们的任务,也许可以说是如何努力以谦卑的态度和尽可能完美的方法贴近现实","不能因为所写的不符合理性就说那是作家自己硬造出来的'魔幻',看上去很魔幻的东西,恰恰是拉美现实的特征"。

小说叙述一个叫马孔多的小镇从诞生到消亡一百多年的历史。从小镇在蛮荒之地的建立,到人们对科学和实验的崇拜,小镇商业的繁荣,再到内战爆发,小镇在全国开始起着举足轻重的作用。从保守党和自由党的轮流独裁再到保守党的专政,小镇政权几次易手,翻云覆雨。在此过程中,外来文化不断冲击小镇。尤其是美国人来小镇开辟香蕉园,带来经济的畸形繁荣。香蕉工人大罢工,政府和香蕉园主勾结在一起镇压工人,用机枪扫射,杀死 3 000 人,装了近 200 节车厢的尸体。毁尸灭迹后,竟没人再相信发生了大屠杀。此后是四年十一个月零两天的雨季,马孔多成了废墟。最后飓风刮来,把小镇卷走了。至此,一百多年历史的小镇彻底从地球上消失。

作品展现的小镇生活和哥伦比亚的现实有着惊人的相似,尤其是对内战和香蕉热描写的部分。同时,这又是对整个拉美政治斗争和历经磨难的社会现实的反映,也是对拉美人独特的寓真于幻的生存经验的生动概括。它完整地影射了哥伦比亚、拉丁美洲乃至整个人类的历史,暗喻人们如果依旧不能摆脱孤独走向团结,注定只能走向毁灭。这正是题目"百年孤独"的深意所在。

二、写作背景

20 世纪后半叶可以说是拉美文学的时代。拉美文学的崛起在当时被称为爆炸(boom),哥伦比亚的马尔克斯是其中赢得最广泛的世界声誉的一个。

马尔克斯于 1927 年 3 月 6 日生于哥伦比亚马格达莱纳省的小镇阿拉卡塔卡,自小在外祖父家度过。马尔克斯自己说:"我的童年是在一个景况悲惨的大家庭里度过的。我有一个妹妹,她整天啃吃泥巴;一个外祖母,酷爱占卜算命;还有许许多多彼此名字完全相同的亲戚,他们从来也搞不清什么是真正的幸福,为什么患了痴呆症会感到莫大的痛苦。"这种悲惨和亦真亦幻的童年经历铸就了马尔克斯作品的灵魂。他曾就读于波哥大大学法律系,加入过自由党。1948 年,哥伦比亚发生自由党和保守党之间的相互残杀,马尔克斯不得不中途辍学。不久他转入卡塔纳大学读新闻,旋即开始其记者生涯。1954 年,他成为《观察家报》的正式记者,被派往欧洲,同时从事文学创作。1955 年发表的短篇小说《伊莎白尔在马贡多的观雨独白》和《周末后的第一天》中,开始出现马孔多小镇和恍惚迷离的魔幻意味。同年的中篇小说《枯枝败叶》,通过外孙、母亲和外祖父三个人的内心独白,从不同角度刻画了一位来到马孔多小镇的大夫的冷冷清清的葬礼,难以置信的故事里揭示了外来文化对小镇的巨大冲击。1959 年被古巴拉丁美洲通讯社聘任为驻波哥大记者。1961 至 1967 年侨居墨西哥,从事文学、新闻和电影编剧工作。《没有人给他写信的上校》《格兰德大娘的葬礼》《百年孤独》即创作于这段时间。1970 年,作家又发表了短篇小说精品《巨翅老人》,被认为是他魔幻现实主义短篇小说代表作。1975 至 1981 年举行"文字罢工",以抗议智利军事政变。发表反独裁长篇力作《家长的没落》和离奇而残酷的《一件事先张扬的谋杀案》。后应法国总统之邀担任法国和西班牙语国家文化交流委员会主席。这期间,他的爱情小说《霍乱时期的爱情》获得很大成功,故事里那历经沧桑而生生不息的爱情,令人唏嘘不已。

三、精彩看点

1. 拉丁美洲的孤独

《百年孤独》从字面上就可以看出它的孤独的主题。马尔克斯说:"《百年孤独》不是描写马孔多的书,而是表现孤独的书。"本书的核心主题正是"孤独"。

"孤独"在本书中表现为许多种形式。其中一种意象形式是借助冰块和玻璃——也可以说是镜子的隐喻传达出来的。马尔克斯把马孔多创始人布恩迪亚梦中的城市形象比喻为一个由冰块建立的玻璃之城,或镜子之城。它到底暗喻了什么呢? 在经典文本《爱丽丝镜中奇遇记》中,有一个镜子里的王国。这个王国其实是人类自我的一个自恋性、封闭性的镜像反映。整天对着镜子的人肯定是自恋型的,也肯定有孤独感。而更致命的是,如果被囚禁在镜子世界中不能自拔,想挣脱出来就困难了。就像古希腊神话中临水自鉴的水仙花之神那喀索斯因迷恋水中自己的影子憔悴而死一样。所以,从某种意义上,冰块和镜子的形象喻指一个凝固、冰冷的孤独世界,这个世界是禁锢人的封闭世界。镜子的城市里面有的是无止境的孤独,是历史的停顿。马孔多正是这样的孤独囚禁之城,而布恩迪亚家族也正是一个囚禁的家族,这就注定了它百年孤独的宿命。

马尔克斯说,"孤独"是家族的人一个个相继失败的原因,也是马孔多毁灭的原因。他笔下的马孔多是一个落后、封闭、被现代历史遗忘的、边缘化的后发展国家和地域的象征和缩影。虽然小说一开始就写到了磁铁、冰这些发明,是现代性因素的象征,也写了准现代的香蕉种植园。但这些都没有从根本上改变马孔多的历史命运,统治它的仍是魔幻的现实和具有神话与原型色彩的原始生活形态。这种魔幻现实主义最终与整个拉美大陆的孤独感联系在一起,揭示的是一个孤独、落后的大陆。但是悖论恰恰隐含其中:马孔多人真的感到孤独吗?是谁赋予了马孔多人孤独感?这种拉丁美洲的孤独感来源于何处?可以看出,这与后殖民时代的文化理念密切相关。一方面,马尔克斯正是站在拉美民族立场上才发现了民族被殖民被奴役最终却仍然被现代历史遗弃的宿命。但另一方面,他之所以洞见了"孤独",又恰恰因为他是站在西方的现代性——现代历史的角度,才会有这种"孤独"的感受。孤独感在本质上来源于"他者"的观照视角和眼光。这一视角隐含了现代性的尺度和西方文化的参照。所以哥伦布发现了美洲新大陆,也就发现了它的"孤独"。但在他发现之前,美洲土著本来活得好好的,根本谈不上什么孤独不孤独。所以,所谓"拉丁美洲的孤独"也可以看作是全球化时代后殖民话语的一种体现。这一点恐怕是马尔克斯本人没有意识到的。

2. 时间的循环

萨特说,"小说家的技巧,在于他把哪一个时间选定为现在,由此开始叙述过去。"可以说,任何小说叙事,都虚拟了一个叙事者声音在说话的"当下"时间,然

095

后展开叙述。时间在小说中是无形的，是读者看不见的，但却是小说中潜在的重要形式。

《百年孤独》的第一句话给人印象最深的就是它隐含的时间维度。按马尔克斯自己的说法，《百年孤独》他构思了 15 年，但一直不知如何写第一句话。他称"有时这第一句话比写全书还要费时间"，"因为第一句话有可能成为全书的基础，在某种意义上决定着全书的风格和结构，甚至它的长短"。可以说这就是开头第一句话的意义，它往往决定了小说的成败。让我们再来看看《百年孤独》的开篇：

> 多年以后，面对行刑队，奥雷里亚诺·布恩迪亚上校将会回想起父亲带他去见识冰块的那个遥远的下午。

这一句话不仅是展开小说的初始情节，而且容纳了现在、过去、未来三个向度，展示了小说叙事的时空性，成为世界小说之林的经典开篇。可以说，任何小说叙事，都虚拟了一个叙事者声音在说话的"当下"时间，然后展开叙述。从这一角度看《百年孤独》的第一句话，我们就可以体会到它时间的复杂性。叙事者不是站在所有故事都结束，也就是时间的终点开始讲述的，因为第一句是"许多年以后"，讲的是未来时间发生的事情。我们就会知道将来会有一个事件发生，有一个上校要被执行死刑，这是小说的一种预叙的手法。但小说第一句的真正叙事动机是引出童年见识冰块的情节，叙述的又是过去的事情。因此我们可以感受到叙事者有个讲故事的"现在"时刻。但这个"现在"是具体的某个时间吗？显然它是一种虚拟性的"现在"。所以《百年孤独》的叙事者选择了一个不确定的现在，既能指向未来，又能回溯过去，一下子就把时间的三个维度都包容在小说的一句话中了。这并不是马尔克斯在刻意玩弄叙事技巧，而是服务于《百年孤独》的总主题。也只有这样一个开头，才能显示出小说中写的马孔多小镇以及布恩迪亚家族的历史沧桑感，甚至写出整个拉丁美洲百年历史的纵深感和连绵感。

因此，《百年孤独》的第一句话之所以精彩绝伦，就因为它不仅像萨特说的那样选定了一个现在然后开始叙述过去,它也开始叙述未来。而"现在"的不确定性也正为作者自由出入时间的三个维度确立了起点。因此,有研究者指出这是一种"既可以顾后,又能瞻前的循环往返的叙事形式",小说的几乎每一个故事往往都从终局开始,再由终局回到相应的过去和初始,然后再循序展开,最终构成首尾相连的封闭圆圈。

3. 现实的魔幻化

前面提到,马尔克斯自己宣称,"在我的小说里,没有任何一行字不是建立在现实的基础上的",就是说,小说中一切看似荒诞不经的魔幻细节和情境都是有现实依据的。比如小说中有大量关于蝴蝶的细节。而小说中的蝴蝶主题又总是与小说中的人物梅梅(奥雷里亚诺第二的次女,家族的第五代)联系在一起。梅梅一直被蝴蝶所折磨,常有蝴蝶在她头上盘旋。而一般情况下,每当蝴蝶来了,随后跟着来的肯定是她的爱人——马乌里肖·巴比伦。而随着巴比伦的到来,又总是带来一大群令人惊讶的黄蝴蝶,就像电视剧《还珠格格》中的香香公主一样。这是一个有神异色彩的浪漫的细节,但这一细节在生活中是有原型的。马尔克斯说他四五岁和外祖母住在一起的时候,家里常有一个换电表的电工来,每次他一来,外祖母都一面用一块破布赶一只蝴蝶,一面唠叨:"这个人一到咱们家来,这只黄蝴蝶就跟着来。"这个电工就是巴比伦的原型。因此,黄蝴蝶的细节是有现实基础的,但在马尔克斯的处理过程中,却把它神异化了,有一种神秘色彩。这种有现实依据的但同时又神秘化了的细节构成了小说的主体。

《百年孤独》最有名的细节是美人儿蕾梅黛丝升天的细节。她是小说中的第四代,其最醒目的特征就是感情发育受阻的儿童化倾向。这也是小说中所有叫蕾梅黛丝的女士都普遍具有的性格特征。比如第二代的蕾梅黛丝·摩斯科特——奥雷里亚诺上校之妻,到了9岁还在尿床,直到婚礼前夕,对鸟和蜜蜂还一无所知。她是在13岁时死去的。而第四代美人儿蕾梅黛丝虽然长大了,却是"小姑娘极端化了的变体:她长到20岁还没学会读写和打扮自己;还把蕾梅黛丝·摩斯科特在梳洗打扮方面的落后发展到把她自己的粪便涂抹在屋内墙上;她不懂为什么男人为爱她而死去,并把她的同名者在性方面的无知扩展到了可笑的地步"。在小说中怎样安排美人儿的结局让马尔克斯费尽心思。最后他终于设想了一个令他满意的神奇收场——让美人儿蕾梅黛丝飞上天去。这一升天的细节马尔克斯说也有生活的原型。他在现实生活中曾遇到过一个老妇人,她的孙女和男人私奔了,为了掩盖这件丢人的事,她就散布说孙女上天了。当然没有人相信,人们都讥笑她。而马尔克斯却从这件事中获得了灵感。他需要做的就是在小说中找到让人相信的依据,总不能让她凭空就上天,她又不是天使。所以就得找到小说中的依据或中介物。启发他的还是一个现实生活的细节:"我当时实在想不出办法打发她飞上天空,心里很着急。有一天,我一面苦苦思索,一面走进我们家的院子里去。当时风很大。一个来我们家洗衣服的高大而漂亮的黑女人在绳子上晾床单,她怎么也晾不成,床单让风给刮跑了。当时我茅塞顿开,受到了启发。'有了。'我想到。蕾梅黛丝有了床单就可以飞上天空了。当我回到打字机前的时候,美人儿蕾梅黛丝就一个劲儿地飞呀,飞呀,连上帝也拦不住她了。"于是,床单这个现实中提供的因素在小说中就变成了最有想象力的细节。这个神来之笔是这样写的:

直到三月的一个下午,费尔南达想在花园里叠起她的亚麻床单,请来家里其他女人帮忙。她们刚刚想动手,阿玛兰妲就发现美人儿蕾梅黛丝变得极其苍白,几近透明。

"你不舒服吗?"她问道。

美人儿蕾梅黛丝正攥着床单的另一侧,露出一个怜悯的笑容。

"正相反",她说,"我从来没这么好过"。

她话音刚落,费尔南达就感到一阵明亮的微风吹过,床单从手里挣脱并在风中完全展开。阿玛兰妲感到从裙裾花边传来一阵神秘的震颤,不得不抓紧床单免得跌倒。就在这时美人儿蕾梅黛丝开始离开地面。乌尔苏拉那时几近失明,却只有她能镇定自若地看出那阵不可阻挡的微风因何而来,便任凭床单随光芒而去,看着美人儿蕾梅黛丝挥手告别,身边鼓荡放光的床单和她一起冉冉上升,和她一起离开金龟子和大丽花的空间,和她一起穿过下午四点结束时的空间,和她一起永远消失在连飞得最高的回忆之鸟也无法企及的高邈空间。

美人儿蕾梅黛丝的升天情节对我们读者有着双重的启发：一是小说中的现实凭借的是想象的逻辑；二是这种想象绝非海阔天空、天马行空的乱想，它必须有真实性的中介物。它不一定照搬生活的真实，但必须吻合和满足读者在阅读过程中所要求的心理真实。

四、读法指导

《百年孤独》毋庸置疑是书店和各大书单的畅销 Top10，很多同学家中都有珍藏，可对它"不明觉厉"的多，能坚持读完的却寥寥。我想，部分同学们的"阅读障碍"可能和书中复杂的人物关系、陌生的拉美文化背景和创新的语言形式有关。这份导读讲义即旨在为大家的阅读扫清一些这方面的障碍。同时，此处也给大家准备三个阅读小贴士：

1. 宽容自己的"读不完"。这里说一个真实的故事，1984 年底，有一位大学生从朋友那里听说《百年孤独》是本奇书，便立刻去新华书店花了 1 块 6 毛钱（相当于现在 100 多块）买到了这本书，回到学校他翻开书，才看第一页他就拍案而起——原来小说可以这样写！原来老百姓坐在一起吹牛皮编造的故事也能变成神圣小说的素材。我也可以写！看到第 5、6 页的时候，他已经按捺不住，立即合上书，提笔写起了新小说，一步步构建起自己的高密王国。他就是我国第一位诺贝尔文学奖得主——莫言。阅读本书最大的成就之一就是激发大家的想象力和创造力，所以，如果阅读本书激起了你内心创作的欲望，请勿失良机，放下书立刻创作！

2. 第一遍读，最好不要先看参考资料，一气儿读完，时间越短越好，最好浓缩到一天。

从早上开始，跟着奥雷里亚诺去集市感觉冰的热、与整个马孔多一起失眠；到中午看着马孔多的房子由白色变成蓝色，参加那场被铺天盖地的黄花淹没的葬礼；再到傍晚……我不会告诉你布恩迪亚家最后一个人那注定的命运是什么。

不要试着记住那些人名，不要深思，不要怀疑，不要问为什么有人会随着风飞走，不要问失眠症为什么会传染。

对第一次翻开书页的读者,有些书适合细细咀嚼品鉴其词句,有些书更适合你囫囵吞枣一气呵成。《百年孤独》,无疑属于后者。作者刻意将角色们的名字写得那么接近,一是为了显示家族百年的宿命感,二也是不想让读者纠结于某个具体的名字而影响整本书的连贯与流畅。读后掩卷,作者希望你记住的不是书里复杂的家谱,而是太阳底下亘古不变的人世循环,是爱恨,是挣扎之后的无力,和绝望后却突然在尘埃中开出的满世界的黄花。

读完之后,你若记住这些,并为这些瑰丽的想象震撼得久久不能忘怀,那么这一次的阅读就算是好的。

另外,如同音乐一样,好的作品都是有自己的节奏的。像《百年孤独》的节奏感就非常之强。开篇写马孔多还是一个小聚落的时候,描写何其细腻,用词何其纷繁。那些故事仿佛一天接一天地发生,每天都有新鲜的事情。可是到了后期,马孔多的屋顶频繁变换颜色,小聚落逐渐繁荣成小城市,再逐渐破败凋亡。就像书中那句话:

100

"时间的机器散架了。"

当你跟上了书的节奏,你将产生一种控制时间又被时间控制的感觉。你将不是一个读者,而是一个真真切切生活在马孔多的人,看着孩子越长越快,看着时间一点点缩水,无能为力,别无选择,甚至想问自己生命的意义是否只是孤独。

这就是了。

3. 构建小说人物谱系表。第二遍第三遍的阅读,可以看看这份导读和结合自身兴趣查阅一些资料。你将越发惊讶于《百年孤独》词句的优美,比喻的恰当,夸张手法的运用,你将可能臣服在拉美文学充满巫妖之气的荒诞中并想要阅读更多。这时候,要想梳理剧情和深入分析人物,就需要边看书边动手制表。

附上一份布恩迪亚家族人物图例供参考,依然建议还没看第一遍的不要急着看表,如果你边看书边自己动手制表,乐趣将倍增。

《百年孤独》

| | 父亲 | 夫妻 | 母亲 |

第一代 何塞·阿尔卡蒂奥·布恩迪亚 ⟷ 乌尔苏拉

长子 养女 次子（上校） 幼女（未嫁，无后）

第二代 何塞·阿尔卡蒂奥 丽贝卡 奥雷里亚诺·布恩迪亚 阿玛兰妲 情人（意大利技师）

夫妻（无后） 夫妻 蕾梅黛丝（意外毒死） 皮埃特罗·克雷斯皮

情人 庇拉尔·特尔内拉 情人 17个未知女人 赫里内勒多·马尔克斯

晚年情人（上校）

第三代 儿子 天妻 （迷恋姑姑阿玛兰妲，无后）

阿尔卡蒂奥 ⟷ 桑塔索菲娅·德拉·彼达 奥雷里亚诺·何塞 17个奥雷里亚诺（均被杀死）

女儿，后来升天

第四代 何塞·阿尔卡蒂奥第二 奥雷里亚诺第二 夫妻 费尔南达·德尔·卡皮奥 美人儿蕾梅黛丝

佩特娜·科特斯 情人 儿子 长女（梅梅） 次女

第五代 何塞·阿尔卡蒂奥 雷纳塔·蕾梅黛丝 阿玛兰妲·乌尔苏拉

情人 马乌里肖·巴比伦 夫妻 加斯通

第六代 情人 儿子 情人

尼格鲁曼塔 奥雷里亚诺·巴比伦 儿子

第七代 奥雷里亚诺（长有猪尾巴。被蚂蚁吃掉）

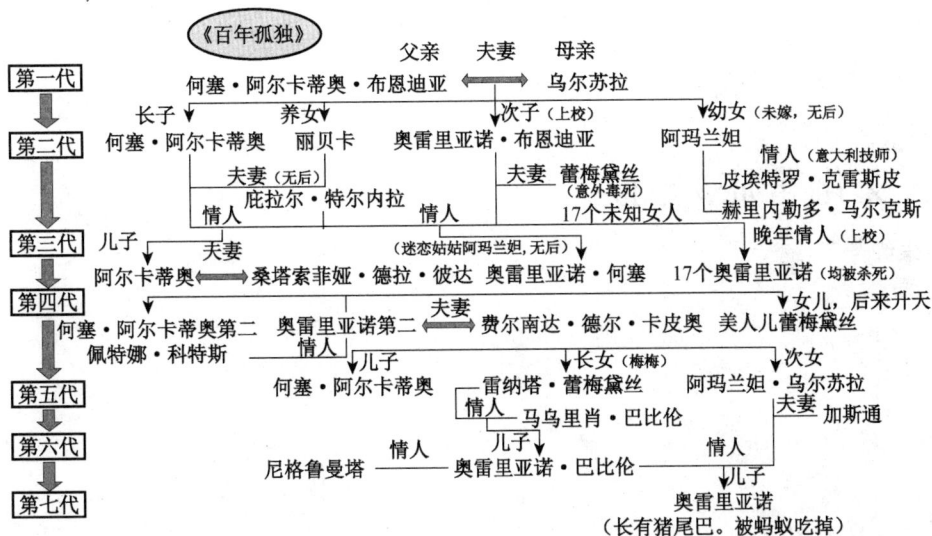

最后送给各位同学一句语文课本中的名言：

101

"我们先得向杰作表明自己的价值，才会发现杰作的真正价值。"

——赫尔曼·黑塞《获得教养的途径》

五、参考书目

［1］［哥伦比亚］加西亚·马尔克斯.百年孤独［M］.海口:南海出版公司,2011.

［2］［哥伦比亚］门多萨,［哥伦比亚］加西亚·马尔克斯.番石榴飘香［M］.海口:南海出版公司,2015.

［3］吴晓东.从卡夫卡到昆德拉:20世纪的小说和小说家［M］.北京:生活·读书·新知三联书店,2017.

［4］汪介之.20世纪欧美文学史［M］.南京:南京师范大学出版社,2011.

［5］朱维之,等.外国文学史·欧美卷［M］.天津:南开大学出版社,2011.

《文化苦旅》导读

朱红芳

一、书本简介

《文化苦旅》是当代学者、作家余秋雨的一部散文集,于1992年首次出版,是余秋雨先生20世纪80年代末和90年代初在海内外讲学和考察途中写下的作品。《文化苦旅》既是他的第一部文化散文集,也是"余秋雨散文"的奠基、典范之作。

余秋雨,1946年8月23日出生于浙江省余姚县,当代著名散文家、文化学者、艺术理论家、文化史学家。著有《文化苦旅》《山河之书》《霜冷长河》《何谓文化》《中国文脉》等。20世纪80年代中期,他被推举为当时中国内地最年轻的高校校长,并出任上海市中文专业教授评审组组长,兼艺术专业教授评审组组长。二十多年前,他毅然辞去一切行政职务和官方任命,孤身一人寻访中华文明被埋没的重要遗址,之后又冒着生命危险,穿越数万公里考察了巴比伦文明、埃及文明、克里特文明、希伯莱文明、阿拉伯文明、印度文明、波斯文明等一系列最重要的文化遗迹。作为迄今全球唯一完成全部现场文化探索的人文学者,他对当代世界文明作出了全新思考,在海内外引起广泛关注。

全书主要包括四部分,分别为如梦起点、中国之旅、世界之旅、人生之旅。在这部著作当中,作者凭借山水风物来寻求文化灵魂和人生真谛,探索中国文化的历史命运和中国文人的人格。作者将真实的历史遗迹和自己充满灵性的笔法很好地结合了起来，通过一些著名的历史遗迹，例如敦煌莫高窟、都江堰、三峡、西湖等展现自己对中国文化的深深思考和反省，为中国当代散文开辟了一块新的田地，指出了中国当代散文创作的一个新的方向。作者从史学和文化学的角度，深刻探析中国文化发展的历程，字里行间展现出了一个国人对我国传统文化的强烈反思和人文精神，《文化苦旅》可以说是我国当代文坛上的艺术珍品。

二、写作背景

90 年代的中国，经济并不发达，尚处在发展改革中，很多东西在探索尝试阶段。文化方面虽然是百家齐放，但是一些新的作品毫无内涵，根本不能提高读者的思想品质。余秋雨先生长期钻研古典书籍，对书本思想性要求很高。而当时，余秋雨先生有份稳定的工作，但是他并没有耽于安乐，在当时的文化背景下，他为了去找寻我国文化的精髓和灵魂，毅然辞职远游，决定去亲身体验那些遗留的文化古迹。余秋雨先生每到一片土地，都会细致地去体味当地的文化，体味名胜古迹的精髓，同时用自己敏锐的观察洞悉能力去体会和思考这些地方所遗留下的文化精神。

之后他用自己细腻的文字、灵活的写作手法、高超的语言表达能力，把这些名胜古迹背后更深层的灵魂记录下来，然后，就有了现在这部思想和文学方面同样优秀的散文集《文化苦旅》。

三、精彩看点

（一）《文化苦旅》中的"文化内涵"

《文化苦旅》中蕴含了网罗万象、容纳古今的文化知识。书中对很多历史悠久、文化积淀比较深厚的景点进行了描述。作者用流利的语言叙述深奥的哲理问题，水乳交融地把智性的议论和诗性的抒情结合起来，从中阐发出广阔的"文

103

化内涵"。

1. 借助自然风光,体现人文情怀

余秋雨《文化苦旅》的主要内容来源于作者在旅途中的感悟,但却不同于游记。作者的侧重点不是见闻叙事或借景抒情,而是将自己对中国文化的感悟融入到景色之中,从沿途跋涉的艰辛中体悟思想上的冲击,借山水自然之景寻找中国文人的脚印,感悟中国文化的底蕴。

作者借自然风光体现人文内涵主要表现在以下三个方面:一是观自然之景,慨叹历史的沧桑。余秋雨在书中讲道:"每到一处,总觉得有一种沉重的历史气息笼罩全身,让自己莫名的感动,莫名的叹息。"在作者心目中,沿途的山水风光不仅具有自然之美感,而且更加具备历史的沧桑感,是心灵与精神的寄托之所。作者用文字展现这种历史沧桑感,使人读罢被其中的人文情怀深深感染;二是物化时代,文人渴望精神回归。面对无限的自然风光,作者不禁在《自序》中感叹:"大地默不作声,而只要来一两个有悟性的文人站立之上,它封存已久的文化内涵便喷涌而出,文人本来柔弱,只要被这种奔泻裹卷,倒也会吞吐千年。"在物化的时代,作者渴望精神的回归与灵魂的洗礼,文化的内涵必须如大地一样,它的厚重和深邃或许默默无闻,但是当文人开启之时,便会奔涌而出,唤醒整个时代的和谐与统一;三是自然风雨,历史起落。在《风雨天一阁》一文中,作者旨在追述天一阁藏书历史的悲凉,进而歌颂范钦及其后人人文良知的可贵,作者在写作时以"风雨"叙述"天一阁",用自然现象展现历史的厚重,散文开篇便是一场自然风雨:"院子里积水太深,才下脚,鞋统已经进水,唯一的办法是干脆脱掉鞋子,挽起裤管趟水进去。本来浑身早已被风雨搅得冷飕飕的了,赤脚进水立即通体一阵寒噤。就这样,我和裴明海先生相扶相持,高一脚低一脚地向藏书楼走去。"这是对自然风雨的真实描写,但作者写作目的并不是描述天一阁的天气,而是借以展示天一阁传承中经历的历史文化风雨。

2. 追忆历史往昔,感悟文化品位

在《文化苦旅》中,作者创作了许多与历史有关的作品,力求在追忆历史往昔的过程中感悟文化品位。但在追忆过程中,作者并不是单纯地吊古伤今,而是赋予丰富的历史审美情怀,期待从历史中找寻自己的影子,找寻文化的底蕴。

作者在作品中追忆历史往昔,主要表现在如下两个方面:一是以古鉴今,唤起人们对文化与传统的重视。《文化苦旅》中有一篇名为《道士塔》的文章,主要讲述了王道士向外国人出售藏经洞中经卷的故事。清政府腐败无能,将经卷视为无用之物,而在外国人眼中这些经卷却是无价之宝。在这样的情形下,王道士选择将经卷卖给外国人。在这段历史中,传统文化被践踏。余秋雨通过文字的描述将人们带回历史,使人们更加清晰地了解历史的悲剧,进而唤起人们对民族文化与传统的重视,为中国发展找寻出路;二是以史笃志,展现中国文人的孤独与志向。《文化苦旅》中有一篇名为《柳侯祠》的文章,作者主要讲述了柳宗元两次被贬的经历,每次都是被发放至荒凉之地,严重挫伤了柳宗元的政治抱负。但是,被贬荒凉之地却使他能够专心致力于创作,达到其人生的最佳创作状态,因而为后人留下了大量宝贵的文学作品。历史中,中国文人绝大部分都是孤独的,也正是这份孤独成就了他们的志向,不为世俗扰乱,潜心于学问之中,通过文学作品的创作和文化内涵的传递教育和感染后世之人。

3. 洞察人生百态,领会生命虚无

105

在《文化苦旅》中,作者借助自然风光和历史印记去慨叹中国的历史文化与文人,在展现其志向与底蕴的同时,同样是一种对生命的感叹。在余秋雨看来,生命可以激情澎湃,也可以孤寂没落。他在作品中流露出一种慨叹生命的迷茫,但从深层次上说更是一种对生命虚无的领会。在《文化苦旅》中,作者创设了一个历史与现实交错的空间,为我们展示了洞察人生百态、领会生命虚无的种种缘由,其主要表现在如下两个方面:一是艺术情感与生命的完美融合。在《莫高窟》这篇散文中,余秋雨用生动真实的语言描述莫高窟的宏伟壮阔:"看莫高窟不像是在看经历了一千年的标本,更像是在看活生生的生命。一千年的光阴,莫高窟依然活着,它的血脉、它的呼吸,这是一种何等壮阔的生命力……"面对莫高窟的壮丽,作者被其艺术美所震撼,将其中蕴含的艺术情感与自身的生命相融合,使得作品具有畅快的抒情特质。二是用理性书写艺术想象。在《华语情节》中,作者将语言比作山岳,以此体现中国语言的博大精深,正如余秋雨这样写道:"这个是这种声音、这种腔调,自原始巫觋口中唱出……在江湖洪泽中响起。"作者将自己的理性融入到想象之中,以此展现生命质感的充盈与精湛。

(二)《文化苦旅》的语言艺术

散文是语言的艺术。与小说和戏剧相比,散文的成功更依赖于语言的技巧,因此在散文写作中开启新颖的、独特的语言范式显得格外重要。余秋雨正是将他丰厚的文化底蕴和独特的生命体验融入到散文的语言中,形成了富有感染力的语言艺术。

1. 诗韵谐美

余秋雨沾着绚丽诗意的墨汁,用雍容典雅、笔法细腻的语言来描绘祖国壮丽的山河,表达对历史的喟叹,这在以往散文家的作品中并不多见。《文化苦旅》的语言充满诗韵之美,也是值得我们探讨的。我国文学向来注重节奏美,无论是律诗绝句还是骈文辞赋,都借助节奏来完成更深一层的情感表达。

深受古典文化熏陶的余秋雨也是深谙节奏的妙用的。如在《阳关雪》中,作者写"中原/慈母的/白发,江南/春闺的/遥望,湖湘/稚儿的/夜哭。故乡/柳荫下的/诀别,将军/圆睁的/怒目,猎猎/于朔风中的/军旗"。几个句子并无音韵,也无平仄,但是连续铺排的五个三音步组成的七言短句,形成了整齐划一的节奏,将战争的离别带给母亲和妻儿的痛苦刻画得生动真切。为了避免完全统一的呆滞,最后一句略有变化,使整段的节奏高低起伏,错落有致。

汉语是有声调的语言,诗是最讲究平仄押韵的文学作品,《文化苦旅》中的语言多处音韵和谐,平添了浪漫典雅的诗意。拿《三峡》中普通的一段话来举例:"白帝城本来就熔铸着两种声音、两番神貌;李白与刘备,诗情与战火,豪迈与沉郁……",其中"李白"与"刘备"是仄平、平仄,构成了音韵上的回环效果,"诗情"与"战火"是平平、仄仄,构成了重叠的对立关系,"豪迈"与"沉郁"是平仄、平仄,取得了统一一致的效果。这种音律的变化使得散文的语言十分考究,也在无形中具备了诗意的气质。

2. 气势磅礴

《道士塔》《莫高窟》《阳关雪》《沙原隐泉》《都江堰》《三峡》《庐山》《寂寞天柱山》《风雨天一阁》《酒公墓》《废墟》《三十年的重量》《漂泊者们》……《文化苦旅》是余秋雨的大手笔,不看内容,单看这些文章的题目就能感受到它的恢弘和气势磅礴。在《都江堰》中，作者开篇写道："我以为，中国历史上最激动人心的工程不是长城，而是都江堰。"长城已经是举世闻名的建筑界鸿篇巨制了，这一句话既出人意料又引人入胜，将都江堰定位于比长城还要激动人心的工程上，开篇就奠定了整篇文章的气势。他写"六朝金粉足能使它名垂千古，何况它还有明、清两代的政治大潮，还有近代和现代的殷殷血火""它背靠一条黄河，脚踏一个宋代，像一位已不显赫的贵族，眉眼间仍然器宇非凡"。余秋雨站在历史的背景下，在散文评论中用一种厚实沉着的语言进行表达，其敢想、敢言、敢为的见识和胆识，尽显英雄气概。

3. 亦庄亦谐

《文化苦旅》不是一部简单的山水游记，而是站在人文和历史视角下的山水。散文中引用了大量的史料和诸多专业的人文知识，这些内容使散文一旦表达不好，就显得枯燥、死板、脱离群众。余秋雨巧妙地在讲历史、讲文学的过程中融入了自己的情感，使用了口语化的生动语言重新叙述，严肃的史料与平民化的表达方式产生了戏剧化的反差效果，形成了余秋雨亦庄亦谐的语言艺术风格。在《白发苏州》的结尾，余秋雨用可爱的骄傲语气说："于是，苏州，背负着种种罪名，默默地端坐着，迎来送往，安分度日却也不愿重整衣冠，去领受那份王气。反正已经老了，去吃那种追随之苦作甚?"不仅首尾呼应，也将苏州这样一个充满历史底蕴的城市拟人化，让它用一种骄傲的"王婆卖瓜"式的口吻，自夸了苏州自有其他城市无可比拟的优越性。《贵池傩》中他描写肃穆的祈福朝拜活动，他说"要扭动一下身子，自己乐一乐，也让神乐一乐了""反正，肃穆的朝拜气氛是小存在的，涌现出来的是一股蛮赫的精神狂潮：鬼，去你的吧! 神，你看着办吧"。言语之间毫无严肃之词，取而代之的是一种玩笑戏谑的口吻。这种亦庄亦谐的语言表达艺术，与使人望而生畏的学术表达相比，更加通俗、有趣、贴近群众。

4. 多格修辞

有人说《文化苦旅》中的散文没有一句话是不用修辞的。的确，大量使用多种修辞方式，塑造绚丽多姿的语言效果是余秋雨散文语言的另一大特色。其中最为突出使用的是排比。散文中的排比可谓是随处可见："它成了民族心底的一种彩色的梦幻，一种圣洁的沉淀，一种永久的向往。"(《莫高窟》)"柔婉的言语，姣

107

好的面容,精雅的园林,幽深的街道,处处给人以感官上的宁静和慰藉。"(《白发苏州》)"再也读不到传世的檄文,只剩下廊柱上龙飞凤舞的楹联。再也找不见慷慨的遗恨,只剩下几座既可凭吊也可休息的亭台。再也不去期待历史的震颤,只有凛然安坐着的万古湖山。"(《西湖梦》)层层叠加强调,增加了语言的表现力。此外还有多处的比喻、对比、对偶等多种修辞格的运用,形成了生动绚丽的语言风格。

四、读法指导

如上文所述,《文化苦旅》的文化内涵和语言艺术,是其最大的创作特点。对于文化内涵的理解,应重在同学们自身的感悟与体会,因此不妨运用笔记法;对于语言艺术的赏析,则宜做好精读,品味字词佳句的精妙之处。

1. 阅读过程中注重内心的感悟,做好阅读笔记

我国著名的学者、文学评论家、福建师范大学文学院教授、博士生导师孙绍振先生曾在阅读《文化苦旅》时,做了详细的批注和笔记,其中三则陆续刊发于《学术评论》杂志,他为我们在阅读《文化苦旅》时如何运用笔记法记录自己内心的感悟,做出了很好的示范。此外还有诸多名家也写下了自己对《文化苦旅》的阅读感悟,比如著名作家沙叶新这样写道:"秋雨是散文大家,《文化苦旅》是神品。历史、文化、山川、人物,在秋雨笔下立意颖脱,情致盎然。如此美文似乎决不是在小小的稿纸上一格一格地爬出来的,而像是秋雨羽扇纶巾,焚香抚琴,在古城头,在云水间,从心底流出来的,所以才那么儒雅,那么潇洒,那么淋漓,那么高格,而且又那么具有现代感! ……什么叫文化,什么叫修养,什么叫高尚,什么叫文章,《文化苦旅》的每一篇都会给你答案。"同学们在阅读的过程中不妨也真实地记录下自己的感触。

2. 重点篇目做好词、句的精读

精读主要在于读"词"和"句",理解文中重要词语和句子的含义。一般而言,散文中的重要词语主要包括:表现文章主旨、反映深层含义、反映具体语言环境、具有临时指代意义的词语。重要句子则主要包括:意义比较含蓄、内涵比较丰

富、蕴含某些深层含义的句子;含有比喻、比拟等修辞格,需要明白本体或喻体真正含义的句子;由一定的语境赋予临时意义,言在此而意在彼的句子;在表达效果上有特殊作用,结构比较复杂,理解有一定难度的句子;富有哲理性、起到警策作用的句子,等等。

以《道士塔》中的两段话为例:

(1)一位年轻诗人写道,那天傍晚,当冒险家斯坦因装满箱子的一队牛车正要启程,他回头看了一眼西天凄艳的晚霞。那里,一个古老民族的伤口在滴血。

精读:作者运用象征的手法,西天的"晚霞",凄美、艳丽,在冒险家斯坦因眼里,凄艳的晚霞象征着这个有着悠久历史和灿烂文化的东方古老民族,它虽然美丽但正在衰弱,表达了作者对中华民族优秀文物流失的痛心之情。

(2)他们在沙漠中燃起了股股炊烟,而中国官员的客厅里,也正茶香缕缕。

精读:"股股炊烟"和"茶香缕缕"形成了鲜明的对比,外国冒险家正疯狂地掠夺数以万计的敦煌文物,而中国官员竟然熟视无睹,安然于座,以此衬出当时中国官员的腐败、麻木、不作为。字里行间,流露出作者的悲愤、无奈之情。

109

五、参考书目和论文

[1]朱栋霖.中国现代文学史(下册)[M].北京:高等教育出版社,1999.
[2]孙绍振.《文化苦旅》读书笔记选摘(三则)[J].学术评论,2014.
[3]余秋雨.20年"文化苦旅"后再谈"何谓文化"[J].新华每日电讯,2012年11月2日第016版.

《论语》导读

蒋念祖

一、书本简介

　　《论语》是孔子及其弟子的语录结集，主要记录孔子对学生的解惑答疑。孔子是师长，德高望重，没有人和他辩论，所以《论语》多三言两语为章，没有很多的论证、阐发，言简意赅，发人深省，其中有不少内容长期为人们诵习，成为名言警句。《论语》语言流畅通达，生动活泼，大量运用语气词，多叠句、排比、对偶，感情色彩颇浓。如孔子知道冉求为季氏聚敛，说："非吾徒也，小子鸣鼓而攻之可也！"表现出激愤深恶之情。又如："子在川上曰：'逝者如斯夫，不舍昼夜。'"说得雍容和雅，表现出孔子自强不息的精神。子路听到孔子说为政"必也正名乎"之后，率而便说："有是哉，子之迂也。奚其正？"写出了子路的直率。孔子被围于匡，颜渊后到，子曰："'吾以女为死矣！'曰：'子在，回何敢死？'"可见颜渊的敬顺老师。这些对话都表现了人物的个性。言语之外，《论语》中还有不少关于神情态度的描写，《乡党》中的孔子，《微子》中的隐者都形象具体。"季氏将伐颛臾""子路侍坐"等章，都略具情节。

　　《论语》以记言为主，故称语；论是论纂的意思。《论语》成于众手，记述者有孔子的弟子，有孔子的再传弟子，也有孔门以外的人，但以孔门弟子为主。《论语》的内容被分散地一条一条记述下来，集腋成裘，经过了一个不断编集的过程。

《论语》没有严格的编纂体例，每一条就是一章，集章为篇，章与章之间、篇与篇之间并无紧密联系，只是大致以类相从，并且有重复的章节。《论语》共 20 篇，每篇本无标题，均以该篇的前两三个字为篇名。其体例为语录体，也有部分对话体。

历代为《论语》注疏的典籍很多，影响较大的有：曹魏时期何晏等所著《论语集解》，此书为自汉以来《论语》研究的集大成之作，所集包括汉代的包咸、周氏、孔安国、马融、郑玄，魏时的王肃、周生烈、陈群等诸家之说。其学术价值很高，后人多在其基础上作疏。南梁皇侃所著《论语义疏》，此书就何晏等《论语集解》作疏。宋邢昺等所著《论语注疏》，此书约略皇疏而成，又傅以义理。宋朱熹所著《论语集注》，此书不依傍何晏《论语集解》，重新集注，所集诸家之说，以宋人为主，也兼取汉魏古注，是宋代《论语》注释的集大成者。此书是《论语》的新疏本，作者注意抽绎本文，实事求是，不专一家，引据翔实，尤其是集中了清人的丰富成果，当然也有失之烦琐之处。近代程树德所著《论语集释》，此书集中了大量的校释、考证材料，征引书籍 680 种，还包括了刘宝楠《论语正义》之后的新成果，是近代《论语》研究的集大成之作。当代杨伯峻所著《论语译注》、钱穆所著《论语新解》较为突出。当代著名学者李泽厚著有《论语今读》，颇具新意，切中肯綮。

111

二、写作背景

孔子名丘，字仲尼，鲁国陬邑（今山东曲阜东南）人。生于周灵王二十一年（前 551 年），卒于周敬王四十一年（前 479 年），享年 73 岁。孔子的祖先本是宋国的贵族，其五世祖因避宋国宫廷祸乱，奔鲁并定居鲁国。孔子的父亲叔梁纥是鲁国的贵族，但地位较低。3 岁时，父亲死去，便与母亲相依为命。孔子年轻时曾做过小吏，一次任"委吏"，管理仓库；一次任"乘田"，掌管牛羊畜牧。为实现自己的政治理想，鲁昭公二十五年（前 517 年）孔子离开鲁国到齐国，向齐景公提出"君君、臣臣、父父、子子"的施政纲领，遭到齐国革新派不满，不得不返回鲁国。此时的鲁国，季氏专权，孔子退而归家教育学生，整理诗、书、礼、乐。定公八年（前 502 年），孔子出仕为中都宰，继而为司空，又升为大司寇，并进而兼做相国。在内政方面，孔子采取了不少"张公室，抑私门"的措施。定公十二年（前 498

年），孔子利用季孙氏、叔孙氏、孟孙氏三家与家臣的矛盾，提出了拆毁费、郈、成三城的建议。孔子堕三都，名义上是削弱家臣的势力，实际上最终目的在于打击操纵国政的大夫的势力，改变"礼乐征伐自大夫出"的局面。在外交方面，孔子主张诸侯平等，共尊周王，反对大国恃强称霸。定公十年（前500年）夏，在鲁定公与齐景公的夹谷之会（在今山东莱芜境内）上，孔子不畏强齐，灵活地利用礼仪进行外交斗争，迫使齐国归还了被他们侵占的汶阳之田，既保护了鲁君的安全，又维护了鲁国的尊严。由于政治上与鲁国三家不可调和的矛盾，定公十二年、十三年之际，孔子毅然离开鲁国，寻求实现政治理想的途径，开始了周游列国的生涯。孔子首先到了卫国，因为卫国也是一个传统的礼仪之邦，国中贤者很多，孔子的弟子在那里做官的不少，并且人口兴旺，具备了富强、教化的基础。但是国君卫灵公好征战而不尚礼教，与孔子思想相悖，孔子只得离开，先后到了陈国和蔡国，往来于陈、蔡之间，始终未得志。约于鲁哀公六年（前489年），孔子由陈回到卫国，时卫出公辄在位，执政大夫孔文子（圉）留孔子从政，但卫君只是给其俸禄，并不真正重用孔子。鲁哀公十一年（前484年）冬，应鲁人之召归鲁。鲁国以国老的待遇优待孔子，但虽遇事多有征询，却并不采用孔子的意见。于是，孔子也不求仕，专心于古代文献的整理工作。鲁哀公十四年春，鲁国西狩获麟。传说麟为仁兽，非盛世不现，而此麟出非其时，故遭被捕之祸，孔子非常悲伤，叹道："吾道穷矣！"他依鲁史而修撰的暗寓褒贬的《春秋》便就此住笔。鲁哀公十六年，孔子卒。

综观孔子的一生，出生于没落贵族之家、礼乐文化之邦，生逢乱世，不能"得君而行道"。他到处推行自己的政治主张，结果却四处碰壁，落得悲剧的结局。终其一生，虽然一度做官，但为时甚短，孔子基本上是一个学者。

先秦时期，文学和非文学的界限还不分明。当时的散文，只能说是与韵文相对的一种文体，基本上是哲学、政治、伦理、历史等方面的论说文和记叙文。散文形成的历史从没有文字到有文字，从片言只语到成段有章，再到中心明确、结构严谨的篇章，经历了一个漫长的发展过程。真正标志中国古代散文形成的，应是《尚书》。《尚书》以后的散文分别向偏重于论说的诸子散文和偏重于记叙的历史散文两方面发展。

三、精彩看点

《论语》一书中所体现的孔子思想,富有深邃的哲理,涉及社会政治、伦理道德、思想教育等诸多方面,为后来儒家哲学乃至整个中国学术文化的发展开辟了基本的方向和道路。

(一) 仁学

"仁"的概念在孔子以前已经出现,《说文·人部》:"仁,亲也,从人从二。"即指二人(人与人)之间的亲爱关系。但孔子第一次对这种亲爱关系的实际内容以及它与政治伦理原则之间的联系进行了系统的阐发。

1. 仁的基本含义

孔子认为,仁者"爱人""仁者人也"。仁的基本内容就是"爱人",要求将人作为人来看待,强调了人有爱和尊重的需求。孔子将"爱人"这种源于血缘、出自内心深处的平和、谦恭和亲热之情,向社会扩展为一种相当普遍的感情,确定为最基本的社会关系准则,并围绕"爱人"的内涵,构造出了仁学的思想体系,"仁"成为整个儒家文化的中心范畴。

仁爱在孔子具有一般的人类之爱的意义。仁爱思想体系的产生,对统治者来说,要谋求社会国家的长治久安,就必须考虑"人"的要求。孔子是宗法等级制的拥护者,但是他也清醒地看到这一制度需要以仁爱的形式来修饰。

在孔子看来,仁爱主要是一种道德义务,强调人的内在的道德自觉性,特别看重培养人的德行。"己欲立而立人,已欲达而达人"(《论语·雍也》,以下只注篇名);只有"己所不欲,勿施于人"(《颜渊》),才能够"在邦无怨,在家无怨"(《颜渊》),所谓"己所不欲,勿施于人"就是自己心中有一种"人"的平等与亲切之情,因为把"人"和"己"视为一体,所以"人"应当尊重"人"。这种以己推人的情感是建立儒家伦理的基石。那么仁爱既是出于彼此相爱的人格相互尊重的需要,又是一种"为仁而己"的道德自律,而非谋取利益的手段。

儒家在后来的发展中逐步突出了仁爱的等级差别思想。墨子曾以"亲亲有术,尊贤有等,言亲疏尊卑之异也"(《墨子·非儒下》)来概括儒家仁爱观的宗旨,应当说是抓住了问题的实质。稍后的儒家经典《中庸》则进一步申明了这一原则。《中庸》称引孔子的话说:"仁者人也,亲亲为大。义者宜也,尊贤为大。亲亲之杀(去声,差等),尊贤之等,礼所生也。"人与人之间的亲疏和等级的差别决定着人实际被爱的程度,这是社会的宗法等级关系在儒家仁爱思想发展中的真实的反映。

2. 仁与礼的关系

孔子仁爱观的直接目的,是想要通过调节上下尊卑间的人际关系,维护君臣父子的等级差别,挽救"礼崩乐坏"的社会政治秩序,防止"犯上作乱"。

孔子的学说,表现在《论语》里,关键词就是礼(乐)、仁(义)二字。礼是什么呢?"礼"字本义是指用来祭祀神灵祖先的祭品,引申为各种场合的礼仪。古代社会中的道德、法律、宗教、社会习俗等全部融会于其中。"六经"中的"礼",包括《周礼》《仪礼》《礼记》。其中《周礼》就是国家各个部门的设置、官员的权利和义务、处理各种事务的规矩程序;《仪礼》就是介绍各种场合的礼仪规范,包括冠礼、聘礼、婚礼、士相见礼、乡饮酒礼、士丧礼、公食大夫礼、觐礼——凡17篇。几乎士人从出生到去世,日常生活方方面面该如何操办,都有明文规定。操办这些仪式的时候,肯定会有音乐演奏,所以"礼乐"往往相提并论。

那么为什么强调这些烦琐的礼仪呢? 这些礼仪其实就是古代社会中的道德、法律、宗教、社会习俗的具体体现,这样举办各种活动,一来使得参与者彬彬有礼,关系融洽,二来等级名分得到明确区分,这样上下尊卑判然有序;"礼辨异,乐和同",既有礼貌,又有和谐融洽的感情,这样对家庭、国家都是至关重要的事情。在周代末期,"礼崩乐坏",反映了周王朝已经到了穷途末路。之所以出现"百家争鸣"的局面,就是各个方面的代表人物都想发表自己关于形势的看法。

孔子作为一个士人,他感到了自己应该承担的责任,希望能够挽狂澜于既倒,所以他一再强调"礼乐"的重要性。顾炎武称孔子:"孔子之大,学周礼一言可以蔽全体。"——"礼乐"关系到治理国家,关系到个人成长。

孔子希望复兴周礼,但是实际上随着社会的发展,周王室的"礼治"模式肯定是不可能继续下去的。(礼治的基础一是神灵,二是亲情。神灵已经过于虚无飘渺,亲情无法战胜利益的诱惑。)但是孔子仍然为此殚精竭虑。那么如何为提倡"礼乐教化""礼乐治国"提供更为有力的理论依据呢?孔子创立了"仁"(义)的学说。

原来的"礼"建立在对神灵的崇拜上,孔子讲"仁义",是希望把"礼"建立在亲情关系、情理关系的双重基础上的。因此具有人性化、理性化的色彩。

孔子所提倡的礼主要是周礼。因为周礼既是借鉴了夏、商两代的统治经验"制礼作乐"而建立起来,同时又是当时惟一可以参照的典章制度。所以,"吾从周"既是一种政治理想,又具有一定的可借鉴性和操作性。孔子关于仁、礼的关系的核心命题是"克己复礼为仁"(《颜渊》)。他希望通过各个社会成员对自己的行为的自觉约束来回复到周礼的规范。同时重视这些规范所体现出来的思想和观念,以及这种思想观念对社会秩序的意义。"君君,臣臣,父父,子子"为的是形成整个社会井然有序的等级结构;而在个人的道德修养活动中,"非礼勿视,非礼勿听,非礼勿言,非礼勿动"则是培养人遵循礼节的自觉习惯。如果人们都以践行周礼为己任,并以此来规范自己的行为和举止,天下便会是一个仁爱和睦的社会,"一日克己复礼,天下归仁焉"(同上)。孔子曾两次说过:"不学礼,无以立。"因为他清醒地认识到,礼仪不只是一种动作、姿态和规范,而是象征了一种秩序,保证这一秩序得以安定的是人对礼仪的敬畏和尊重,而对礼仪的敬畏和尊重又依托着人的道德和伦理的自觉,没有这套礼仪,个人的道德无从寄寓和表现,社会秩序就无法得到确认的遵守。礼制是贯彻实施仁爱的手段和保障,仁与礼之间是一种相互发明的关系。

3. 仁民与德治

仁民即对民施之以仁。如何对民施之以仁?"己所不欲,勿施于人","己欲立而立人,己欲达而达人"。这就是所谓的"中庸之道"。这样做的意义,就在于它是统治者自觉地从被统治者的立场出发进行换位思考的结论,目的在于由"我欲仁,仁斯至矣"(《述而》)引出"得众""使民",从而实现"忠君"而"弗畔(叛)"。孔子认识到,不论是统治者还是被统治者,都有相互尊重的需要。人只有在被尊重的前提下,他才可能充分发挥自己的潜力,使个人和国家的需要最终统一起来。"道千乘之国,敬事而信,节用而爱人,使民以时"(《学而》)。治理国家的不

115

同决策,如热爱并专心工作,节省财用和爱惜民力,中心都是一个"爱"字。而其实施,则又取决于统治者个人的人格感召和道德表率作用。

孔子说:"政者,正也。子帅以正,孰敢不正?"(《颜渊》)又说:"苟正其身矣,于从政乎何有? 不能正其身,如正人何?"(《子路》)由于统治者的职位权力和个人权力对人民具有极大的号召力,故为政之要在于正己,正人先须正身。弟子子路问政,孔子以"先之""劳之""无倦"作答,若需民行,己需先行;而一旦己先行,民不但跟随而行,而且虽劳无怨。"政(正)"的内涵,在儒家是一以贯之,即"德":"为政以德,譬如北辰,居其所而众星共之。"(《为政》)统治按照统治者的示范行为去行动。如此则国家没有不能得到治理的。所以孔子反对单纯采用刑罚镇压的手段来治理国家,因为"道之以政,齐之以刑,民免而无耻;道之以德,齐之以礼,有耻且格"(同上)。德治可以使民心服,而心服是社会国家政治稳定的根本保障。

总之,孔子的思想体系的核心是"仁"。"仁"即爱人,是有等级有差别的爱。"仁"是一种普遍的爱,但并不是一视同仁的爱,而是有亲疏远近之别的爱。首先,仁爱是以维护宗法血缘关系的孝悌为基础的。孔子的忠实弟子有若曾说:"孝弟也者,其为仁之本与!"其次,仁爱是以维护贵族等级关系为原则的。孔子说:"克己复礼为仁。""非礼勿视,非礼勿言,非礼勿动。"礼的中心内容是宗法等级制度的反映,克己复礼就是要用礼制来约束自己,遵守等级名分,不犯上作乱。仁爱就是要求下敬上、上爱下,维系"君君、臣臣、父父、子子"的等级关系的和谐。再次,仁爱要求待人诚实,遵守推己及人的忠恕之道。"忠",是从仁的正面说的,孔子说:"夫仁者,己欲立而立人,己欲达而达人。能近取譬,可谓仁之方也已。""恕",是从仁的反面说的,孔子说:"己所不欲,勿施于人。"又次,"仁"除了仁爱的含义外,作为一种道德标准,还有"敏于事而慎于言"的内容,这体现了孔子重实践的思想。如"巧言令色,鲜矣仁""仁者,其言也切""为之难,言之得无切乎""刚、毅、木、讷,近仁"。孔子又说,能在天下施行"恭""宽""信""敏""惠",便是"仁"了。其中"恭""宽""信""惠"属于仁爱的范畴,而"敏"则属于实践的范畴。

（二）中庸之道

在哲学上，孔子提倡中庸之道，他说："中庸之为德也，其至矣乎！民鲜久矣。"中庸就是执两用中的意思，就是以中为用的意思。所谓"中"就是折中、平衡、不偏不倚。孔子的中庸思想包含着丰富的辩证的观点，他看到事物的两面性，力戒片面，追求适中，如"乐而不淫，哀而不伤""过犹不及""温而厉，威而不猛，恭而安""惠而不费，劳而不怨，欲而不贪，泰而不骄，威而不猛"等。而且孔子一方面强调执中，另一方面又强调权变，并不拘泥、顽固，如"无适无莫""无可无不可""不得中行而与之，必也狂狷乎"等。

在孔子思想中，中庸之道不仅是一套思想方法和处世原则，而且是一种人生哲学，是儒家仁学的组成部分。对于如何实现仁，孔子曾经答以"忠恕"二字。所谓忠：就是"己欲立而立人，己欲达而达人"；所谓恕，就是"己所不欲，勿施于人"。可见在"人"与"己"的关系上，中庸之道主张一种合乎情理的原则：将心比心，这在当今世界被认为是具有普世价值的道德原则，被称作为人处世的黄金法则。宋代理学家将如何实现"仁"解释为三句话："尊德行而道问学，致广大而尽精微，极高明而道中庸。"第一句是说仁德需要"学而知之"与"顿悟"相结合；第二句是说"大处着眼，小处做起"，第三句是说要有高的目标，但是在日常生活中取法中庸。在平凡的日常生活中实现人生的超越，这成为孔子及其后来的儒家所追求的人生目标。

（三）"敬鬼神而远之"的天人观

天人关系是孔子思想的一个重要内容，孔子论天人关系是在殷周以来的天命观的基础之上加以因革损益的结果。

孔子的天人理论是历史上第一个成型的天人观。孔子的天人观具有矛盾的性质。他肯定天（命）是至高无上的价值理想，"唯天为大，唯尧则之"（《泰伯》）。故人们应当敬畏天命、敬畏大人和敬畏圣人之言。"三畏"之中，敬畏天命是第一位的，因为"获罪于天，无所祷也"（《八佾》）。人的努力、包括祈祷在内只有在遵从天命的前提下才有意义。

117

在孔子看来,天命具有客观必然性的意义。他曾说:"天何言哉! 四时行焉,百物生焉,天何言哉!"(《阳货》)天是通过四时百物的生长发展来表现出自身的存在的。这种客观必然对人事来说,具有支配人的命运的作用,弟子所说的"死生有命,福贵在天"便表达了孔子的这一方面的思想。但天命对孔子而言也是某种精神的依赖,他以为天既赋予他保存周文化的使命,人们自然就不敢违背天意而戕害他。一切都是遵循天命的必然的过程:"道之将行也,命也;道之将废也,命也。"(《宪问》)

天命在孔子又是可认识的。孔子自诩"五十而知天命",所以尽管他敬畏天命、鬼神,但又力图与之疏远,而将注意力集中于人事。"子不语怪力乱神"(《述而》)便是典型的表现。孔子从客观必然的角度来规定天命,并从此出发去处理天与人的关系的天人理论基本定位,对后来儒家的天人观有较大影响。

孔子的天道思想主要分为两派,为孔子后学继承发扬:孔子敬畏天道的思想,与其心性学说,由子思、孟子继承发扬,认为人性本善,下功夫努力成为君子仁人,超凡入圣,是符合天道的,而"天道"生化万物,滋养万物,也就被赋予了"仁""善"的特征,成为心性本善的本体论依据。到了宋明理学,发展成为系统的天道人道学说、修养功夫理论。孔子罕言天命等思想,由荀子所继承,努力追求制天命而用之,追求外在事功,转而融入韩非子的治国理政理论。"内圣外王"学说,分道扬镳,各奔东西。

四、参考书目

[1] 杨伯峻. 论语译注[M]. 中华书局,2013.
[2] 李泽厚. 论语今读[M]. 中华书局,2015.

《老人与海》导读

孙 旭

一、书本简介

　　《老人与海》是美国作家欧内斯特·米勒尔·海明威于 1952 年发表的中篇小说,一经问世,便在国际上引起强烈反响,在当时的文学界掀起了"海明威热"。它再次向人们彰显海明威作为 20 世纪美国杰出小说家的卓越功绩和独特风格。这篇小说相继获得 1953 年美国普利策奖和 1954 年诺贝尔文学奖。

　　《老人与海》是根据一位古巴渔夫的真实经历创作的,以摄像机般的写实手法记录了老渔夫圣地亚哥捕鱼的过程,塑造了一个在重压下仍保持优雅风度,在精神上永不可战胜的硬汉形象。圣地亚哥在海上连续 84 天没有捕到鱼。起初,有一个叫马诺林的小男孩跟他一道出海,可是过了 40 天还没有钓到鱼,孩子就被父母安排到另一条船上去了,因为他们认为孩子跟着老头不会交好运。第 85 天,老人一清早就把船划出很远,他幸运地钓到了一条比船还大的马林鱼。老人和这条鱼周旋了两天,终于叉中了它。但受伤的鱼在海上留下了一道腥踪,引来无数鲨鱼的争抢,老人奋力与鲨鱼搏斗,但回到海港时,马林鱼只剩下一副巨大的骨架,老人也精疲力竭地一头栽倒在陆地上。孩子来看老人,他认为圣地亚哥没有被打败,孩子准备和老人再度出海。那天下午,圣地亚哥在茅棚中睡着了,他又梦到了狮子。

半个多世纪以来,国内已有数十家出版社出版了100多位译者将近300多种译本,盛况空前。这些译本各有千秋:张爱玲敏锐细腻,译出了一唱三叹的婉约苍凉之美;余光中擅用文言、精雕细琢,为译作注入了凝练沉郁之气;海观步步相随,刻画出言犹不尽之意;吴劳孜孜探究,平添了生动活泼之趣……

二、写作背景

海明威的一生经历丰富多彩,甚至带有某种传奇性。他在北非的丛林里围过猪,也在古巴的海上捕过鱼;他既是斗牛迷,还是拳击迷。体育运动赋予他健壮的体魄和开朗的性格,支持了他紧张繁忙的文学活动。

海明威经历了两次世界大战的严酷考验。中学毕业前夕,正好赶上美国参加第一次大战,他积极报名入伍,由于眼疾未被接纳,不久便参加了红十字会车队,在意大利前线驾驶救护车。一战结束后,海明威移居古巴,与渔夫格雷戈里奥·富恩特斯相识。在20年代,海明威先后出版了短篇小说集《在我们的时代里》(1925年)、《没有女人的男人》(1927年)和长篇小说《太阳照常升起》(1926年)、《永别了,武器》(1929年)等重要作品。从而确立他在文学史上的地位。因《太阳照常升起》的题词中引用了美国文学评论家格特鲁德·斯坦因的"你们就是迷惘的一代"的评价,海明威成为"迷惘的一代"的代表人物。

1937年,他以记者身份奔赴西班牙内战前线。二次大战期间作为《柯里厄》杂志的记者随军行动,参加了解放巴黎的战斗。在去非洲的旅途中,曾十几次受伤,充分体验过出生入死的滋味。这样,战争就成为他创作题材的主要来源。据此,海明威于1940年发表了长篇小说《丧钟为谁而鸣》。

第二次世界大战结束后,战争带给人们严重的精神创伤,把欧洲共同的、强调遵从理智的文化推向一种令人迷惘的混乱之中,客观事实的理念变成各种矛盾的意识形态的狂想。战争摧毁了人类对不可侵犯的生命的尊重,时代需要重建人们的信心。而此时身体状况不佳的海明威重新回到了古巴,借此慰藉战争和个人婚姻带来的心灵创伤。在1950年圣诞节后不久,海明威回忆起与富恩特斯交往的岁月,想起了一件令他触动很深的故事,便产生了强烈的创作欲望。原来在 1936 年的时候,富恩特斯出海很远捕到了一条大鱼,但由于这条鱼太大,在海上拖了很长时间,结果在归程中被鲨鱼袭击,回来时只剩下了一副骨架。

1936 年 4 月,海明威在《乡绅》杂志上发表了一篇名为《碧水之上:海湾来信》的散文,记叙了这件事情:一位老人独自驾着小船出海捕鱼,捉到一条巨大的大马林鱼,但鱼的大部分被鲨鱼吃掉的故事。当时的海明威内心激荡,觉察到它是很好的小说素材,只是一直也没有机会动笔写它!十几年之后,在古巴哈瓦那郊区的别墅“观景社”中,海明威开始动笔写作,仅用了八周时间,便于 1951 年 2 月 23 日完成初稿,命名为《现有的海》,也就是现在的《老人与海》。海明威称其为“一生中打到的最大最美的狮子”。

三、精彩看点

1. 硬汉精神

“一个人生来不是被打败的。”海明威在他的作品中塑造了一系列英雄硬汉形象:拳击师、斗牛士、猎人等等,他们百折不挠,坚强不屈,面对暴力死亡和命运,表现出一种从容镇定的姿态,维系了人的尊严和勇气。圣地亚哥更为集中地体现了这类硬汉形象“人可以被毁灭,但不能被打败”的精神境界。

在与鲨鱼进行殊死搏斗后,老人终究没有保住大马林鱼,最后拖回家的只剩下一副光秃秃的鱼骨架。老人失败了吗?从世俗胜利观和现实结果来看,圣地亚哥是失败者,辛苦搏得的成果被窃取,幻化成灰。但从精神层面来观照,老人却又是不可打败的胜利者。我们判断老人是“失败者”还是“胜利者”,应该有一定的标准。在人生之途中,真正的失败是指失去了继续奋斗努力的信心,放下手中的武器,缴械投降,从而消极抑郁,一蹶不振。而没有丧失继续斗争的信念,未曾想过放弃,还在挑战极限的人没有失败。老人在行动上坚忍不拔,顽强拼搏;在精神上从不气馁,乐观自信。他总是怀着无比的勇气走向深远莫测的大海,他的信念不可战胜。圣地亚哥是一个精神胜利者。

圣地亚哥身上体现出来的这些品质恰是海明威一贯赞美的硬汉精神。无论是斗牛士还是战士,他们都具有勇气、信心、精湛的技艺和卓尔不群的品质,简言之:充满自信不低头,勇敢拼搏不退缩,永不服输打不败。真正的硬汉英雄不惧死亡,视死亡为一种生命的规律,他们不在意最终结果怎样,而强调为达到目的进行努力的过程。即使面临挫折困境,也必然克服胆小怯懦,保持高度自信与人类尊严,即所谓的"重压下的优雅风度"。

同时我们也要注意到,圣地亚哥又有区别于海明威以往塑造的硬汉形象的特征,最明显的当为其善于思考,充满同情心与爱的温情,从而散发出强大的道德力量。雄壮中有优美,粗中有细,他具有激情与善良,他将马林鱼看成兄弟,对海鸟充满情谊,呵护关爱着小马诺林。老人在浩瀚无际的大海中,孑然一身,只有"遥远的朋友"聊以慰藉。他时而对鱼儿和小鸟说话,时而同大海交谈,甚至时常自言自语,不断怀想着马诺林。老人把大海、群星、鱼、鸟当成朋友:他爱大海,把大海当成女性,在内心深处也把马林鱼、海豚放在与自己同等地位和处境中。海明威反复为我们展现大马林鱼的力与美,展现它高贵的仪态,并借此揭示老人心中复杂的情感。老人把它当成自己的新伙伴,但还要将其捕获,为它的失败而感到伤心。通过对这些"人类朋友"的赞美,歌颂了老人的精神美和人性美。

在圣地亚哥这一主体形象上,寄托了作者对人类命运及其存在价值更积极更透彻的思考,它超脱于社会生活,而又深蕴于社会现实之中。我们在体味老人身上所体现的硬汉精神,礼赞人类的永恒价值之时,却也感受到了古希腊悲剧精神在现代社会的回响。

2."冰山原则"

海明威在《午后之死》中首次提出了著名的"冰山原则",他把文学创作比作漂浮于大海的冰山,作者只需描写"冰山"露出水面的部分,水下的部分应该通过文本的提示让读者去想象补充。"如果一位散文作家对于他想写的东西心里有数,那么他可以省略他所知道的东西。读者呢,只要作者写得真实,会强烈地感觉到他所省略的部分,好像作者已经写出来似的。冰山在海面上移动很是宏伟壮观,这是因为它只有八分之一露出水面。"换言之,作家用简洁的文字塑造鲜明的人物形象,并且把自身的感受和思想最大限度地隐藏在表象之中,达到情感充沛却含而不露、思想深刻且隐而不晦的艺术效果,将文学的可感性与思想性巧妙地结合起来,让读者去感受并发掘其内在的意义。海明威的"冰山原则",集中体现了海明威的创作原理和艺术风格,表现了他在创作实践中对形式美的追求,彰显了独特的创作个性。

那么,"冰山原则"在《老人与海》中是如何体现的呢? 我们可以从人物形象、情感主旨、叙事技巧、语言风格等角度去剖析。圣地亚哥的形象前文已经分析,不再赘述。小说在歌颂人类不可挫败的意志和命运,赞美生命力和人性之美外,是否隐含着丰富的意蕴呢? 同学们可以尝试从小说的许多细节、意象中,探究作者是否有意煞费苦心地把许多隐藏的含义融合在简单的故事中:"我试图描写一个真正的老人,一个真正的孩子,真正的大海,一条真正的鱼和许多真正的鲨鱼。然而,如果我能写得足够逼真的话,他们也能代表许多其他的事物。"

深刻的主题、丰富的感情,是被海明威隐藏在水下的"八分之七"冰山,完成隐藏的过程依靠的是作者精妙的叙事技巧和"电报式"的语言风格。英国评论家赫·欧·贝茨在《海明威的文体风格》中评价说:"海明威所孜孜以求的,是眼睛和对象之间、对象和读者之间接相通","打定主意放手让读者去如实地吸取印象",而"不是挤到对象和读者当中去碍事"。这就是我们通常所说的海明威式的叙事技巧——不是从作者角度去作评论性的叙述和描绘,而是真实的、不带作者主观情绪的去描绘客观事物,着意于引起读者思考,给读者以广阔的想象空间,达到"推理力愈薄弱,想象力愈雄厚"的艺术效果。作者不露声色地为读者提供有关人物外貌、行动、心理及周围环境的客观描写,构成作品的表层结构,而作品的内在思想和作者的倾向,就深藏在"表层的故事"下面,需要读者去咀嚼和思索,读者一旦体味到,就会受到一种深沉的思想和艺术力量的冲击。

他非常客观、真实的描绘了老人捕鱼的全过程。从出海前的细致准备,到出海后如何下饵,鱼上钩后如何跟它周旋,最后如何杀死了它并绑在船边,以及如何与一条条鲨鱼搏斗的整个过程,都用白描手法呈现出来,使这些外在的事件表现出内在的含义,不用解释,也没有任何说教。作品通篇用的是较少带感情色彩的语言,好像在叙述一件与己无关的事。越是描写惊心动魄的搏斗场面,作者的叙述语言越冷峻,所描写的事件与描述的语调构成强烈反差,引起读者心灵的震动。正如海明威本人所说:"这本书描写一个人的能耐可以达到什么程度,描写人的灵魂的尊严,而又没有把灵魂二字用大写字母标出来。"这种客观冷静的艺术风格,正是海明威的独到之处,也是他的艺术魅力之所在。正是这种"真实的、不带作者主观情绪地去描绘客观事物"的手法,带给我们一种真实的、身临其境般的体验。

《老人与海》的冰山风格还体现在"电报式"的语言风格。长期的记者生涯,使海明威在写作中养成了文字简洁的习惯。无论是对作品的整体结构,还是对其句式句法,海明威都追求一种简洁朴实,深沉含蓄的风格。海明威在写作方面一贯遵循的准则是:"要用短句","要有明快的风格","要用动作词写。删去不必要的形容词。能用一个字表达的决不用两个字"。他用有限的文字去表达丰富的内容:"《老人与海》本来可以写成一千页那么长,村庄中的每个人物,他们怎样出生,怎样谋生,受教育,生孩子等等的一切过程,都可以写。"但是他将这一切都删除了,他不写事件背景和动因,而只写老人在海洋深处那场惊心动魄的搏斗。作者运用这种简洁的手法,来安排人物对话,自己则退避一旁,完全由人物自己说话,以此让读者去体味丰富的潜台词,去捕捉人物隐秘的情感活动,以补充和再现作家故意省略的八分之七部分。其"电报式"的短句及其"潜台词",具有强烈的生命力和相当的深度,往往需要读者反复阅读、仔细咀嚼和用心体会。

3. 丰富意象

乔纳森·卡勒说:"文学作品具有结构和意义,其原因在于人们用一种特定的方式来阅读它,在于这种可能的特性,隐藏在对象自身之中,被运用于阅读活动中的叙述原则所现实化了。"无论评论家将《老人与海》视作拟实形态小说还是写意小说,读者都从文本表层的物象中觉察到了隐藏于内的象征含义。狮子在作品中出现过多次,而且多是出现在老人的梦里,老人与孩子分享了他的这个关于狮子的梦。在西方神话传说和文学作品中,狮子始终代表着正义和力量。老人从小时候见过狮子,到梦见狮子,到希望梦见狮子,说明他渴望力量,希望能一直保持旺盛的生命力,象征着他对力的追求、对强者的向往。这也体现了海明威本人的精神追求,《老人与海》便是他心中"最大最美的狮子"。

在西方传统文化中,广袤无垠、波涛汹涌的大海是一个被无数文人学者们反复咏叹和探究的主题意象。大海的意象内涵丰富,意味无穷。在《老人与海》中,大海的意象同样占据着主导性的地位并贯穿全篇始终。大海孕育并滋养了老渔夫圣地亚哥,是老人赖以生存的捕鱼场所,也是他搏击风浪,挑战生命,超越自我的角斗场,因而成为了时代和社会的象征。老人对最终挫败了他的大海始终"抱着好感",认为海洋是"仁慈并十分美丽的",这实际上象征着老人对人生永不放弃的热爱和积极向上的生活态度。马林鱼的象征意义十分明显,它寓意人们的理想和生活的目标。老人对大马林鱼的情感是复杂的,从最初的猎人与猎物的关系渐渐演变成难兄难弟。他们是对手,却互相激励着对方;他们是兄弟,却互相伤害着对方。马林鱼已成为蕴含多层寓意、充满张力的文学意象,成为了老人心中力与美的化身。甚至可以说在拖着大鱼穿越大海的惊涛骇浪的过程中,圣地亚哥重新赢得那久已失落的尊严、荣誉和生命价值,从而完成自我超越和重塑。而鲨鱼的象征意义同样显而易见,它代表着人生的坎坷与挫折,而且总是在欣喜与收获之后出现。鲨鱼在作品中是不可或缺的,没有鲨鱼的出现,就没有作品的悲剧因素,因而也达不到引人深思的效果。

125

四、读法指导

　　鉴于《老人与海》篇幅不长、故事情节较为简单、语言简洁凝练,推荐同学们采用写读书笔记的方法。希望大家在读懂的基础上作细致深入的分析,并不需要把所有想法全部记叙下来,可以针对某一问题进行重点的精深化研讨。我们可以围绕某一人物形象、某一主题、某一细节来进行个性化解读。比如主题方面,文本除了表现人类伟大勇气、顽强毅力和拼搏精神外,我们透过孤独的老人形象,也可发掘作品流露出的类似存在主义的悲剧意蕴和荒诞虚无意识;或者从老人对大海、海鸟、鱼等自然物象的情感中,运用生态理论解读人与自然的多维关系;抑或通过老人墙上挂着的耶稣和圣母像以及两次直接将圣地亚哥描写为受难的耶稣的细节,探讨文本的基督教宗教思想。读者也可另辟蹊径,标新立异。但应注意几点:切忌将读书笔记写成故事概览,应独立思考,有主见;主次分明,条理清晰,有理有据,自圆其说;注重资料搜集,以完善见解,使评论更准确全面。

五、参考书目和论文

［1］［美］库尔特·辛格,著;周国珍,译.海明威传［M］.杭州:浙江文艺出版社,1983.

［2］朱维之,等.外国文学史(欧美卷)［M］.天津:南开大学出版社,2009.

［3］邓楠.国内《老人与海》桑提亚哥形象研究述评［J］.湖南广播电视大学学报,2015(4).

［4］邓楠,郭旭明.国内《老人与海》主题思想研究述评［J］.湖南广播电视大学学报,2015
(3).

［5］杨植.海明威、古巴渔夫与《老人与海》的经典硬汉形象［J］.贵阳学院学报(社会科学
版),2006(1).

［6］唐仁芳.论《老人与海》的"冰山原则"［J］.文学教育,2008(11).

［7］贾晓哲.自我的超越与救赎——论《老人与海》的审美张力［J］.海外英语,2015(10).

《围城》导读

陆晓燕

一、书本简介

　　《围城》是钱锺书所著的长篇小说,是中国现代文学史上一部风格独特的讽刺小说。故事主要写抗战初期知识分子的群相。小说问世之后,颇受欢迎,第一版于1947年由上海晨光出版公司出版,不到两年就出了三版。本书在20世纪60年代以后,被翻译成英、法、日、德、俄等多种文字,流传世界各地。书评家夏志清先生认为小说《围城》是"中国近代文学中最有趣、最用心经营的小说,可能是最伟大的一部"。

　　钱锺书从文化反思的角度切入抗战时期远离烽烟之外的灰色知识分子的精神世界,犀利的笔锋透过社会表层、文化内蕴直逼人性之最根本。他细致地刻画出了在洋学衔和旧学问错综时期新儒生的众生相,真实地表现了在20世纪半封建半殖民地的腐朽社会里知识分子的卑琐、虚伪、尔虞我诈的劣根性。作者以其学者的眼光窥探到病态社会丑陋的一角,描写了一群受过洋化教育的上层知识分子阿Q。小说中刻画的一大批三四十年代的知识分子,他们游离于当时的抗日烽火之外,虽然都是留学归来,受到了西方文化的熏陶,但他们没有远大的理想,又缺乏同传统势力和思想斗争的勇气,结果甚至无法把握自己的生活。作者以机智的幽默和温情的讽刺,剖析了这群人的个性与道德上的弱点,揭示了他们的精神困境，所以有人评论《围城》是"现代版《儒林外史》"。

二、写作背景

　　钱锺书(1910—1998年)，原名仰先，字哲良，后改名锺书，字默存，号槐聚，曾用笔名中书君，江苏无锡人。中国现代著名作家、文学研究家，曾为《毛泽东选集》英文版翻译小组成员，晚年就职于中国社会科学院、任副院长。其父是著名国学家钱基博，在父亲的影响和督导下，自幼打下了良好的国学基础。其后就读于苏州桃坞中学和无锡辅仁中学。钱锺书在文学、国学、比较文学、文化批评等领域的成就，推崇者甚至冠以"钱学"。1946年写成并发表了长篇小说《围城》，同年发表短篇小说《人·兽·鬼》。抗战及解放以后，先后担任南京国立中央图书馆总纂、上海国立暨南大学外文系教授、清华大学外文系教授、北京大学文学研究所研究员、中国社会科学院副院长等职务，主要进行翻译和中国文学的研究，出版了《宋诗选注》《旧闻四篇》《七缀集》以及《管锥编》等学术著作。

　　《围城》是钱锺书先生唯一的长篇小说，于1944年动笔，1946年完稿，1947年由晨光出版公司印行。小说问世之后，颇受欢迎，不到两年就出了三版。解放后，一度绝版30载，1980年再次重印。

　　据钱锺书夫人杨绛回忆，有一次，钱锺书夫妇共同去观看杨绛编写之话剧，观众好评如潮。也许是有感而发兼逞才心理，回家后，钱锺书便对夫人说："我想写一部长篇小说。"杨绛听后颇为高兴，即催其快写。钱锺书因忙里偷闲写短篇小说，又担心无时间写长篇小说。杨绛便宽慰他，说不要紧，他可以减少授课时间。其时，正值春天，钱锺书疾病缠身，用汤药调治才见好转。《围城》中对行医者的讽刺和揶揄，隐含了钱锺书在写作《围城》时闹病之窘境。在杨绛之劝慰下，钱先生抱病写作，一边著《围城》，一边润色《谈艺录》，还不时为生计发愁。1945年11月21日，钱锺书在其35岁生日时所作之"出癖钻窗蜂来出，诗情绕树鹊难安"诗句，就反衬其分身无术，诸事繁多之忙乱状态。正因杨绛先生之有意鼓励与大力支持，一部文学名著才在无意中诞生，杨绛乃《围城》之"第一"读者也。《围城》之存世流传，与杨绛先生密不可分。小说是作者在困顿之中"锱铢积累"

而成的,"从他熟悉的时代、熟悉的地方、熟悉的社会阶层取材。但组成故事的人物和情节全属虚构。尽管某几个角色稍有真人的影子,事情都子虚乌有;某些情节略具真实,人物却全是捏造的。"(杨绛《记钱锺书与〈围城〉》)比如方鸿渐取材于两个亲戚:一个志大才疏,常满腹牢骚;一个狂妄自大,爱自吹自擂。但两个人都没有方鸿渐的经历,倒是作者自己的经历,比如出国留学、担任大学教授,与作品有相合之处,作者可能从他们身上获得了些启示,但并不能对号入座。

三、精彩看点

1. 语言风格

钱锺书的《围城》是把语言运用到了登峰造极的境界。小说里面的精言妙语是这部小说的最成功之处,也是最值得赏析的地方。

（1）比喻新奇

《围城》中的妙喻有三种,一是真实的写景写事物的形象比喻,读来令人舒畅,感觉恰到好处。二是抽象的思维和感觉运用具体的物象来比喻,或者反行之,读来让人觉得新奇、玄妙。第三种是利用喻体和本体在价值等级上的强烈反差逻辑性,达到对对象的嘲讽贬抑,使作品更显诙谐、幽默。

开篇一段中"夜仿佛纸浸了油,变成半透明体,它给太阳拥抱住了,分不出身来,也许是给太阳陶醉了,所以夕阳晚霞隐褪后的夜色也带着酡红。"这一句话比喻与拟人混用了,整体流畅自然而不带任何矫饰,这是第一种比喻,书中很是常见。又如五人赴三闾途中描写"这雨愈下愈老成,水点贯串作丝,河面上像出了痘,无数麻瘢似的水涡,随生随灭息息不停,到雨线更密,又仿佛光滑的水面上在长毛。""老成"用在雨上,可谓唯钱先生一人,用得好!雨丝密说水面上在"长毛",更是形象新奇,但却又恰到好处!

更常见的是第二种比喻,也是全书中的亮点。方鸿渐留洋归来,"衣锦还乡"颇为惊动了家乡那个小小的县城,先是报上登出新闻,继则应邀回母校作关于"西洋文化在中国历史上之影响及其检讨"的学术报告。在县省立中学作演讲时,方鸿渐说只有鸦片和梅毒在中国社会里长存不灭,使记录的女生"涨红脸停笔不写,仿佛听了鸿渐的最后一句,处女的耳朵已经当众丧失贞操"。耳朵失去贞操是因为耳朵进了污秽之言,这种换位的应用,钱先生可谓炉火纯青。

第三种比喻具有强烈的讽刺效果,关键在于他所用的喻体。喻体和本体间强烈的反差所形成的效果,实在令人叹服。作者在嘲讽李梅亭时说他"脸上少了那副黑眼镜,两只大眼睛像剥掉壳的煮熟鸡蛋"。眼睛与鸡蛋,本无联系,作者想常人所不能想,运用夸张的手法,贬讽了李梅亭,让读者对之产生厌恶之情。又挖苦他"本来像冬蛰的冷血动物,给顾先生当众恭维的春气入耳,蠕蠕欲活",更突出了李梅亭的性格特点。

钱锺书在他的《旧文四篇》里曾提出:"比喻正是文学语言的根本","比喻包括相辅相成的两个因素,所在的事物有相同之处……又有不同之处……不同之处愈多愈大,则相同之处愈烘托,分得愈开,则合得愈出意外,比喻就愈新奇,效果就愈高。"对比喻艺术的精深研究,加之高超的想象力,使他能够在小说中形成众多脱口而出的比喻。

《围城》是一部学人小说,他的语言体现了钱锺书作为学者的一面,虽然有的地方似乎是在故意卖弄才情,但总体而言,并不使人感到沉闷,因为许多话语有着丰富的文化底蕴和知识含量,时常散发出机智的锋芒,不断有新奇的比喻和警句,这一切都可以给我们的写作以有益的借鉴。

（2）心理描写

《围城》素来被人们誉为"新《儒林外史》"。书中的一些人物不是受过欧风美雨冲洗的洋博士,就是在高等学府里混过几年的新儒生。这些不同于普通的人,他们更善于扯上一层外衣将自己裹起来。因此,他们的思想意识比他人有更多的层次,性格也比他人更复杂,更丰富。要为他们塑像无疑雕心比绘形显得更重要。

首先,《围城》的讽刺幽默大胆借鉴西方心理描写的技巧,对人物的心理进行细腻的观察和分析,深层次地进行艺术开掘。如《围城》对少女唐晓芙初恋的心理,老处女范懿装腔作势的心态以及对汪处厚太太内心世界的刻画,就十分的传神精,微而深刻。

　　其次,作者还善于透视人物言行举止的心理基础,挑开蒙在人与人之间的各种温文尔雅关系的面纱,探索人物的内心世界,揭示出讽刺对象灵魂的丑陋,戳穿和嘲笑他们在言行举止上的虚假性。李梅亭在赴三闾大学就职的路途上所表现出的吝啬心理就很有讽刺意味。启程时,他抢着买低等船票,明明是为了自己省钱,却偏要撒谎骗取别人的好感。路途中,他因为舍不得用自己的新雨衣,便找借口用别人的伞,他带了一木箱药品,准备在内地的学校卖个好价钱,却不愿意把一些仁丹给身体不适的孙柔嘉服用。因为一包仁丹开封后就卖不到好价钱。但不给药,又显得过于小气。左思右想,忽然灵机一动,记得前些天已打开一瓶鱼肝油丸。虽然鱼肝油丸比仁丹贵,但已开封的药"好像嫁过的女人减了市价"。于是拿鱼肝油丸,给孙柔嘉服下,弄得她又一次呕吐。李梅亭这种吝啬鬼式的怪诞心理就这样在一次次的吝啬心理活动中暴露出来,给人们以厌恶之感,其正人君子的假面具也就被一层层撕下来。这样的讽刺,不同于疾言厉色的抨击,而是通过客观地揭示真相来达到幽默的效果。可谓于平淡中寓谐趣,至拙而又至妙,不失讽刺意味。另外,钱锺书还善于把作品中各种人物的心绪交织在同一场合,形成微妙而又激烈的心理冲突。《围城》第三章写到一次青年知识分子的聚会,便是一场不期而遇的心理战。这次聚会由赵辛楣请客,有苏文纨、褚慎明、董斜川、方鸿渐等人参加。赵辛楣请方鸿渐的本意是为了使方鸿渐喝醉,在苏文纨面前出丑,以发泄妒嫉之情。结果让方鸿渐喝醉酒的目的达到了,但苏文纨却当着大家的面给予方鸿渐关心爱护,这使赵辛楣感到一种胜利后的失望;褚慎明与方鸿渐在席间互相鄙视,唇枪舌弹,各不相让;董斜川以会作旧体诗,懂"同光体"而自傲,又遭到赵辛楣、褚慎明的嘲弄讥讽;更有趣的是褚慎明因为美貌的苏文纨跟他讲"心",竟激动过分,把夹鼻眼镜都掉进牛奶杯子里了。他拾起眼镜又不肯戴上,"怕看清大家脸上逗留的笑"。后来方鸿渐酒醉呕吐,褚慎明掩鼻表示鄙厌。"可是心上高兴,觉得自己泼出的牛奶,给方鸿渐的呕吐在同席者的记忆里冲掉了。"对褚慎明这种阴暗心理的讽刺,触及了某些知识分子最敏感之处——面子。这种把讽刺形象的丑陋心灵,由隐到显,由暗到明,通过心理战而昭然若揭,猛然外化的手法,显示出钱锺书讽刺幽默的高超、犀利。

131

（3）讽刺艺术

《围城》被很多人誉为新《儒林外史》，是因为钱锺书在这部小说中淋漓尽致地讽刺了知识分子。相关内容上文已分析，这里不再赘述，下面略谈谈其原因。这种讽刺基于时代的和人性的的原因，也基于钱锺书个体的原因。

先说个体的原因。钱锺书是个不出世的天才，同时，他也是最纯粹的学者，对学问怀着最深挚的虔诚，在学术上他不能容忍一丁点儿的虚伪和取巧。比如他经常讽刺学者抄卡片，《围城》中的头号小丑李梅亭就有一个铁皮卡片箱。其实，一个教书匠肯花力气抄卡片已经是颇为值得表扬的了，但在钱锺书看来，读书而没装在脑子里融会贯通，简直是天大的笑话。

《围城》中的文化讽刺更多的是基于中西文化冲突、碰撞的历史平台，而这正是钱锺书的着力点之一。一是以现代文化观照中国传统文化的某些弊端，如方鸿渐的父亲方老先生的迂腐，他推荐的线装书中"中国人品性方正所以说地是方的，洋人品性圆滑，所以主张地是圆的"之类。二是嘲讽对西方文化的生搬硬套，"活像那第一套中国裁缝仿制的西装，把做样子的外国人旧衣服上两方补丁，照式在衣袖和裤子上做了"。三是探讨对西方文明和西方文化的吸收中的荒诞，如三闾大学中的"导师制"。

但《围城》中的讽刺更多的是基于对人性的解剖。比如方鸿渐著名的克莱登大学假博士，集中体现了人性中的欺诈、虚荣、软弱、对环境的无奈等，又如李梅亭偷吃烤地瓜，陆子潇以国防部、外交部信封唬人，范小姐用不通的英文假冒作者赠书给自己等，举不胜举。读者扪心自问，做过这些事的似乎不止这些人，有时也包括自己，就好像我们在阿Q的脸上看到自己的相貌特征一样。

2. 作品主题

《围城》并不仅仅是一部爱情小说。它的内容是多方面的，它的主题和象征是多层次的。

《围城》的象征源自书中人物对话中引用的外国成语，"结婚仿佛金漆的鸟笼，笼子外面的鸟想住进去，笼内的鸟想飞出来；所以结而离，离而结，没有了局。"又说像"被围困的城堡，城外的人想冲进去，城里的人想逃出来。"但如果仅仅局限于婚姻来谈"围城"困境，显然不是钱锺书的本意。"围城"困境是贯穿于人生各个层次的。后来方鸿渐又重提此事,并评论道:"我近来对人生万事,都有这个感想。"这就是点题之笔。钱锺书在全书安排了许多变奏,使得"围城"的象征意义超越婚姻层次,而形成多声部的共鸣。

《围城》从"围城"这个比喻开始,淋漓尽致地表现了人类的"围城"困境:不断地追求和对所追求到的成功的随之而来的不满足和厌烦,两者之间的矛盾和转换,其间交织着的希望与失望,欢乐与痛苦,执著与动摇——这一切构成的人生万事。"围城"困境告诉我们人生追求的结果很可能是虚妄的,这看起来好像很有点悲观,但骨子里却是个严肃的追求,热忱深埋在冷静之下,一如钱锺书本人的一生。他揭穿了追求终极理想、终极目的的虚妄,这就有可能使追求的过程不再仅仅成为一种手段,而使它本身的重要意义得以被认识和承认,使我们明白追求与希望的无止境而义无反顾,不再堕入虚无。

《围城》包含着深厚的思想意蕴。一是社会批判层面。作品通过主人公方鸿渐的人生历程,对 20 世纪三四十年代国统区的国政时弊和众生相进行了抨击,包括对上海洋化商埠的腐败堕落、对内地农村的落后闭塞,对教育界、知识界的腐败现象的讥讽。二是文化批判的层面。这一点,主要是通过对"新儒林"的描写和对一批归国留学生或高级知识分子形象的塑造来实现的。《围城》中的人物,大多患有崇洋症,但骨子里还是传统文化起主导作用。方鸿渐懦弱的性格,悲剧的结局,正是传统文化所致。李梅亭、韩学愈、高松年等人的庸俗、卑琐、无聊、虚荣、争斗等劣根性,也是传统文化影响的产物。作品通过这些人物病态性格的剖析,对中国传统文化进行了深刻的反思和批判。第三个层面则是对人生、对现代人命运的哲理思考,深入到人本的形而上的层次,诸如对人的基本生存处境和人生的根本意义的探讨,对人的基本根性和人际间的基本关系的探讨。钱锺书夫人杨绛在电视连续剧《围城》片头上写道:"《围城》的主要内涵是围在城里的人想逃出来,城外的人想冲进去。对婚姻也罢,职业也罢,人生的愿望大都如此。"小说中也多次点明了"围城"的含义。它告诉人们,人生处处是"围城",结而离,离而结,没有了局,存在着永恒的困惑和困境。作家在围城中所提出的问题,涉及到整个现代文明的危机和现代人生的困境这个带有普遍意义的问题。

133

四、读法指导

1. 比较阅读法

鉴于钱锺书学贯中西以及《围城》将相当纯粹的外来手法和作风化入了中国小说的特点,还可以将本作品与国外的作家作品进行对比。比如与英国作家毛姆的小说进行比较阅读。毛姆《人性的枷锁》《刀锋》和《围城》有一定程度的对比关系。《人性的枷锁》取材于作者的生活阅历,写作的主观时间和《围城》相当;《围城》也取材于作者的生活阅历,和浓厚的书卷气结合构成了小说相对坚实的内涵。从题材上来看,《刀锋》写一个西方青年到东方寻求真理回国后的种种活动,《围城》写一个中国青年从西方留学回国后的种种活动。书名也平行,皆取自异域文化,"围城"取自法国成语,"刀锋"取自《奥义书》(古印度哲学著作)。而且两书的题旨均为一种两难之道:"围城"是结婚不结婚的两难,"刀锋"是可以越过和不可以越过的两难。《围城》关心的是两难之道,《刀锋》关心的是两难之道是否可化成两可:既然无论结婚不结婚,你都会后悔的,那么问题的根本就不一定在结婚上,刀锋的可以变化之处就在这里。《围城》的主人公最后虽然结婚,但仍然失败。《刀锋》主人公虽然两次都没有能够结婚,但仍然是成功的。即使结婚了,他还是成功的,因为他越过了刀锋。

《围城》在中国"五四"以后的新文学史上有一个相当特殊的地位。《围城》不是和新文学诸作家比肩,而是和世界诸作家比肩,《围城》的平视毛姆,正如以后《管锥编》的平视黑格尔,一开始树立的标尺就是世界性的。

还可将本小说与现当代其他知识分子题材的小说同读,进行比较,从时代、题材、人物、语言、主题等方面进行比较分析。如吴敬梓《儒林外史》、杨绛《洗澡》、鲁迅的知识分子题材小说《孤独者》《在酒楼上》,等等。

2. 姓名寓意解读

《围城》中许多名字都有特别的含义,有的也带讽刺。方鸿渐,"鸿渐"是《易经》上的一句话,"鸿"就是鸟,"渐"就是树木,鸟可以从水上飞起来,落在树上。方鸿渐,他比较清高,但是也表现懵懂,什么事都无定夺,就像鸟一样,在树上站不稳。孙柔嘉,"柔嘉"是什么意思?"柔嘉"就是统治术,果然这个女子结婚以后有一种御夫欲。赵辛楣,"辛楣"就是挂在门上的驱邪用的药。所以《围城》中每一个人物都有个符号,也有种批判。

小说的读法没有限定,比如评点法,可以涵泳文字,品味情节结构等,不一而足。同学们如果感兴趣,可以尝试本书中介绍的多种读法。

五、参考书目和论文

[1]钱锺书.围城[M].北京:人民文学出版社,1980.

[2]孔庆茂.钱锺书传[M].南京:江苏文艺出版社,1992.

[3]杨绛.我们仨[M].北京:生活·读书·新知三联书店,2004.

[4]郭志刚.谈钱锺书的《围城》[M].小说鉴赏文库·中国现代卷.西安:陕西人民出版社,1986.

[5]夏志清.中国现代小说史[M].上海:复旦大学出版社,2005.

[6]黄志军.解读《围城》寄寓的超越"围城人生"困境的处世哲学[J].重庆邮电学院学报,2005(2).

[7]小溪.高超的讽刺艺术——读钱锺书的《围城》[J].殷都学刊,1992(3).

[8]李登三.试论《围城》中所表现的知识分子劣根性[N].陕西学院学报,2001(8).

《哈姆雷特》导读

陈桂华

一、书本简介

　　威廉·莎士比亚(1564—1616 年)是欧洲文艺复兴时期伟大的戏剧家和诗人。他出生于英国中部斯特拉福镇的一个富裕市民家庭,因父亲破产,辍学谋生。做过杂工,后入剧团,做演员、编剧,并最终成为剧院股东。作品包括 37 部戏剧、154 首十四行诗和两首叙事长诗。其中代表作品有四大悲剧(《哈姆雷特》《奥赛罗》《李尔王》《麦克白》)、四大喜剧(《仲夏夜之梦》《皆大欢喜》《第十二夜》《威尼斯商人》)和正剧《罗密欧与朱丽叶》、历史剧《亨利五世》等。

　　《哈姆雷特》是莎士比亚创作于 1599 年至 1602 年间的一部悲剧作品。戏剧讲述的是丹麦王子哈姆雷特为父复仇的故事。哈姆雷特在德国威登堡大学读书,受到人文主义教育,因为父亲突然去世,怀着沉痛的心情回国。回国后发现王位已被叔父克劳狄斯篡夺,而母亲也已改嫁新王。深陷苦痛中的哈姆雷特遇父亲的鬼魂,得知父亲被谋杀的真相。哈姆雷特利用装疯掩护自己并通过"戏中戏"证实了自己的叔父的确是杀父仇人。在与母亲谈话时,他误杀了躲在幕后偷听的御前大臣——女友奥菲利娅的父亲。克劳狄斯试图借英王手除掉哈姆雷特,哈姆雷特趁机逃回丹麦,却得知奥菲利娅受刺激发疯、溺水身亡。哈姆雷特接受了与其兄雷欧提斯的决斗。决斗中,哈姆雷特的母亲乔特鲁德因误饮克劳狄斯为哈姆雷特准备的毒酒死去,哈姆雷特和雷欧提斯也双双中了毒剑,得知中毒原委的哈姆雷特在临死前杀死了克劳狄斯。

《哈姆雷特》是莎士比亚最负盛名的剧本,代表着欧洲文艺复兴时期文学的最高成就。

二、写作背景

《哈姆雷特》是借丹麦八世纪的历史反映 16 世纪末和 17 世纪初的英国社会现实。16、17 世纪之交的英国,正处在封建制度向资本主义制度过渡时期,这个时期是英国历史进程中的一个巨大转折。伊丽莎白统治的繁荣时期,资产阶级支持王权,而王权正好利用资产阶级,两方面不仅不对立,还结成了暂时的同盟。由于政局比较稳定,社会生产力获得了迅速的发展。这种新兴资本主义生产关系的发展,虽然加速了封建社会的崩溃,却仍然是依靠残酷地剥削农民来进行的。詹姆斯一世继位以后,专制集权被进一步推行,资产阶级和劳动人民的反抗遭到了大肆镇压。社会矛盾进一步激化,它从根本上动摇了封建秩序,同时为 17 世纪英国资产阶级革命准备了条件,莎士比亚的创作正是对这个时代的艺术的深刻的反映。

当时的英国,是一个"颠倒混乱的时代",而《哈姆雷特》正是"这个时代的缩影"。剧中哈姆雷特与克劳狄斯的斗争,象征着新兴资产阶级人文主义者与反动的封建王权代表的斗争。通过这一斗争,作品反映了人文主义理想同英国黑暗的封建现实之间的矛盾,揭露了英国封建贵族地主阶级与新兴资产阶级之间为了争夺权力而进行的殊死较量,批判了王权与封建邪恶势力的罪恶行径。

文艺复兴时期,人文主义思想影响着作家的创作。人文主义思想是文艺复兴时期所形成的新兴资产阶级反对封建阶级和宗教神学的思想体系。哈姆雷特性格中的矛盾,就是人文主义与神学思想的碰撞,就是一个新旧时代交替下的思想。哈姆雷特经受人文主义思想的熏陶,崇尚理性、平等,又留存中世纪神学及古希腊理性的影响,在新旧矛盾中挣扎,进退维谷。他犹如尼采笔下的超人,"具有耶稣心灵的罗马的凯撒"。其实,大多数矛盾的人,都表现出古典和现代两种

137

思想倾向的张力。倘若一个人能彻底地固守旧思想，或是彻底地接受新思想，也就不会有那么深沉的迷惘，那么剧烈的痛苦。

正如程代熙认为的，"莎士比亚笔下的哈姆雷特，是英国那特定动荡不安时代的产物。英国的封建社会正开始走向没落，可是天边还只是刚刚露出一点新世纪的曙光。新与旧的矛盾，邪恶与正义的斗争，迫使哈姆雷特作出抉择，采取行动。虽然他嫉恶如仇，极力想除旧布新，但是，他既痛感本身力量的单薄，又苦于找不到有力的支撑。所以，他忧心如焚，郁郁不乐，迟疑不决，进退维谷。哈姆雷特的这种矛盾的心理，正是他生活的那个矛盾着的时代的一种曲折的反映。"

三、精彩看点

1. 内外交织的戏剧冲突

戏剧是通过演员表演故事来反映社会生活中的各种冲突的艺术。戏剧以其矛盾冲突而产生强烈的艺术震撼力。没有冲突就没有戏剧，戏剧冲突是戏剧的灵魂，是戏剧主题的基础和情节发展的动力。随着各种矛盾的产生、激化和解决，故事情节一步步地向前推进发展。牢牢把握戏剧冲突，是鉴赏戏剧的关键。

一般来说，戏剧冲突分为外部冲突和内部冲突，就是雨果所说的，"把生活的戏和内心的戏交织在同一幅图景中"。外部冲突，是人物与周围环境或人与人之间的矛盾冲突；内部冲突，是人物内心世界的矛盾冲突。把握戏剧冲突，必须理清人物关系，理清矛盾冲突的线索，即如何产生矛盾冲突，产生了何种性质的矛盾冲突，矛盾冲突发展进程如何。

莎士比亚很重视戏剧冲突在剧情中的发展，《哈姆雷特》的外部冲突首先是克劳狄斯和哈姆雷特之间的矛盾斗争，此起彼伏，一直牵引着故事向高潮发展，最后剑拔弩张、鲜血涂地。克劳狄斯弑兄霸嫂篡权夺位，哈姆雷特要为父报仇扭转乾坤。莎士比亚把全剧的矛盾冲突集中在这两个人身上，把克劳狄斯的谋害和哈姆雷特的复仇作为全剧的主线。

《哈姆雷特》的外部冲突还有哈姆雷特与奥菲利娅的爱情冲突、哈姆雷特和霍拉旭等人的友情冲突。这些冲突安排主次分明，互相配合，相得益彰。多重外部冲突,增大了戏剧的容量,从而带来了思想内容的丰富性、戏剧主题的深刻性。

虽然在《哈姆雷特》中,人与外部世界的矛盾冲突对于剧情发展具有不容忽视的推动作用,但这部作品最能打动读者和观众的,始终是对剧中人物内心矛盾冲突的细致描摹。哈姆雷特在复仇过程中,内心是充满矛盾的,并在复仇情节延续发展中被激化,复仇内部冲突和外部冲突交织进行,贯穿始终。

戏一开场,哈姆雷特就陷入了家庭的不幸之中,他所崇拜和热爱的父王突然死去,他所爱的母亲"在送葬的时候所穿的那双鞋子还没有破旧",就同他新登基的叔父结了婚。他试图扭转混乱的局面,拯救这濒于崩溃的国家。他勇敢地承担了这一任务,同时也深感这一责任的重大:"这是一个颠倒混乱的时代,唉,倒霉的我却要负起重整乾坤的责任。"他清醒地认识到,他的敌人不只是克劳狄斯,而且是整个黑暗王国,他的任务不只是报杀父之仇,而且是扭转乾坤,除掉整个封建势力。哈姆雷特的内心冲突就是恩格斯所说的"历史的必然要求和这个要求的实际上不可能实现之间的悲剧性的冲突"。他一度陷入苦闷,甚至徘徊在"生存与毁灭"的选择之中。莎士比亚令人信服地展示了哈姆雷特丰富的内心活动和紧张的内心冲突。这种着力表现人物内心冲突的优点是可以使人物形象更为亲切、可信、感人,使戏剧的思想内涵更深厚、丰满。

莎士比亚在戏剧中构建了贯穿始终的矛盾冲突,并引导观众理解矛盾冲突的必然性,体现了莎士比亚登峰造极的艺术成就。

2. "这一个"人物形象

一部剧作给人印象最深的往往是其中鲜活生动的人物形象。鉴赏戏剧中的人物形象,首先要关注人物的性格特征。不仅要把握人物的主要性格特征,还要顺着剧情发展的线索,理清人物性格发展变化的历程,探究人物性格与当时社会背景和环境的密切关系。

著名哲学家黑格尔发明了"这一个"的概念。所谓"这一个",就是鲜明的个性,就是别人没有的特点。之所以"一千个读者有一千个哈姆雷特",正是因为莎士比亚成功塑造了哈姆雷特个性鲜明的形象。当然,《哈姆雷特》中的其他人物,我们也很难将之进行准确的归类。

主人公哈姆雷特性格忧郁。父亲去世,叔父篡位,母亲改嫁,不幸的事情彻

139

底打破了原有生活的和睦与美满,他从此郁郁寡欢,用怀疑的眼光审视周围的一切世态炎凉、人性的冷漠与上天的不公。正如歌德说的,"世界上真的没有任何一种幸福能够挽回与填补哈姆雷特内心的负担与沉重的损失"。

有人说哈姆雷特是文学史中经典的忧郁王子,一生延宕、徘徊、恐惧,总是在触景生情,回忆过去。为了王子的身份,老国王的命令,他被迫用孱弱的肩膀肩起重整乾坤的重任,不能放下。歌德评价哈姆雷特:"一个如此美丽、纯洁、高贵的灵魂,却没有坚强的精力使他成为英雄。"临死前他对霍拉旭说:"请你暂且牺牲一下天堂的幸福,留在这一个冷酷的人间,替我传述我的故事吧。"

在莎士比亚创作的悲剧中,理想与现实的对立失衡导致的悲剧最为突出,在悲剧人物"哈姆莱特"身上得到集中体现。德国哲学家黑格尔说过:"哈姆雷特所犹豫的不是应该做什么,而是应该怎样去做。"如果按照一般观点,哈姆莱特在得知事情的真相后,应该为了满足他自身的欲望立刻行动起来,替父报仇,手刃他的叔父克劳狄斯。但是,他没有。他犹豫,他彷徨。让他如此停滞不前的根本原因是什么? 特别是第三幕哈姆雷特的叔父克劳狄斯毫无防备祈祷之际,哈姆雷特放弃了复仇的最好良机。哈姆雷特为此做出了解释:"现在他正在洗涤他的灵魂,要是我在这时候结果了他的性命,那么天国的路是为他开放着,这样还算是复仇吗?"复仇在他眼中充满了神圣意义,他不愿意将复仇降格为报复,因为这样反而使得丑恶的敌人占据了道德高地。

欧洲文艺复兴时期是"人类从来没有经历过的最伟大的、进步的变革"(恩格斯语)时期。哈姆雷特作为一个人文主义者的艺术典型形象,在许多方面体现出那个时代"巨人"们身上所具有的特点。哈姆雷特的典型形象其实就是主人公无法摆脱的悲剧时代的状态:癫狂、犹豫、迷惘、无所适从……时代的性格决定了哈姆雷特的悲剧性格,最终也决定了哈姆雷特的悲剧命运。

屠格涅夫曾写过《哈姆雷特与堂·吉诃德》。哈姆雷特与塞万提斯笔下的堂·吉诃德都是文艺复兴时期人文主义精神的代表者,具有极高的道德感、责任感和使命感,对污浊的社会现实都有过激烈的反应。孤独成为他们共有的精神特征,他们在精神追求深陷困窘时,不再通过努力与世俗世界沟通,而是以自我特立之精神,孤独地追求理想之路。而外在表现上,他们都呈现出了所谓的"疯癫"。哈姆雷特是装疯,所以他优柔寡断、犹豫不决,始终在怀疑中徘徊、延宕,而堂·吉诃德对理想的追求有一种固执的态度,他的"疯"是一种精神境界。

我们发现西方悲剧人物大都有复杂的个性,包括严重的性格缺陷,如哈姆雷特的优柔寡断。而中国戏曲的主人公则带有浓重的理想主义色彩,人物个性都是单色的,很容易归类。正面形象都是忠善正美的象征,反面角色都是奸恶邪丑的化身。正如《赵氏孤儿》中,忠与奸、善与恶鲜明对立,主要人物可以划入两个相反的阵营,即一方是以程婴、公孙杵臼等为代表的好人阵营,另一方则是以屠岸贾为首的坏人阵营。前者共同体现的是传统道德规范所倡导的忠诚、勇敢与正义等,后者则共同体现的是传统道德规范所贬斥的邪恶、残忍与暴力。虽然在每个人物形象身上能或多或少地看出性格的差异,但我们在这两类人的伦理取向上却很难找到个性的存在。

为什么《赵氏孤儿》着重"类"而《哈姆雷特》突出"个"?这种表层的差异暗喻着哪些深层的不同?中国人历来强调宗族利益而泯灭个体发展,在这种文化观念的影响下,人们重视个体对群体的责任与义务,便轻视个体精神的自由和独立。西方人很早便具有较强的个体意识,以个体为本位的文化观念也迅速滋长,反映在文学艺术中,早期西方人崇尚英雄主义,而每个英雄身上都具有独一无二的精神品质。到了文艺复兴时期,人文知识分子极力削弱神的价值,而更加强调人的地位,所以那时的人物以个体的形象出现,无论是莎士比亚笔下的哈姆雷特,还是达·芬奇笔下的蒙娜丽莎,全都是形单影只的个体。

《哈姆雷特》中的其他人物形象也是"这一个":克劳狄斯残忍、狡诈、虚伪;同样扮演反面角色的波洛涅斯,则是一副典型的趋炎附势、见风使舵的小人嘴脸。哈姆雷特的好友霍拉旭冷静、客观与理性。

老国王启迪着蒙昧的哈姆雷特觉醒为一个人文主义的勇敢战士。伏尔泰在《〈塞米拉米斯〉序》中指出:"应当承认,哈姆雷特父亲的阴魂是最振奋人心的戏剧突变之一,他永远具有巨大的魅力。读第一遍,这个阴魂所产生的印象,比埃斯库罗斯的名为《波斯人》的悲剧中大流士的出现要恐怖得多。为什么呢?因为在埃斯库罗斯那里,大流士的出现是为了宣告家庭的不幸,而在莎士比亚那里,哈姆雷特父亲的阴魂却是来要求报仇,来揭示秘密的罪恶的。它既不是没有意

141

义也不是被硬扯上来的,它用来证实有一种主宰自然的看不见的力量。"这力量,就是历史发展的必然规律,就是复活的古典精神对人文主义者们的强大吸引力以及对封建主义的巨大冲击力。

乔特鲁德是哈姆雷特的母亲,她的改嫁是哈姆雷特仇恨的导火索。她缺乏对爱情的忠贞,经不起诱惑,虽然刚开始并不情愿嫁给劳克狄斯,但她顺从大势、安于现状甚至后来觉得很幸福。莎翁指出:"脆弱啊,你的名字是女人。"但是,他又通过国王亡灵之口教导人文主义者哈姆雷特:当你在复仇的时候,千万不要伤害到你的母亲,只让上天去裁判她,让她自己的心去刺痛它吧。奥菲利娅是哈姆雷特的恋人,是莎士比亚笔下一个优美绝伦的典型代表,她拥有着美丽的外貌和纯真无邪的内心。她爱着哈姆雷特,但是又不得不遵守封建主义的道德,以家庭为中心,听从父亲与兄长的命令。在爱与恨的双重打压下,奥菲利娅难承其重,最终发疯溺水而亡,让人感到痛惜。

《哈姆雷特》这部悲剧作品之所以受欢迎,大部分是因为这部作品的人物形象的复杂以及它的艺术价值。我们不难发现,性格决定命运,他们的悲剧命运和他们的性格有着直接的关系。

3. 独白语言的大量运用

戏剧用对话、独白等台词创造活生生的舞台形象。鉴赏戏剧文学,通过品读个性化的台词可以走进人物的内心世界。个性化台词是指人物的语言符合并表现人物的身份、性格。老舍曾经说过,"对话是人物性格的'声音',性格各殊,谈吐亦异"。优秀的台词往往意蕴丰富,耐人寻味,给人以深广的想象空间。

歌德说:"莎士比亚是用生动的字眼来感染人的。"莎士比亚是语言大师,人物语言的个性化是其艺术的高度成就和特色。主人公哈姆雷特的语言生动丰富,思辨色彩浓厚,具有鲜明的人文主义者特色,无论是幽默诙谐,还是俚俗粗野,都蕴含着哲理。次要人物的语言凸显性格特色,刻画形象入木三分。例如波洛涅斯迎合哈姆雷特的语言:"嗳哟,它真的像一头骆驼⋯⋯它拱起了背,正像是一头鼬鼠⋯⋯很像一条鲸鱼",世故圆滑和见风使舵的形象跃然纸上。而奥菲利娅在形容哈姆雷特的时候,所用的语言始终如诗词般清纯,刻画出天真、纯洁和善良的形象。无论是无韵诗体和歌谣的运用,还是口语和俚语的运用,莎士比亚都信手拈来,并恰如其分地将其赋予剧中人物,其精妙之处让人叹为观止。

我们在鉴赏《哈姆雷特》时很容易发现一个现象,即人物语言的繁简不均、长短不一。哈姆雷特大篇幅独白令人瞩目。

哈姆雷特的独白,分别揭示了他对外界变化的思索和不同反应。事实上,这些独白正是哈姆雷特不断变化的心路历程,他的心时刻处在纠结以及烦恼中。一个单纯阳光的少年步入了成熟理智的成年人的世界,我们听到了他心灵的搏动,发现了他的思想脉络,目睹他感情的变化和性格的演变历程,同时也见证了他的人格成长和发展。

哈姆雷特的第一段独白出现在第一幕第二场。这段独白体现了人物极度痛苦、失望和愤怒的心情。哈姆雷特似乎已经接近崩溃的边缘,甚至还有了轻生的念头。周围发生的剧变对他是莫大的打击和污辱。独白中的大部分内容都是哈姆雷特对其母亲的痛心斥责,并通过一再重申其叔母成婚的匆忙仓促,表明了他对现状的厌恶以及对母亲的不齿:上帝啊! 一头没有理性的畜生也要悲伤得长久一些。这时,哈姆雷特的思索主要集中在外界的变故上,并通过独白表达了他真实的感受和情感。

正当哈姆雷特沉浸在巨大的悲痛中时,不料却与父亲的亡魂相遇了。鬼魂的诉说使情形变得更加复杂和令人不安。第一幕第五场的独白不长,但处处都是哈姆雷特的激愤感叹,有一些似乎毫无逻辑的喃喃自语,有一种更深刻的戏剧效果。"那些反复的呓语就是主人公于巨大的痛苦中无可奈何的悲怆的诉说。"面对亲人的叛离,他只有跟自己进行交流。

第二幕第二场结尾处独白,哈姆雷特陷入了深深的自责之中,"我是一个多么不中用的蠢才!"他贬低自己是因为他还未对杀父仇人采取任何行动。此时,哈姆雷特的思索已经由对外界的反应转向了自我反省,对自己进行了辛辣的讽刺和批评。这些言语反映了哈姆雷特的内心挣扎:一方面,他确定自己早就应该对现状采取行动了;另一方面,他强烈意识到了自己缺乏果断和勇气的弱点。

第三幕独白的内容深刻而抽象,当中没有涉及他的个人事件,却谈到了有关生命、死亡和人性的话题。哈姆雷特对生命和死亡的复杂性发出了感想,这就是著名的:生存还是毁灭,这是一个值得考虑的问题……哈姆雷特现在的思索已经

143

上升到了对人类痛苦和磨难的关注,传达的含义极富哲理。

第四幕第四场,是哈姆雷特的最后一段独白,看到挪威老王的侄儿福丁布拉斯为了一小块土地,去攻打波兰,而自己的复仇大计却始终未就,从而决定"从这一刻起,让我屏除一切疑虑妄念,把流血的思想充满在我的脑际"!这句如同誓言般的独白,表明了哈姆雷特终于获得了镇定的品质和坚强的意志。现在他迫不及待地想完成他的复仇计划,他不再责怪自己或他人,也不再感叹人生的痛苦与无奈,而是一心一意思考必须做什么以及为什么要那么做。所以,第五幕中哈姆雷没有独白,而是匆匆进入了全剧的残酷结局。

大量的表现内心冲突的独白,不仅不使我们感到沉闷,而且由于人物悲剧的震撼人心、内心冲突的真实可信,还让我们乐于听到,并为之唏嘘、激动,期待着主人公从悲观和软弱中解脱出来。

这些披露内心世界的独白,也是情节向前发展的基础。每一次心灵斗争的结果,又导致复仇行为的推进。《哈姆雷特》中的外在冲突和内心冲突就是这样同时展开、互相推动、互为因果的。

哈姆雷特的独白,单纯从文学角度讲并没有什么华丽的辞藻,然而莎士比亚成功地将诗歌和戏剧人物语言融为一体,使他的戏剧作品充满了诗意;他还善于在戏剧中运用比喻、讽刺、双关语等修辞手法,使戏剧不仅有诗意,还有浓厚的生活色彩,有丰富的情感,给人欲说还休之感。

"独白"这个概念来自前苏联戏剧家斯坦尼斯拉夫斯基,是著作里面经常使用的一类人物表现方法。一般产生于人的内心极度矛盾困惑之时,用第一人称叙述自身的体悟,表达复杂且纠结的心理活动。

曹禺也善于运用独白揭示人物的内心世界。例如《雷雨》第三幕周冲的独白:"(梦幻地)……在无边的海上……哦,有一条轻得像海燕似的小帆船……我们坐在船头,望着前面,前面就是我们的世界",表现了周冲对自由平等的渴求,对理想社会、理想人生和幸福爱情的憧憬,这独白就像心灵的歌,把周冲的性格衬托得更加单纯美好。再如《日出》中陈白露的独白:"太阳升起来了,黑暗留在后面。但是太阳不是我们的,我们要睡了。"这独白是她生命意识和价值意识的再现,她毅然与旧生活诀别,在生命的毁灭中获得了精神上的解脱与新生。

与《哈姆雷特》相似,曹禺《原野》主人公仇虎的独白也深刻揭示了人物内心尖锐的思想冲突和矛盾心态。但又有所不同的是,仇虎的独白是同幻象中的人和事对话,例如第三幕仇虎对幻像中的焦大星的独白:"啊,大星,我没有害死他,小黑子不是我弄死的……你不该跟着我……"表现他因造成小黑子惨死内心深处的极度恐惧,他陷入良心不安的痛苦中难以自拔。

虽说独白有推进剧情发展、凸显作品主旨等作用,但像《哈姆雷特》这样大量的独白在文学作品中确实不多。中国的文艺作品讲究写意,以意传神,崇尚以只言片语表达丰富含义,给读者留下广阔的想象空间。这种艺术表现手法反映在文学作品对人物形象的刻画上,也更加注重对人物语言、动作等外部因素的描写,而人物的心理活动则往往通过外部因素衬托出来。

正如周先慎在《简笔与繁笔》一文中所说:简笔与繁笔,各得其宜,各尽其妙。"繁"呢,有时也自有它的好处:描摹物态,求其穷形尽相;刻画心理,能使细致入微。有时,真是非繁不足以达其妙处。看文学大师们的创作,有时用简:惜墨如金,力求数字乃至一字传神。有时使繁:用墨如泼,汩汩滔滔,虽十、百、千字亦在所不惜。艺术表现上的繁笔,有别于通常所说的啰唆,哈姆雷特大量的独白也堪称"以繁胜简"。"看上去毫无逻辑的独白,恰好生动地传达出主人公在那个时刻感受到的凌乱而激烈的情绪。"

总之,《哈姆雷特》不仅显示了莎士比亚思想的深刻,还显示出作者艺术上的成熟。它是莎士比亚留给世人的艺术宝藏,具有永恒的魅力。特别是主人公哈姆雷特,已然成为一类人、一种文化或一种精神的象征。莎士比亚在戏剧中构建了贯穿始终的矛盾冲突,在引起观众情感共鸣的时候,又将观众的期待击个粉碎,使观众在巨大的心理失落后更加珍惜美好的感情和生命。他成功塑造了哈姆雷特个性鲜明的形象,并通过这一形象对那一历史时期人文主义者的整体形象进行了传神的刻画。语言蕴含着哲理,富有张力。

四、读法指导

阅读《哈姆雷特》可采用比较阅读法。所谓比较阅读,就是把两种或两种以上同类或者有一定联系的文章放在一起比较分析其共同性和特殊性。当然比较是有条件的:要有可比性;要选择可比点;比较点的选择可以是某个方面或是某个角度。例如我们可以比较中西悲剧在戏剧冲突上的差异。

1. 将《哈姆雷特》与中国古代悲剧进行比较阅读

以元代作家纪君祥的一部历史剧《赵氏孤儿》为例,《赵氏孤儿》反映的是春秋时期赵盾门客程婴救孤的历史故事,也是中国戏剧史上具有浓郁悲剧色彩的剧作。奸臣搜孤步步紧逼,忠臣救孤处处设防。为保护并抚养忠良遗孤,韩厥、程婴、公孙杵臼等,一个个忠义之士凛然献身。尖锐激烈的矛盾冲突,呼吁人们制服奸恶邪丑,伸张忠善正美。《赵氏孤儿》注重外部冲突对情节的推动,即以注重外部情节发展的"故事"为中心;而《哈姆雷特》更强调内部冲突在剧情发展中的作用,即以注重内部心理刻画的"性格"为中心。这正体现了中国文艺重外在表现而西方文艺更重内心描摹的一贯传统。

2. 将《哈姆雷特》与中国同一主题的剧作进行比较阅读

莎士比亚和曹禺都很重视戏剧冲突在故事剧情中的发展,并借用戏剧冲突的发展来表达复仇主题,通过人物与环境冲突等的外部冲突和人物内心的冲突来推动故事情节。以《哈姆雷特》与《原野》为例,外部冲突有相似性,哈姆雷特和克劳狄斯之间存在的冲突是剧中最主要的冲突,一直延伸到故事的结束;仇虎和焦阎王之间的冲突在《原野》剧中也贯穿始终。焦阎王代表了当时黑暗的封建社会,杀害了仇虎的父亲,卖了仇虎的妹妹,最后甚至污蔑仇虎让他进了监狱;仇虎代表了新的力量来反抗封建社会的欺压,经受了八年监狱之苦的仇虎得知焦阎王去世的消息之后,为了复仇杀害了焦阎王的儿子,最后逼得自己走上悲剧之路。

人物内心冲突有差异性,哈姆雷特在复仇过程中,一再拖延复仇计划,他深爱自己母亲,却又因其与叔父的不伦之恋而对其以冷漠处之;在下定决心复仇的时候,却又担心自己力量无法承担重任;在有机会复仇之时,却被宗教观念束缚了手脚等。虽然哈姆雷特最后终于手刃叔父,复仇成功,但是自己也失去了生命,令人对其命运的悲惨难以释怀。与《哈姆雷特》相比,《原野》里仇虎的复仇行为却是猛烈和直接的,没有一点拖延性。当仇虎失去了复仇对象、杀父之仇没有报时,在当时的封建传统的宗法思想观念的误导下,他杀害了焦阎王的亲人,这也是导致仇虎走向悲剧的原因。复仇虽然成功了,但是仇虎内心不安,他不断地审问自己,实际上这是他对生命产生了困惑和迷茫。

最美的艺术应该能给人以精神上的滋润、灵魂上的启迪。莎士比亚曾经说过,他的作品就是"给自然照一面镜子,给德行看一看自己的面目,给荒唐看一看自己的姿态,给时代和社会看一看自己的形象和印记"。通过分析《哈姆雷特》跌宕起伏的矛盾冲突、个性鲜明的人物形象、富有诗意的语言艺术,我们在对主人公命运扼腕叹息之余,更应该对剧中被放大的人的内心阴暗面进行深刻的反思。让我们对生命价值与现实意义进行认真思索,从而寻找人内心最初的情感方向。

五、参考书目和论文

[1] 庄新红.莎士比亚戏剧的文学伦理学批评[M].济南:山东大学出版社,2015.
[2] 王忠祥,贺秋芙.莎士比亚戏剧精缩与鉴赏[M].武汉:华中师范大学出版社,2009.
[3] 歌德,等;张可,元化,译.读莎士比亚[M].上海:上海书店出版社,2007.
[4] 周佳彬.《哈姆雷特》之独白赏析——哈姆雷特复仇之路上的痛苦与挣扎[J].中国科技信息,2010(17).
[5] 张霞.浅谈独白在《哈姆雷特》中的运用[N].山西财经大学学报,2009(1).
[6] 蒋虹.从《哈姆雷特》第一个独白看全剧的发展——主题、结构和人物性格的变化[N].宁波大学学报,1995(3).

《茶馆》导读

于 扬

一、书本简介

　　《茶馆》以北京裕龙大茶馆为背景,描写了清末、民初、抗战胜利后三个历史时期的北京社会风貌。全剧共分三幕,作者以极其精湛的笔端和巧妙的艺术手法,截取了横贯半个世纪的三个旧时代的断面,通过茶馆这个小窗口,以及出入于茶馆的北京各个阶层的三教九流和他们的举止言谈,折射出整个社会大背景。全剧没有一个贯穿始终的故事情节,但却以茶馆掌柜王利发为中心,历经三个时代、几十个人物的生活变化,给人们展示出一幅气势宏伟的历史长卷。老舍先生在剧中不仅成功地塑造了王利发、常四爷、秦二爷这样一些饱含旧社会人间沧桑却不丢中国人骨气的人物形象,也刻画了刘麻子、庞太监等旧中国地痞、流氓的丑恶嘴脸。作品的主题在于,这些人物身上,充分体现出时代特征和社会心理,从而看到了埋葬三个旧时代的必然性。王利发精明、善良、勤劳,善于经营。他胆小怕事,本着莫谈国事的处世原则,靠自己的力气挣钱度日。可是,他越怕国事,这国事就越是不断地往他的茶馆里钻。他信奉改良主义,可改来改去,这茶馆越改越糟。在第三幕里,王掌柜似乎看透了一切,他也变得老于世故了,再也不像从前那样见人陪笑、作揖、夹着尾巴做人了。他也敢骂国民党了。人生的磨难,使他变得倔强起来。可最终这“国事”逼他上了吊。临死前,他把家人打发到解放区去,自己和常四爷、秦二爷聚在茶馆里撒起纸钱来。三位老人苦中作乐,为自己送终,聊以自慰。一辈子渴望改良的人就这样稀里糊涂地死了。王利发的人生悲剧是万恶旧时代造成的。

二、写作背景

《茶馆》是老舍 1956 至 1957 年间创作的三幕话剧,它是老舍一生中最优秀的戏剧创作。全剧三幕戏,分别描写了三个时代。第一幕以 1898 年戊戌政变失败为背景;第二幕以袁世凯死后的军阀混战为背景;第三幕则以抗日战争胜利后,国民党政府加紧黑暗统治为背景。话剧通过裕泰茶馆这个"窗口",截取一系列生活横断面,以高度的艺术概括力,从侧面反映了近 50 年社会历史的风云变幻,展现出一幅幅社会历史风俗画,深刻揭露了三个时代的黑暗腐朽,从而达到了作者"葬送三个时代"的艺术目的。这种具有相当时间跨度的"历史概括",是当代作家普遍热衷的。对这一宏大题旨的表现,作者选择了自身的生活经历和艺术经验所能驾驭的轨道。"在这些变迁里,没法子躲开政治问题。可是,我不熟悉政治舞台上的高官大人,没法子正面描写他们的促进和促退。我也不十分懂政治。我只认识一些小人物。"他选择了从"侧面",从"小人物"的生活变迁入手,并把对他们的表现范围,限制在茶馆这个"小社会"中。没有运用中心情节和贯串全剧的冲突——当代话剧常见的结构方式,而采用被称为"图卷戏"或"三组风俗画"的创新形式。众多的人物被放置在显现不同时代风貌的场景中。这些人物,涉及市民社会的三教九流:茶馆的掌柜和伙计,受宠的太监,说媒拉纤的社会渣滓,走实业救国道路的资本家,老式新式的特务、打手,说书艺人,相面先生,逃兵,善良的劳动者……其中,常四爷、王利发和秦仲义贯串全剧。他们的性格、生活道路各不相同,旗人常四爷耿直,"一辈子不服软";秦仲义办工厂,开银号,雄心勃勃;掌柜王利发则"见谁都请安、鞠躬、作揖";但最终都走投无路,为自己祭奠送葬。"我可没作过缺德的事,伤天害理的事,为什么就不叫我活着呢?""我爱咱们的国呀,可是谁爱我呢?"——剧中的悲凉情绪,人物关于自身命运的困惑与绝望,透露了与现代历史有关的某种悖谬含意。老舍《茶馆》的叙述动机,来自

149

于对建立现代民族国家的强烈渴望,和对一个不公正的社会的强烈憎恶。新旧社会对比既是他结构作品的方法,也是他的历史观。他对于旧时代北京社会生活的熟悉,他对普通人的遭际命运的同情,他的温婉和幽默,含泪的笑,使这部作品,接续了老舍创作中深厚的人性传统。

三、精彩看点

《茶馆》精选了三个典型的时代和与之相对应的典型社会形态:戊戌政变后的清末社会、辛亥革命失败后军阀统治的民国社会和抗战后国民党统治下的国统区。在一个集中的茶馆里,演绎出这三个混乱年代的本质,以小人物的生活琐碎来反映出整体社会所面临的生存现状,以小见大地抓住社会本质的劣性,给以国民重重的警醒。

(一)高度的艺术概括力

《茶馆》仅用 3 万字就囊括了 50 多年的历史,典型概括了三个时代和三个社会的生活情状与反响,聚拢 70 多个三教九流在这一个老茶馆内。几十年前,小人物是经常下茶馆的,把他们集合到一个茶馆里,用他们生活上的变迁反映社会的变迁,从侧面透露出一些政治消息来,老舍以对小人物生活的浓缩,来放大整个社会的内在属性。

1. 浓缩的社会本质

茶馆,旧北京一个热闹的活动场所。老舍利用这一点汇聚了各阶层人物,汇集各类奇闻异事。通过对生活真实地提炼再现旧社会背景,利用小人物之间的琐碎矛盾纠葛或荒唐行径,呈现一幅旧社会百态,在人物的发展走向中揭示社会世态的丑恶。

清末社会中太监买老婆可谓是第一幕中最为精炼出奇之事,太监与娶妻、200 两与 10 两间的悬殊对比更是将荒谬可笑放大,在其中又凸显出清末社会的没落。第二幕则是发生在民国,两个逃兵同娶一妻的怪异之事,也让人惊讶于世态的丑恶竟至如此。此外,这一过程中,误抓刘麻子也更佐证了民国时期军阀统治的混乱政治现象。第三幕中,录用女招待的幽默改良之策,三位老人重逢自撒纸钱自悼的自嘲画面,更是一步步揭开旧社会政府剥夺人性欲求的本质。

2. 典型的舞台说明

《茶馆》中舞台说明的设置,没有大篇幅的文字描述,只用简单的家具增减来构建一个大众所熟知的下层社会中的茶馆,并贯穿于三幕剧始终。茶馆内所用装饰物由最初体面到最后的简陋,正是缩写了旧社会不断麻木改革的闹剧。那些在屋子里摆放的桌椅的更替象征了下层市民起起伏伏的生活,茶馆的兴衰,人世的变更。

唯一不变的"莫谈国事"与来来往往的人物,白纸黑字地凸显生活与政治互不脱离性,民众的生活也始终离不了政治影响,也再次暗示剧中人物的或悲剧性命运、或卑劣性行为,皆是由这一社会政治弊端所导致,表达了对腐败政治的强烈不满。

(二) 结构的别具一格

151

《茶馆》多人多事的铺陈,冲突的淡化,时空的穿越给观众多角度的视觉感受,从立体画面的展开中,更加真实具体地还原几十年前旧北京茶馆,更在其兴衰演变中投射出旧社会的劣根本质。

1. 突破"一人一事"

《茶馆》舍弃了传统戏剧创作中"一人一事"的模式,并不一味纵深地去挖掘人物的灵魂,而是在广阔的群众场面里给时代画素描。塑造了一个个活生生又兼具代表性的小人物,捕捉他们在茶馆里所发生的琐碎事件,合成整个剧本反映一个时代的社会背景。而且,剧中人物的上场也是具有一定逻辑性的,并非杂乱无章。主要可见有三条线索:人物本身的发展历程,父死子继的更替,人物的前后呼应。

剧中首尾呼应的主要人物是王利发、常四爷与松二爷,三人均从原先的或安逸或发达落到最后凄苦落败的境遇,以这样一个人生历程的曲折发展也正显示了半个世纪的历史社会演变对底层民众身心的残害。而刘麻子与宋恩子等父子的先后出场,"一代强一代"的设置也是让人看到一种底层愚昧民众的不自知,同时也隐透了一种对国民劣根性的批判与讽刺。

2. 淡化戏剧情节

《茶馆》没有设置贯穿始终的戏剧冲突，不以情节为点，而是着重刻画了人物，并在这些小人物不经意间的小摩擦中刻画人物性格，表现人物的命运，隐现社会本质，一定程度上带有小说化的色彩。

序幕是由小市民的群架而起，并通过人物之间的对话与动作的变化，展现一个又一个荒诞可笑事件的起因与经过。第一幕，是地主阶级的秦二爷与封建统治中的当权者的一场暗战，你来我挡的言语交锋中表现了地主阶级与封建主义的不相容。而第二幕则是在大兵巡警与王掌柜之间的利益交接中，透出了军阀丑恶的本质，同样的剥削与压迫。第三幕却是直白地表现了旧社会对人性的压迫，三位老人在感慨这风风雨雨50年之际，自撒纸钱自我哀悼控诉了这个社会的不公，"我可没有做过缺德的事，伤天害理的事，为什么就不叫我活着呢？我得罪了谁"，作者借小人物之口传达出底层百姓无辜受迫的社会惨状，痛斥这吃人的腐败社会。

3. 突破时空限制

《茶馆》创造性地在简易中实现时空的转换。在茶馆这一固定的地点上，作者只用其家具设施的增减来反映出整体社会的动态取向。每一幕开头，都简单介绍了茶馆内桌椅等的变化增添，由繁到简预示了时代的前进，社会的倒退。

同时，也在人物的出场更替中，流露出岁月的沧桑痕迹。王掌柜、常四爷等从壮年到衰老，小刘麻子和小二德子等父子的交接上演，将跨度近50多年的历史缩放到这三幕剧中，以小人物的一生起伏跌宕来展现旧社会意识形态的变更，是一场大社会变革的缩影。

（三）个性化的京味语言

《茶馆》源于生活更高于生活，老舍将自己在底层平民区所感受最深和最触动人类的情感具象化摆上舞台呈献给观众，运用最为精炼俗白的文字还原了现实社会，个性化、时代化的语言利于人们产生情感上的共鸣。

1. 浓重的"京味"

老舍是一个地地道道的北京人,由于家境的关系,他从小生活在最底层的贫民区,这也使他接触到了最为原生态的北京风俗,他将市民日常生活艺术化提炼到剧本中人物的刻画上,生活环境的典型设置上,将最为质朴原生的旧北京文化习俗熔炼于剧中,呈现了一个原汁原味的旧北京茶馆,营造了浓浓的旧北京风韵。

《茶馆》中人物对话均来自于旧北京的大街胡同、市井,出自于三教九流底层民众之口,让人物自己说话,如儿化音的大量的使用,"狠劲儿""早班儿""全村儿"等。此外,各种北京方言与语气词也是频繁出现,如"哑摸""邪""足留""嘚"等,具有浓重北京地方语言色彩。

2. 语言的精炼哲理性

《茶馆》删去了大量戏剧所常备的人物心理独白,换之以概括性的动作或对话描述,在人物动态的行动话语中传递他的内心世界,同样逼真传神。

第一幕中最令人痛心的则是"在乡下,五斤白面就换个孩子,你不是不知道!"刘麻子不以为意的口气,仅九个字就言简意赅地定下一个孩子的命运,震撼观众的同时,也形象地描绘出农村民众贫困的生存边缘,在城市与农村、富人与穷人间天差地别的差距中,揭露旧社会的残暴与剥削。而第二幕中李三口中的"改良! 改良! 越改越凉,冰凉!"也最令人心冷,最精辟地概括了现实的政治性,高高挂起的改良措施也只富了权贵们的世界,而底层民众的社会却只是被这改良渐渐蚕食。第三幕中则是以"让咱们祭奠祭奠自己,把纸钱撒起来,算咱们三个老头子的吧!"作为三位老人最后的发展趋向,自我祭奠的荒唐自嘲之举可谓是将底层民众被逼无奈的境遇推到了一个高潮,同时也让观众清醒地认识到旧社会吃人的本质。

3. 话语性格化

《茶馆》是一部深刻揭露黑暗旧社会的剧作,老舍凭借其高超的语言文字驾驭能力,提炼塑造多类代表性人物性格,借普通民众的生活真实展示了 50 多年的历史变迁,同时又具浓厚的北京地方文化特色。在给观众视觉享受的同时,也以其内在情感包围观众,在感染中让观众抓住到当时代的社会属性,在对旧社会

153

的批判与对新社会的呼唤中引发共鸣。

《茶馆》语言除了口语化明显,也更以性格化见称。在《茶馆》里,什么样的人就说着什么样的话,70多个人物的话语句句精简但却又各具特色,在人物的对话中又同样呈现其身份性格的本质,同时也营造了一种"闻其言,现其人"的效果。

第二幕中王利发更是以身作则,赶时髦地学会了"All right""Yes"等洋话,诙谐的人物语言描述更是暗示了其一生逆来顺受却难逃命运枷锁的悲剧。第三幕中,小二德子所说的"我专找老实的打呀!你当我是傻子哪?"从这一得意的话语中可见其从父亲身上遗传下来欺软怕硬的小民劣根性,同时也是同时代社会中一类人的典型代表,批判了这一类人无良无知。《茶馆》中精要表现人物性格与心理的话语比比皆是,极其出色。

四、读法指导

《茶馆》自发表以来,先后被改编成话剧、电影、电视剧等多种艺术形式。为了更好地了解这部作品,可以去看《茶馆》这部电影。1982年,北京电影制片厂摄制了影片《茶馆》,该片由谢添执导,于是之、郑榕、蓝天野、黄宗洛等主演,并获1983年第三届中国电影金鸡奖特别奖和文化部1982年优秀影片特别奖。也可以看看《茶馆》电视剧,2010年7月16日,中国电视剧作制作中心出品了何群执导的39集电视剧《茶馆》,该剧由陈宝国、谢钢等主演。专业演员的表演可以让人直观而深入地了解《茶馆》。

《茶馆》是老舍后期创作的代表性作品,其语言艺术,已达精妙境界。《茶馆》中的人物对话,都是人物自己应该说的语言,这就使人物之间的性格区别非常鲜明。而且,《茶馆》将人物与环境融合在一起,在人物简洁语言中包含着较多的信息。特别值得品味的是,《茶馆》语言的幽默感,这种幽默是与对旧社会和对反动人物的讽刺联系在一起的。剧本可以有声有色地读,可以分角色朗读,领略老舍先生《茶馆》的炉火纯青、无与伦比的语言艺术魅力。

《茶馆》是戏剧文学,如果是阅读剧本,可以写读后感;如果是观看话剧、电影、电视剧等,则可以写观后感。

　　《茶馆》是当代戏剧的经典之作。1957 年搬上舞台,被有人斥为"今不如昔";1963 年二度公演,又遭斥责为"自然主义";1979 年,三度公演,被誉为中国话剧史上"扛鼎之作";1980 年,中国话剧有史以来第一次西征,被誉为"远东戏剧的奇迹",西德曼海姆民族剧院甚至为《茶馆》的演出升起了五星红旗,意谓在欧洲剧坛获得了奥林匹克式的胜利。1983 年,美国泛亚剧团用英语上演此剧……《茶馆》命运坎坷,起起伏伏中名家对它的解读甚多,不妨多读些赏析评论,可以多角度地深入解读,从而形成自己的独特见解。

五、参考书目和论文

[1] 老舍.答复有关《茶馆》的几个问题[J].剧本,1958(5).
[2] 张庚.《茶馆》漫谈[N].人民日报,1958.5.27.
[3] 黑格尔.《美学》第 1 卷[M].北京:商务印书馆,1979.
[4] 老舍.老舍的话剧艺术[M].北京:文化艺术出版社,1982.

《傅雷家书》导读

蔡 燕

一、书本简介

　　《傅雷家书》是将我国著名文学翻译家、文艺评论家傅雷及其夫人朱梅馥与儿子傅聪的通信编纂而成的一本集子,摘编了傅雷先生 1954 年至 1966 年 6 月的多封家书。字里行间,充满了父亲对儿子的挚爱、期望,以及对国家和世界的高尚情感。

　　傅雷说,他给儿子写的信有好几种作用:第一,讨论艺术;第二,激发青年人的感想;第三,训练傅聪的文笔和思想;第四,做一面忠实的"镜子"。信中的内容,除了生活琐事之外,更多的是谈论艺术与人生,灌输一个艺术家应有的高尚情操,让儿子知道"国家的荣辱、艺术的尊严",做一个"德艺俱备,人格卓越的艺术家"。

　　爱子之情本是人之常情,而傅雷对傅聪的爱却没有沦为庸俗的温情脉脉,而是始终把道德与艺术放在第一位,把舐犊之情放在第二位。正如他对傅聪童年严格的管教,虽然不为常人所认同,但确乎出自他对儿子更为深沉的爱。可以说,傅雷夫妇作为中国父母的典范,一生苦心孤诣、呕心沥血培养的两个孩子:傅聪——著名钢琴大师、傅敏——英语特级教师,是他们先做人、后成"家",超脱小我,独立思考,因材施教等教育思想的成功体现。

　　《傅雷家书》的出版，是当时轰动性的文化事件。该书30多年来一直畅销不衰。它是一本优秀的青年思想修养读物，是素质教育的经典范本，对人们的道德、思想、情操、文化修养的启迪作用既深且远。《傅雷家书》获过全国首届优秀青年读物一等奖，还被列为大型丛书《百年百种优秀中国文学图书》之一。《傅雷家书》是一本"充满着父爱的苦心孤诣、呕心沥血的教子篇"；也是"最好的艺术学徒修养读物"；更是既平凡又典型的现代中国知识分子的深刻写照，值得一读。

二、写作背景

　　傅雷生于1908年4月7日，1912年父亲病故，由母亲抚养成人。母亲对他要求极其严格，特别是学业方面。1920年考上了上海南公学附属小学，第二年考入上海徐汇公学。傅雷16岁时因参加反迷信、反宗教运动被学校开除。1926年考入上海持志大学就读，1928年留学法国巴黎大学，在巴黎大学的文科班听课，同时还学习美术、艺术方面的相关知识，留学期间游历了多个国家。他经历了"五四"新文化运动的洗礼，又学习了西方文化，是一位学贯中西的知识分子。

157

　　1931年，傅雷回国后在上海美术专科学校任教，教美术史和法文。次年与从小一起长大的表妹朱梅馥结婚，生下儿子傅聪与傅敏。后傅雷潜心于法国文学的翻译工作。他翻译了大量法文作品，其中包括巴尔扎克、伏尔泰、罗曼·罗兰等作家的著作。有人评价傅雷"没有他，就没有巴尔扎克在中国"。他翻译的罗曼·罗兰的《约翰·克利斯朵夫》，深深影响了中国几代人。

　　《傅雷家书》写信时间为1954年至1966年。写作初期是"百花齐放，百家争鸣"时期，民主气氛很浓烈，像傅雷一样的知识分子比较活跃，作品推陈出新。

　　傅聪前往波兰学习音乐。受交通不便、通讯不发达的限制，父亲傅雷只能靠书信的方式与儿子沟通交流，才有了这本《傅雷家书》。傅雷用心帮助孩子分析成长过程中的得与失，时刻提醒孩子，帮助孩子解答难题。

　　1957年，中共中央把批判过中国共产党的知识分子划分为"右派"，随后毛泽东发起"反右运动"。因抗日战争时期曾发表亲美言论，1958年，在上海"反右补课"中，傅雷被上海市作协划为右派分子。批判傅雷的会议开了十次，极其残酷。当时,傅聪正在波兰留学,闻恶讯出走英国,一时间被说成是"叛国分子"。傅聪的出走又加重了傅雷的罪名。1966 年 8 月底,傅雷被红卫兵抄家,受到了批斗。1966 年 9 月 3 日上午,傅雷夫妇不堪凌辱,双双自杀身亡。

傅雷和夫人写给两个儿子的书信,经大儿子傅聪整理,于 1981 年由生活·读书·新知三联书店出版。后又出现多个版本。为纪念傅雷,发扬和传播傅雷文化与精神,2008 年 2 月,上海市南汇区周浦八一中学更名为上海市傅雷中学。

2013 年 10 月 27 日,傅雷夫妇骨灰安葬在家乡上海浦东,墓碑正面镌刻着《傅雷家书》名言:赤子走了,会创造一个世界。墓碑背面镌刻墓主人的生平简介,全文如下:傅雷,字怒安,号怒庵,上海浦东人氏。早年留学法国,归国后投身文学翻译,卓然成家。赤子之心,刚正不阿,"文革"中与夫人朱梅馥双双悲怆离世。朱梅馥的碑文是:朱梅馥,上海浦东人氏。毕业于晏摩氏教会女校。一九三二年与傅雷结为伉俪,相濡以沫三十四载,宽厚仁义,贤良淑德,与傅雷生则相伴,死则相随。

三、精彩看点

(一) 书信教育——鸿雁传书,寓意深重

家书是家庭成员之间用于远距离交流沟通时常采用的方式。古有"烽火连三月,家书抵万金""洛阳城里见秋风,欲作家书意万重"等千古名句,直接而恰当地言明了家书的重要意义。即使当下交流沟通的方式万千,书信依然发挥着不可替代的作用。傅雷的家庭教育思想得以被挖掘并盛行,"书信体"发挥的作用无疑是巨大的。

傅雷是一个笔勤之人,除了给远在国外的儿子傅聪的数百封家书之外,还有给次子傅敏的诸多信件。给傅敏的信有一封收录在《傅雷家书》中,其余在"文革"期间全部被毁。另外还有收录在《傅雷文集》中的《傅雷致友人书信》许多。傅雷认为书信是交流思想和感情的重要途径,因此他要求傅聪时常写信,尤以家书为重。

"鸿雁传书"有三重意义：

首先，于傅雷夫妇而言，家书抵万金。"难道两个月不写家信这件事，对你不是一种精神负担吗？"傅聪早年出国，在国外学习多年，后来因为政治原因被迫出走英国，又加入了英国国籍，因此，从出国算起，与家人的见面时间屈指可数。当时没有像现在这样便利的交通和沟通方式，写信成了傅聪和傅雷夫妇之间唯一的交流渠道。读傅聪的家书，对为人父母的傅雷夫妇而言，是最好的精神慰藉。从字里行间感受儿子的成长和生活学习的点点滴滴，其中的意义和乐趣绝不亚于儿女绕膝的幸福；对作为艺术家的傅雷而言，读家书无疑是与另一位优秀的艺术家之间的精神交流，能够激起思想上的碰撞，艺术造诣的提升。另外，傅雷还教育傅聪必须经常给给予自己帮助的恩师和长辈去信，这是起码的礼貌和表达感恩最好的行动。

其次，于傅聪而言，写信是训练理性思维的有效途径。"一个人的思想是一边写一边谈出来的，借此可以刺激头脑的敏捷性，也可以训练写作能力与速度。""一个人的思想，不动笔就不大会有系统，日子久了，也就过去了，甚至于忘记，我常常逼你多写信，这也是很重要的'理性认识'的训练。"傅雷认为写信是傅聪检查自己、整理自己非常有效的途径。一方面，傅聪常年在国外，接触中文的机会有限，写家信几乎是书写中文的唯一机会，有利于锻炼写作能力与速度；另一方面，写在纸上的思想需要更具有理性和逻辑性，这正是一个一流艺术家必备的优良品质。

最后，于国家而言，写信可以传播国外新思潮，为青年人提供学习材料。"平日来信多谈谈音乐问题……这儿的小朋友一个个都在觉醒，苦于没有材料……你要尽量把国外的思潮向我们报道。"傅聪出国学习的机会是千千万万人的共同努力换来的，傅雷时常教导傅聪应该感恩，并且要拿出行动来。向国内传播新鲜的艺术血液，为更多年轻人提供学习的材料，是傅聪以行动感谢祖国的极佳方式。

（二）为人之道——"先为人、次为艺术家"的教育理念

"先为人，次为艺术家，再为音乐家，终为钢琴家。"这是傅雷在儿子傅聪出国

之前给他的离别赠言,也是傅雷一直秉持的教子信条。可以说,人格教育是傅雷家庭教育理念的首要内容。那么,在傅雷眼中儿子应该做一个怎样的人呢?《傅雷家书》中关于人格教育零零散散却贯穿始终,可以从两个维度分析:第一,对祖国和艺术事业应该心怀博爱与赤子之心;第二,时时处处都应该注重自我修养与提升。

1. 赤子之心"怀"天下——忠于祖国,诚于艺术

"爸爸的一颗赤诚的心,忙着为周围的朋友加油打气,为社会主义事业尽一份极小的力,也忙着为本门业务加工,但求自己能有寸进;当然更要为你这儿子做园丁与警卫的工作;这是我的责任,也是我的乐趣。"傅雷这段给傅聪的信中表达了两层意思:一方面,傅雷本身是一个有着赤子之心和拳拳爱国之心的人,他时时刻刻致力于自己的本职工作,以自己的方式对国家和社会主义建设尽自己所能;另一方面,他告诉儿子,作为一个父亲,他乐于并努力肩负起教育的责任,以期将傅聪培养成社会和祖国的栋梁之才。傅雷对傅聪始终要求并且重点强调的最重要的两点,一是对祖国的"忠",二是对艺术事业的"诚"。

2. 怀抱"赤子之心"做人、做艺术

古往今来,为人父母则为子女计长远,因此从小让孩子学习各种特长,或是为了使其有一技之长,或是希望能以此谋生。但是如傅雷先生这般,以培养为祖国甚至是全人类的艺术事业而奉献的艺术家为目标的专长教育实属罕见。从发现了傅聪在音乐方面的天赋开始,傅雷夫妇就开始了周全而长远的教育计划,可谓是呕心沥血,倾其所有。对傅雷父子而言,做艺术就是做人,做人首要的就是做艺术,二者之间是相融相通,无法割裂的。无论是对艺术事业还是待人待事,傅雷对傅聪的教育首要的要求是永怀"赤子之心"。

"赤子之心",出自《孟子》:"大人者,不失其赤子之心也。"赤子是指刚出生的婴儿,孟子主张性善论,因此他认为,只有刚出生的婴儿才是最善良、最纯洁的,而真正伟大的人应该不偏离他的纯洁善良的心。而傅雷将"赤子之心"的内涵更加延伸开来,他说:"所谓赤子之心,不但指纯洁无邪,指清新,而且还指爱!……这个爱是热烈的、真诚的、洁白的、高尚的、如火如荼的、忘我的爱。"根据傅雷的解释,这一系列的词汇当中,两个最重要,一个是"纯洁",一个是"真诚"。

傅雷语:"赤子孤独了,会创造出一个世界,创造许多心灵的朋友!……艺术表现的动人,一定是从心灵的纯洁来的!不是纯洁到像明镜一般,就不会体会到前人的心灵,就不能打动听众的心灵。"傅雷特别强调保持一颗善良纯真的心,对一个艺术工作者来说,具有更加重要的意义,可以说对一个艺术工作者是否成功起到的是决定性的作用。傅聪之所以能够取得如此的成就,正是源于他以一颗纯洁善良的心对待艺术,因此才能与贝多芬、肖邦等大音乐家做到心灵相通,将音乐演绎到"绕梁三日,不绝于耳"的境界。

(三) 为学之道——"全而通,通则化"的学习理念

傅雷先生是一位好学、博学之人。由于傅聪年幼时期就展露了在音乐方面的惊人天赋,所以傅雷对傅聪的教育目标是培养"德才兼备,人格卓越"的艺术家。傅雷对傅聪学习方面的教育体现在三个方面:

1. 学习须遵循全面教育与艺术教育相统一的原则

"傅聪到 14 岁为止,花在文史和别的学科上的时间比花在琴上的多。英文、数学等,另外请了教师。语文的教学主要由我自己掌握:从《孔》、《孟》、其他先秦诸子、《左传》、《春秋》、《史记》、《世说新语》等等上选材料,以富有伦理观念与哲理气息、兼有趣味性的故事、寓言、史实为主,以古典诗歌与纯文艺的散文为辅。"直到傅聪 17 岁,傅雷才决定让他专攻音乐。在此之前,英文、算数、艺术,尤其是文史方面已经打下了坚实的基础。傅雷对傅聪的艺术教育是建立在全面教育基础上的。全面教育是根基,艺术教育只是全面教育的一方面。

仅幼年时期的基础,当然不足以支撑傅聪的艺术需求,在《傅雷家书》中,傅雷也经常教育儿子应该广泛阅读,增加各方面的知识,并且要时时"温故",这样才会有更深厚的根基,文化底蕴在琴声中会自然而然地流露出来。"钻研专业之外,一定要抽出时间多阅读其他方面的书,充实思想内容,培养各方面的知识。""寄给你的书你可以仔细看,而且要多看几遍,隔些日子温温,无形中可以增加文学史及文学体裁的学识。"可见傅雷非常强调广泛和深入阅读专业之外的书籍。博览群书对培养一个人的观察、认识、分析事物的能力,树立正确的人生观、价值观,都有着非比一般的意义。

2. 为学最重要的是"通而化"

"'通'才能不拘泥,不迂腐,不酸,不八股;'通'才能培养气节、胸襟、目光;'通'才能成为'大',不大不博,便有坐井观天的危险。""通"是"化"的前提,"化"是"通"的结果。"化"是指不同文化间的消化。在"通"的基础上化,最重要的意义在于,能够"通"其内涵与精神,在面对新鲜血液时可以取其精华去其糟粕,真正做到彼为我用。傅聪在赴波兰学习音乐之时,与他一批的七十多人之中,傅聪的基础是最薄弱的,但是经过了几年的学习之后,在国际上开始享有盛誉,被誉为东方的"钢琴诗人",这正是因为傅聪将东方的智慧明哲与西方的热情活力的精神相融合,最终消化成为自身由内而外的独立精神。

(四) 情感之道——学问第一,艺术第一,真理第一,爱情第二

爱情、婚姻、家庭在我们任何一个人的生活中都占据着重要的地位。傅雷夫妇本身就是伉俪情深的典范,傅雷在文学、艺术、翻译以及家庭教育方面所获得的成就,与他幸福的爱情和婚姻是无法剥离的。傅雷与朱梅馥之间的爱始于一见钟情的互相倾心,经历了相濡以沫、同舟共济的跌宕一生,结束于悲惨壮烈的动荡之中。傅雷夫妇以两人成功的婚姻经验,在儿子的感情、择偶标准以及对婚姻和爱人的态度方面提出了许多建议和要求。

1. 学问第一,艺术第一,真理第一,爱情第二的基本原则

"我一生任何时期,闹恋爱最热烈的时候,也没有忘却对学问的忠诚。学问第一,艺术第一,真理第一,爱情第二,这是我至此没有变过的原则。"这是傅雷先生一生在对待感情和事业关系上的基本原则。一个人的精力和时间都是有限的,对青少年而言,年轻气盛的青春期对爱情更加憧憬和向往,但是又没有足够的能力去掌控自己的感情。傅雷认为反复无果的恋爱会使人变得轻浮,流于玩世不恭;或者每次恋爱都是真刀真枪则会耗费巨大的精力。尤其于傅聪,傅雷认为傅聪少年得志,肩负着祖国人民的期望,因此应该把更多的时间贡献给艺术事业。坚持艺术第一、学问第一的另一个要求是平衡感情和理智,用理智控制感情。每一个艺术家对艺术的追求,必须经过从感性认识到理性认识再到感性认识的反复磨练。因此对艺术更应该既充满感情,又不被感情蒙蔽,能够理智的思

考,用理智控制感情,才能终有所成。

2. 择偶的标准

傅雷对择偶问题认为最主要的是"本质的善良,天性的温厚,开阔的胸襟"。只有具备这三点,才能够保证即使以后的人生中遇到大大小小的风波,婚姻都不会变成悲剧,而其他的都可以慢慢培养。不应该要求十全十美,就像对人生的态度一样,不能过于苛刻。在要求自己的结婚对象拥有这些特质的同时,自己也应该明白,做一个艺术家的妻子往往比做一个普通人的妻子更难,因此从自身的角度必须学会明哲、体贴、容忍。

四、读法指导

朱熹有句名言:读书之法无他,唯是笃志虚心,反复详玩,为有功耳。阅读无定法,单看是不是适用。《傅雷家书》是父母写给儿子的家书,是写在纸上的家常话,可以用体验式阅读法研读作品。如何体验?

第一,把自己当成傅聪,代入情境,想象傅雷对着青春年少的你倾诉衷肠,谆谆教诲。感受着他对你的思念,对你在异国他乡学习、生活各方面的担心与牵挂。当你被贴心的文字打动时,傅雷在家书中渗透的思想,会潜移默化地影响你的求学与为人,滋养你的性灵,给予你精神上的感召与力量。

第二,由此及彼,联想父母对你的关爱、呵护,从而更好地理解父母,促进思想的成熟。中国父母对子女的关心多是含蓄的、无声的。而子女也有诸多烦恼,故而常常忽略了父母的付出,甚而至于与长辈频繁地发生冲突,影响到双方的情绪。天下父母之爱子,其心一也。看到《傅雷家书》中从心底流淌出的文字,你的眼前是不是浮现出父母为你的衣食住行奔走的身影? 是不是浮现出他们为你的前途忧心忡忡的容颜? 你会不会为父母忘我的、润物细无声的关怀而感动?

同时,本书是书信的合集,你也可以尝试写信。对于含蓄的中国人来说,书信比面对面交流更能敞开心扉。可以试着以傅聪的口吻写回信,或者写信给自己的父母,甚至可以写给虚拟中的某人。书信的内容也不拘,国家大事、家长里短、小喜悦小烦恼小忧愁,均可。如果写信成为一种习惯,自然可以"训练文笔和思想"。

163

愿同学们博学、审问、慎思、明辨、笃行。

五、参考文献

［1］傅敏.傅雷文集·傅雷家书［M］.南京：江苏文艺出版社,2010.

［2］叶永烈.傅雷与傅聪［M］.南宁：广西人民出版社,2004.

［3］叶永烈.傅雷画传［M］.上海：复旦大学出版社,2005.

［4］傅雷,朱梅馥,傅聪.傅雷家书［M］.南京：译林出版社,2016.

［5］张学敏.傅雷的家庭教育思想及其当代价值［D］.曲阜师范大学,2010.

［6］李琳.《傅雷家书》家庭教育思想研究［D］.华北水利水电大学,2016.

《人间词话》导读

何欢兰

一、书本简介

王国维（1877—1927年），字静安，又字伯隅，晚号观堂（甲骨四堂之一），出生于浙江杭州府海宁的书香世家。他把西方哲学、美学思想与中国古典哲学、美学相融合，形成了独特的美学思想体系，继而专攻词曲戏剧，后又转治史学、古文字学、考古学。王国维被誉为中国近现代最重要的美学和文学思想家，也是新史学的开山鼻祖。

王国维一生著述甚丰，代表作品有《人间词话》《宋元戏曲考》《观堂集林》《海宁王静安先生遗书》《红楼梦评论》《古史新证》《曲录》等62种。

王国维，1877年12月3日出生。世代清寒，幼年为中秀才苦读。早年屡应乡试不中，遂于戊戌风气变化之际弃绝科举。22岁起，他至上海《时务报》馆充书记校对。利用公余，他到罗振玉办的"东文学社"研习外交与西方近代科学，结识主持人罗振玉，并在罗振玉资助下于1901年赴日本留学。1902年，王国维因病从日本归国。后又在罗振玉推荐下执教于南通、江苏师范学校，讲授哲学、心理学、伦理学等，复埋头文学研究，开始其"独学"阶段。1906年随罗振玉入京，任清政府学部总务司行走、图书馆编译、名词馆协韵等。其间，著有《人间词话》等。辛亥革命后，王国维携生平著述3种，随儿女亲家罗振玉逃居日本京都，从此以前清遗民处世。1922年，受聘北京大学国学门通讯导师。1927年6月，王国维留下"经此世变,义无再辱"的遗书,投颐和园昆明湖自尽,在其 50 岁人生学术鼎盛之际,为国学史留下了最具悲剧色彩的"谜案"。

《人间词话》是王国维所著的一部文学批评著作,作于 1908—1909 年,最初发表于《国粹学报》。该作是作者接受了西洋美学思想之洗礼后,以崭新的眼光对中国旧文学所作的评论。

二、写作背景

王国维的《人间词话》是中国近代最负盛名的一部词话著作。他用传统的词话形式及传统的概念、术语和思维逻辑,较为自然地融进了一些新的观念和方法,其总结的理论问题又具有相当普遍的意义,这就使它在当时新旧两代的读者中产生了重大反响,在中国近代文学批评史上具有崇高的地位。《人间词话》在理论上达到了很高的水平,一些问题上颇有创见。

表面上看,《人间词话》与中国相袭已久之诗话、词话一类作品之体例、格式并无显著的差别,实际上,它已初具理论体系,在旧日诗词论著中,称得上一部屈指可数的作品。甚至在以往词论界里,许多人把它奉为圭臬,把它的论点作为词学、美学的根据,影响深远。

王国维根据其文艺观,把多种多样的艺术境界划分为三种基本形态:"上焉者,意与境浑;其次,或以境胜;或以意胜。"王国维比较科学地分析了"景"与"情"的关系和产生的各种现象,在中国文学批评史上第一次提出了"造境"与"写境","理想"与"写实"的问题。

"造境"是作者极逞"创意之才",充分发挥想象力,使万物皆为我驱遣,"以奴仆命风月",这正是浪漫主义创作方法的基本特征。"写境"则是作者极逞状物之才,能随物婉转,"能与花鸟共忧乐",客观的真实受到高度的重视,这正是现实主义创作方法的基本特征。

王国维还提出,"理想派"与"写实派"常常互相结合起来,形成一种新的创作方法。而用这种方法创作出来的艺术境界,则不能断然定为"理想派"或"写实派"。在这种境界里,"二者颇难分别,因大诗人所造之境必合乎自然,所写之境亦必邻于理想故也。"自然与理想熔于一炉,"景"与"情"交融成一体。王国维认为,这是上等的艺术境界,只有大诗人才能创造出这种"意与境浑"的境界。

王国维还进一步论说文艺创作必有取舍,有主观理想的注入;而虚构或理想,总离不开客观的材料和基本法则。所以,"理想"与"写实"二者的结合有充分的客观根据。现实主义与浪漫主义两种创作方法相结合也有其客观可能性。王国维的见解可谓透彻,精辟。"所造之境必合乎自然",虽"虚构之境,其材料必求之于自然,而构造亦必从自然之法则。"在当时来说,是一种比较卓越的艺术见解。

王国维还指出,词中所写的形象(境界)不管是素描式地写出来,还是由作者综合印象创造出来,它们都不是对事物作纯客观的、无动于衷的描写,而是贯穿作者的理想,即按照作者的观点、感情来选择、安排的。这就进一步说明了文学艺术中的形象是客观事物在作者头脑中的主观反映。当然,王国维并没有明确和具体地论说这一点。

三、精彩看点

被称为"一部划时代的作品"的《人间词话》,采用传统评点式的词话形式,以"境界"为核心,构成了一个比较完整的理论体系,既有理论的总体阐发,也有对作品的具体分析论证。《人间词话》提出的境界说无论对文学、美学还是创作、人生都解释得淋漓尽致。在繁忙的社会中,人们往往心浮气躁,辨不清方向。而王国维超然物外般地讲道:"古今之成大事业、大学问者,必经过三种之境界:'昨夜西风凋碧树。独上高楼,望尽天涯路。'此第一境也。'衣带渐宽终不悔,为伊消得人憔悴。'此第二境也。'众里寻他千百度,蓦然回首,那人却在,灯火阑珊处。'此第三境也。"这位美学大师精妙地以三句词道破人生之路。最初的迷惘、继起的执著和最终的顿悟为人们照亮了一条去路,所谓的成功之道,相信也一定如此。他为我们总结的人生规律和人生智慧令人彻底折服。

(一) 境界说

境界说是《人间词话》的核心,统领其他论点,又是全书的脉络,沟通全部主张。王国维不仅把它视为创作原则,也把它当作批评标准,论断诗词的演变,评价词人的得失,作品的优劣,词品的高低,均从境界出发。因此,境界说既是王国维文艺批评的出发点,又是其文艺思想的总归宿。

王国维的《人间词话》突破浙派、常州派的樊篱,克服两者之弊,有了更进一步的发展。浙派词主清空柔婉,结果导致浮薄纤巧,不真切,王国维的境界说提倡不隔,以纠正浙派词的流弊。他强调写真景物、真感情,要写得真切不隔。这确实击中了浙派词的要害。对于常州派,他反对所有词都必须有寄托的说法,认为并不是有寄托的词才是好词。他指出:"若屯田之《八声甘州》,东坡之《水调歌头》,则仁兴之作,格高千古,不能以常调论也。"并引牛峤等词,称为"专作情语而绝妙者"。他认为,仁兴之作,写情语,写景物,只要真切不隔,有境界,便是好词。这种观点有利于纠正常州派词偏于追求寄托的狭隘见解。

1. 造境与写境

《人间词话》云:"有造境,有写境,此理想与写实二派之所由分。然二者颇难分别。因有大诗人所造之境,必合乎自然,所写之境,亦必邻于理想故也。"

"造境"与"写境"是指作者写作时所采用的材料而言的,前者是取材于非现实中实有之事物;后者则取材于现实中实有之事物。"造境"是指用想象、夸张、虚构的手法创作境界,表达作者的感情;"写境"则是客观地描述世事、人生。但是两者又不能截然划分,因为作者的灵感来源及题材是共同的,都是自然与人生,只不过所偏重的地方与表现手法不同而已。无论诗人虚构想象之境是多么荒诞,它的构思一定遵循自然之法则;而当诗人观察描写自然景物、人生百态时,也必然对现实之物以自己的主观取舍,进行筛选、提炼、改造,因而所写之境,也必根据心中的理想而来。

在创作实践中,无论是造境还是写境,修辞炼句都是不可少的基本功夫。有时用好一个字、一个词,便写出了境界,使原本平淡无奇的文字顿生光彩。《人间词话》第七则云:

"红杏枝头春意闹",著一"闹"字,而境界全出。"云破月来花弄影",著一"弄"字,而境界全出矣。

这两句分别出自北宋词人宋祁的《玉楼春》和张先的《天仙子》,全词是这样的:

玉楼春·春景

东城渐觉风光好,縠皱波纹迎客棹。绿杨烟外晓寒轻,红杏枝头春意闹。浮生长恨欢娱少,肯爱千金轻一笑。为君持酒劝斜阳,且向花间留晚照。

天仙子

水调数声持酒听,午醉醒来愁未醒。送春春去几时回?临晚镜,伤流景,往事后期空记省。沙上并禽池上暝,云破月来花弄影。重重帘幕密遮灯,风不定,人初静,明日落红应满径。

在第一首词中,我们首先看到了一幅春景图,在这幅色彩鲜明的图画中,有 169 波光粼粼的湖面,有随波荡漾的轻舟,有翠绿的烟柳,有竞相开放的杏花……王国维特别指出"闹"字所起的画龙点睛的作用,一个"闹"字,是如此生动地展现了春天的气息以及生命的跃动,它使原来静止的画面活了过来,使我们感受到一股蓬勃的生机,作品的境界由此全出。

第二首词写的也是春景。与前一首不同的是,它写的是暮春,而且着重刻画夜景:大好春光转眼即将过去,黑夜来临,一切喧闹都归于寂静。鸟儿不再活泼地飞来飞去,它们要睡了,人也隐没在深深的帘幕后面。黑暗中一切生物仿佛都停止了活动,只有天上的月亮偶尔穿过云层,花朵也轻轻摇曳自己的影子……张先使用一个"弄"字来描写顾影自怜即将凋谢的花,赋予它一种不甘自弃而又无可奈何的伤感意味,此一"弄"字亦使境界全出矣。

2. 有我之境与无我之境

《人间词话》云:

有有我之境,有无我之境。"泪眼问花花不语,乱红飞过秋千去""可堪孤馆闭春寒，杜鹃声里斜阳暮"，有我之境也。"采菊东篱下，悠然见南山""寒波澹澹起，白鸟悠悠下"，无我之境也。有我之境，以我观物，故物皆著我之色彩。无我之境，以物观物，故不知何者为我，何者为物。古人为词，写有我之境者为多，然未始不能写无我之境，此在豪杰之士能自树立耳。

王国维所谓的"有我""无我"是有其特定的内涵，这一对子范畴的建立，根柢仍在叔本华的哲学美学体系之中。叔本华认为，人一方面和世上的万事万物一样，都是意志的奴隶，一切行为和动机都为意志所决定。意志在人身上表现为无穷无尽的欲望，一个欲望刚刚满足，另一个欲望又产生了，而欲望十之八九是得不到满足的，因而人总是处在追求欲望的痛苦之中，整个人生便是这样充满了痛苦。

经由此种观念，我们即可了解他所说的"有我之境"，乃是指当人存有"我"之意志，因而与外物有某种对立之利害关系时之境界。王国维把受"欲""生活"折磨的人称为"欲之我"。而"无我之境"则是指个人抛去自我之意志，因而与外物并无利害关系相对立时的境界。只有少数人能挣脱欲的束缚，不再认为外物与自己对立冲突，而是从自然和生活中感受美，于是从痛苦的人变成快乐的人，即"知之我"。如"泪眼问花花不语，乱红飞过秋千去""可堪孤馆闭春寒，杜鹃声里斜阳暮"，便都可视为"我"与"外物"相对立，外界之景物对"我"有某种利害关系的境界，所以是"有我之境"的词句。至于"寒波澹澹起，白鸟悠悠下""采菊东篱下，悠然见南山"，便都可视为"我"与"外物"并非对立，外界之景物对"我"并非利害关系时的境界。在"有我之境"中，我既与物相对立，所以是"以我观物，故物皆著我之色彩"。在"无我之境"中，则我与物已无利害相对之关系，而与万物合而为一，所以是"以物观物，故不知何者为我，何者为物"。

在"有我之境"中，诗人尽情表现自我的喜怒哀乐，当他观照外物时，无形之中便把自己的感情投射在外物身上，于是在他的诗中，一切外物便染上他自己的感情色彩。如"泪眼问花花不语"，诗人含泪问落花，好像落花能回答他的问题似的，然而落花无言，只是纷纷飘坠，诗人眼中的落花，如此鲜明地染上了作者的感情色彩，以至于我们也分不清，究竟是他为花的凋落而伤心，还是花为他的伤心而零落了。

在"无我之境"中,诗人以一种纯粹无欲的眼光去观赏客观景物,从而进入物我两忘的境界。如元好问的"寒波澹澹起,白鸟悠悠下"二句,其"澹澹""悠悠"二词,也早已透露这首诗后面欲描述的"物态本闲暇"的一份"闲暇"的感受。

另外,王国维所谓的"古人为词,写有我之境者为多,然未始不能写无我之境,此在豪杰之士能自树立耳",并不是主张"无我之境"高于"有我之境",本来王国维对于"有我""无我"二种境界,就没有高下之分,只要看他对于那些属于"有我"作品及作者,如小说之《红楼梦》,词人中之李后主的喜爱,便可资证明。其实这种说法也源自于叔本华的意志哲学,叔氏之哲学认为世人莫不受意志的驱使支配而为意志之奴隶,故其哲学的最高理想便在于意志之灭绝。以此论之,大部分文学作品不外于意志、欲望的表现,因此乃经常与物对立,成为"有我"之境界。至于能超然于意志的驱使而表现"无我"之境的作者,就叔氏之哲学言之,当然便可算是能自树立的豪杰之士了。这种说法实在仅是就叔氏哲学的立足点而言,与文学评价的高低并无必然关系。

171

(二) 情景交融

《人间词话》在词论方面超越了浙派和常州派的范围,而其美学观点,一方面受叔本华的影响,一方面又有所突破。王国维的"无我之境"和"以物观物"直接承继了叔本华的哲学观点。而其"词人者,不失其赤子之心者也。故生于深宫之中,长于妇人之手,是后主为人君所短处,亦即为词人所长处。""主观之诗人,不必多阅世。阅世愈浅,则性情愈真,李后主是也。"这源于叔本华的天才论。

但《人间词话》并没有陷入这种境地而不能自拔。王国维区分了两种境界,与叔本华不同的是,他没有贬低常人的境界,相反还十分看重,认为"故其入于人者至深,而行于世也尤广。"王国维一面推崇"主观之诗人,不必多阅世",一面又推崇"客观之诗人,不可不多阅世"。这与叔本华只强调天才具有赤子之心不一样。此外,叔本华讲天才强调智力,王国维则强调感情。"能写真景物,真感情者,谓之有境界。"在诗人与现实的关系上,王国维主张:"诗人对宇宙人生,须入乎其内,又须出乎其外,入乎其内,故能写之;出乎其外,故能观之。入乎其内,故

有生气;出乎其外,故有高致。""诗人必有轻视外物之意,故能以奴仆命风月,又必有重视外物之意,故能与花鸟共忧乐。"这显然透显出朴素的唯物因素和辩证法睿智。

从理论上说,境界所要求的正与以形象反映现实的艺术规律相通;既要入乎其内,又要出乎其外;既要有轻视外物之意,又要有重视外物之意,这与作家必须深入生活,又要高出生活的创作要求相一致。王国维的境界说具体地、明确地揭示出艺术境界内在的特殊矛盾,说明了文艺的本质特征。与前人相比,这是一个新的贡献。文学批评史上,那种只重言志、抒情的论点,偏执一端;那种只重形象、画面的论点,偏执另一端。清初的王夫之关于"情景互融"的观点,叶燮关于"形依情,情附形"的观点,虽然已为境界说中的本质论奠定了基础,但毕竟是王国维最明确,最系统地阐述了艺术境界中景与情的关系,自觉地"探其本",完成了境界说的本质论。王国维认为,景多无限,情也说不尽,境界本质上是景和情两个元质构成的。但不论是客观的景,还是主观的情,都是观——人的精神活动的结果。情、景这种特殊矛盾的多样化的对立统一,便形成千姿百态、丰富多彩的文学艺术作品。

四、读法指导

1. 设计阅读提纲,引导系统阅读

王国维以境界说及其范畴体系来梳理词史,裁断词人词作之优劣,所以全书显得体系性很强,即理论部分(1~9章)、实际批评部分(10~52章)和结论部分(53~64章)。据此来布置学生的阅读任务及阅读重点难点指向。

阅读范围	阅读任务	重点难点指向
1~9章	1. 阅读第1、6、7、8、9章,思考境界的内涵。 2. 阅读第2章,想一想什么是造境、写境。 3. 阅读2~5章,想一想有我之境、无我之境的区别。	这一部分是全书理论的总纲,创造性地提出了一系列批评话语:境界、有我之境、无我之境、写境、造境等。

（续表）

阅读范围	阅读任务	重点难点指向
10～53章	1. 阅读11～14章,看看李白、温庭筠、李璟词各自的特点是什么。 2. 阅读14～18章,关于李煜和李煜的词,王国维是如何评论的。 3. 阅读19～33章,看看王国维是如何评论冯延巳、欧阳修、秦观、晏几道、周邦彦等人的词的。 4. 王国维提出了诗词之异、诗词之同、气象、创意、隔与不隔等概念,你理解其内涵吗? 5. 阅读44～47章,比较苏轼词和稼轩词的异同。 6. 阅读48～52章,看看王国维如何评价吴文英、纳兰容若、陆游的词。	1. 这一部分是实际批评,按照时代顺序评论了李白、欧阳修、苏轼、陆游、辛弃疾、纳兰容若等人的词作。 2. 这一部分提出了一些批评术语,隔与不隔是重点。
54～64章	了解各章重点:54章总结文体演变、兴替规律;55章讨论诗词有题与无题的关系;56、57、58章在情景关系上总结境界说;59章论文体尊卑;60、61章论出入说;62～64章评论几首经典诗词。	这是结论部分,总括前述内容,整体给予说明。

173

2. 绘制思维导图

在通读全书的基础上梳理全书的结构,根据自己的理解来重新建构全书的理论体系,绘制思维导图是简单而直观的方法。思维导图通过文字、图画、线条、颜色,图文并茂地展示思考内容,帮助我们进行发散性思考、结构化思考等。

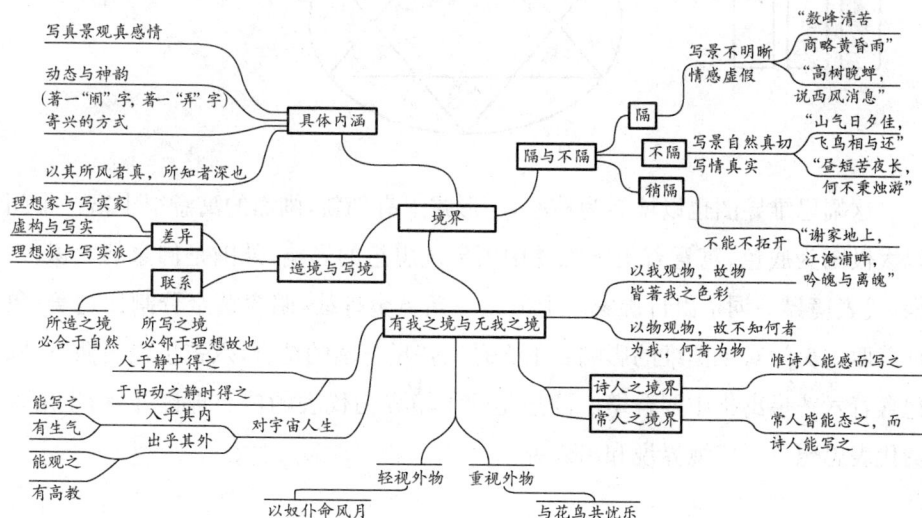

上图的设计以境界为核心，第一层引出四个方面的内容：具体内容、写境与造境、有我之境与无我之境、隔与不隔；这四项内容又有各自的分层，其中重点阐述有我之境与无我之境，要点鲜明，画面美观。

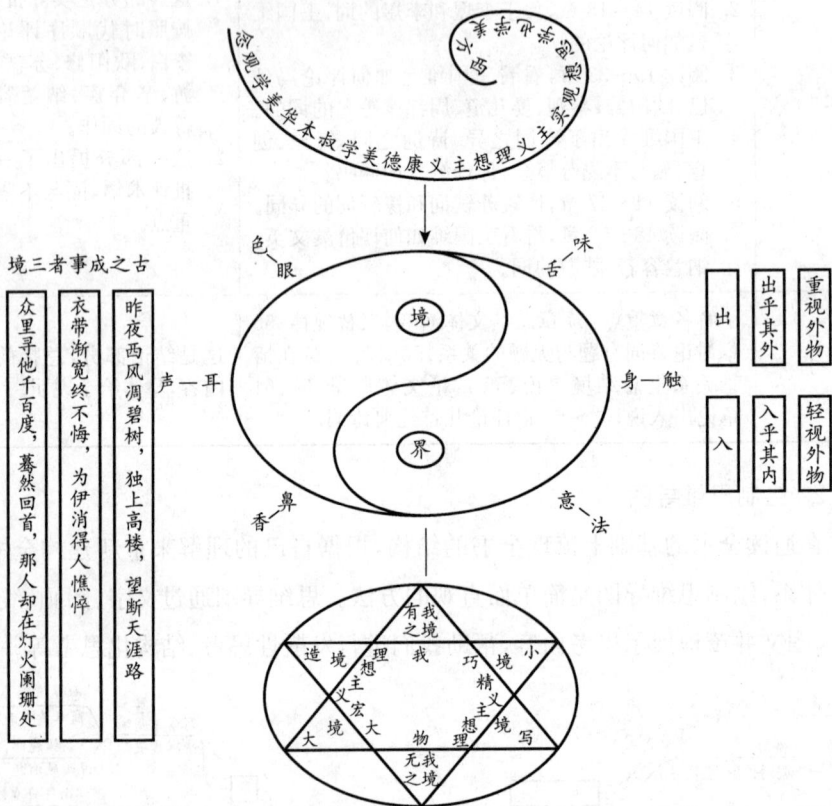

古之成事者三境

众里寻他千百度，蓦然回首，那人却在灯火阑珊处

衣带渐宽终不悔，为伊消得人憔悴

昨夜西风凋碧树，独上高楼，望断天涯路

色—眼　　味—舌
声—耳　　身—触
香—鼻　　意—法

境
界

有我之境
无我之境
造境　写境
理　我　物　想

重视外物　出乎其外　出
轻视外物　入乎其内　入

这幅思维导图也以境界为核心，在形式上有创新，画面的寓意很丰富。中间以太极图为底色，寓意着王国维受中国传统思想的影响，外围是佛家的六识、六根，代表境界一词本出自佛家。上方是一条黄金螺线，暗含黄金分割比之美，象征着西方美学对王国维的影响。下方是六芒星与圆的结合，六芒星代表西方，圆包含着六芒星寓指中西合璧。两边是除了境界为代表的核心理论外，衍生出来的代表思想——三境界说和出入说。

五、参考文献

［1］王国维著,彭玉平译注. 人间词话[M].北京:中华书局,2016.

［2］王国维著. 黄霖、周兴陆导读. 人间词话[M].上海:上海古籍出版社.2013.

［3］苏缨著. 人间词话精读[M].长沙:湖南文艺出版社.2015.

［4］树琴. 浅析王国维《人间词话》境界说[N].南京高师学报,1997(3).

［5］萧延恕.《人间词话》意境论[N].湘潭师范学院学报,1996(1).

《科学的历程》导读

王舒成

一、书本简介

　　《科学的历程》是一部科学的通史。它以西方文明和科学的发展为主线,同时讲述了东方文明和科学技术对人类进步的重大贡献。书中对埃及、苏美尔、印度和中国四大古代文明做了简明清晰的描述,并用较大的篇幅详尽地描述了希腊文明,描述了自然科学和数学在古希腊的蓬勃发展。此书不仅包括物理学的发展史,也包括化学、生物学和其他自然科学的发展史,是一本较全面的科学史著作。

　　作者吴国盛,男,1964年9月5日生于湖北省武穴市(原广济县)。1979年考入北京大学地球物理系空间物理专业,1983年毕业获理学学士学位。1983年考入北京大学哲学系自然辩证法专业攻读科学史与科学哲学,1986年毕业获哲学硕士学位。

　　学术研究方面,致力于"科学技术哲学"的学科建设,即以追思自然为主题的自然哲学、以柯瓦雷概念分析为主要方法的科学思想史、以现象学解释学为哲学背景的科学哲学、以技术批判理论为特色的技术哲学;在科学革命和技术理性两大专题上积累文献、开拓思路。此外,探索和研究科学传播学、应用伦理学的理论问题。大众写作方面,沟通科学人文、传播绿色观念、反思现代现象,持守科技时代思考的可能性。

这里推荐的是由北京大学出版社 2002 年出版的《科学的历程》第二版。

新版《科学的历程》跟第一版相比有了很大不同。首先是文字通篇修订；其次图片相应增加,补充了 200 幅左右。另外,在正文之后的附录部分增加了参考文献、著名科学家编年表、人名译名对照表、人名索引等内容。可以看到,凡书中涉及的人物,无论地位高低,一律给出原文姓名对照,便于读者检索。在对绪论部分所作注释中,作者还对国外科学史的中译本以及国内科学史著作的情况作了比较充分的概述。吴国盛教授说:"书应该是为读者服务的,应该有这些索引,这样便于读者检索。所以我下了很多功夫。"另外,由于第一版关于 20 世纪科技发展写得过于简略,新版增补了一章,介绍了 20 世纪电子技术、生物技术等方面的内容,约 10 万字。原子能、航空航天、信息技术等章节也有所扩充。

二、写作背景

177

90 年代初,在人们还习惯正经八百地领略科学圣殿风光的时候,正在编辑"第一推动"丛书的湖南科技出版社编辑李永平准备做一部普及性的科学史"大书"。"当时觉得国内都是大部头的严肃的东西,就想做一本通俗的读物",李永平说。于是,他找到了当时年方 28 岁的吴国盛。为了使该书通俗易懂,吸引读者,该书创新之一就是配有大量插图。这在书界还没有"读图"概念的当时几乎是从来没有过的。而且,虽然当时流行集体创作"大书",但作者吴国盛坚持自己独立完成。最初是要写成史话,做一部像《上下五千年》这种小故事串联起来的书。但后来还是决定写成一部系统性强、脉络清晰的作品,以时间为纲,科学故事穿插其中。"但是科学史上的故事也要做分析,牛顿的苹果、瓦特的水壶这些故事都要考证一下",吴国盛说,"所以书出来后很多专家看了也说很好"。

迷信的产生固然有各种复杂的原因,包括历史原因、社会原因和认识上的原因,但是,科学知识、科学精神、科学思维、科学方法的缺乏是其中重要的原因。长期以来,在我们的各级各类学校对科学知识的灌输总是放在首位,而对科学精神、科学方法和科学思维的培养却付之阙如。表现形式之一就是对科学史的学习缺乏必要的重视。"读史使人明智",《科学的历程》一书为我们提供了一个很好的文本。本书详尽地介绍了几乎与人类文明史一样漫长的世界科学史的发展历程,而大量珍贵的插图则大大增强了本书的直观性和可读性,该书横跨自然科学和社会科学领域,使读者透过各种迷信烟雾,发现科学的本质。

三、精彩看点

1. 一部通俗化的科技通史

这是一部通俗化的科技通史,下面就此作一点具体说明。

首先,从撰史方法来看,本书是一部综合性的编年史。国际科学史界自萨顿以来,致力于专题史、断代史、国别史和科学家传记的著述,少有大型通史的出版。本书作者自己也坦承:"这种写法(大型综合史)的弊病是显而易见的:它什么都写到了,但可能什么都没写好。"但作者仍然坚持这样的撰史方式,不仅因为萨顿说过,"分科史是不完善的科学史,它尤其不能反映科学作为统一的整体,以及科学作为人类文明这个统一整体中的一部分的历史事实",而且还因为我们国家缺少这样一本科学史的编写和出版。综合性的编年史,力求兼顾科学史的整体性呈现,囿于篇幅,不可能在专门领域的科技发展研究上做得过于细致和专业,但正因为如此,也降低了阅读门槛,争取到了更多的读者。

其次,本书所写历史内容广泛有趣,甚至超出了科学技术史应有的范围。比如在第五章《希腊化时期的科学》中,作者这样描述阿基米德之死:

> 围城三年后,由于内部出现叛徒,致使叙拉古在里应外合下被攻克。攻城前,马塞拉斯命令士兵一定要活捉阿基米德,不得伤害他。可是命令尚未下达,城池已经攻陷。一位罗马士兵闯进阿基米德的居室时,他正在沙堆上专心研究一个几何问题。他由于过于专注于演绎的逻辑,没有意识到危险正在迫近。杀红了眼的士兵高声喝问没有得到答复便拔刀相向,沉思中的阿基米德只叫了一声"不要踩坏了我的圆",便被罗马士兵一刀刺死。事后,马塞拉斯十分悲痛,因为他深深知道阿基米德的价值。希腊科学精英就这

样死在野蛮尚武的罗马士兵剑下，这一事件所具有的象征意义不久就显示了出来。

这段描述，像历史，更像故事传说，只有末尾的这句话，点出这一事件在科学史节点上的意义。这种写法，在本书中比比皆是，无疑增强了文本的阅读趣味，也符合作者把科学史放在人类文明史发展的整体视野的观照下进行写作的初衷。

此外，本书图文并茂，力求形象直观地展现科学史。有的图只是简约的线条图示，比如第 93 页第 10 幅"本轮—均轮模型所模拟的行星逆行"；有的图是精美还原现实的图片，比如第 112 页"拜占庭时期的建筑"；有的图则是逼真传神而又富于历史意义的人物肖像，比如第四卷一开始即呈现牛顿的半身像，配以文字"牛顿，一个时代的象征"。凡此种种，皆让这本科学史在丰富有趣的历史背后，又成为富含史料意义和观看价值（直观地表达历史）的阅读媒介。而作者本人对此特点也非常重视，希望读者能够借此"身临其境、乐而忘返"。

179

2. 同时注重哲学传统和工匠传统

作为一部科学史著作，书中不仅涉及到众多我们熟悉的著名科学家的名字，而且还让人注意到，在某些重要发明的背后，实际上凝聚着很多生产第一线普通人的心血。比如，书中写到，一位名叫哈格里夫斯的纺纱工人，在一次纺纱时，弄翻纺车后，他发现翻倒的纺车依然还在转动，这启发他发明了立式的多滚轮纺纱机。在本书中，我们可以发现，吴国盛意在为这样一些普通的工人"立传"。他对这个故事在本书中的出现是这样解释的：

哈格里夫斯发明"珍妮机"的故事是一个非常经典的故事——同样重视科学历史上的哲学家传统和工匠传统，是我写作的一大原则。在人类漫长的文明史上，一直存在着两个传统，它们共同构成了科学的历史渊源。科学一开始就有两个来源，首先是好奇心，以及获得一个整体世界观的内在要求。人类永远需要为自己的心灵创造一个家园，一个不会因为千变万化的眼前现象而经常改变的理解框架，一种系统地理解世界的方式。这种内在的要求构成科学史上的哲学传统；第二个来源是，为满足人类的物质生活需要，人类必须提高自己制造、使用和改进工具的技艺和能力，这形成了技术和工艺的进步，同时也构成了科学史上的工匠传统。在很长一段时期，人们对工匠传统是不重视的，一提到科学史，往往会想到伟大的科学家如牛顿、爱因斯坦，想到科学理论如何在卓越天才的头脑中被创造出来。这当然是科学史的重要部分，但不是全部。科学的进步在某些时候是被科学仪器的发明所推动的，而科学仪器一开始往往是由工匠造出来的。比如，近代天文学的进步肯定应该归功于望远镜的发明，而生物学和医学则应归功于显微镜的发明，这两样东西都是工匠而不是科学家发明的。如果没有望远镜和显微镜，近代实验科学的很大一部分都是不可想象的。

在这段话中，我们可以看到，哲学是形而上的，直指人类头脑最高的那部分；而工匠却是形而下的，代表着人类底层孜孜不倦、切实有效的努力。而在这两个维度的交织和平衡下，人类的科学才得以有效持续地发展。作者自己说"同样重视科学历史上的哲学家传统和工匠传统，是我写作的一大原则"。而这一原则，主要是因为"哲学家传统中的科学，或所谓纯科学、理论科学、基础科学，往往通过著作的方式传到现在，而工匠传统中的科学，其实物随着时间的推移而湮灭，其发明的过程只在传说中极不可靠地流传到现在"，这既是对这一事实的一种补偿，也是对这一事实引发的一种撰史倾向的反拨。

3. 凸显人性，弘扬科学精神

阅读本书，我们可以注意到，作者讲到某项具体科学成就的时候，总是力图凸显出相关人物的形象，有意识地写出科学家身上普通的人性的一面。科学家也有着普通人所拥有的一切情感，美好的和不美好的。书中讲到了牛顿与胡克的争吵、牛顿与莱布尼茨就微积分发明权之间的争论、戴维妒忌法拉第等一些不光彩的事情，也讲到了巴斯德放弃专利、法拉第勤勉工作热心科普等一些令人感动的事情。在诸种科学神话中，关于科学家的神话也许是流传得最广的。很长时间以来，科学家被看作某一方面的天才，掌握了与自然界进行对话的神秘钥匙，但在日常生活中完全是低能儿，而且表现得离奇古怪。人们广泛传颂着诸如牛顿煮鸡蛋结果把手表煮了进去，爱因斯坦走路时头撞着一棵树还连声说"对不起"之类的故事。这些有趣的故事也许是真的，但不可把这看做科学家的本质特征。人们由于专注于某件事情而忘了周围的一切，这种情况并不罕见，并非只有科学家如此。科学家特别是伟大的科学家，他们身上往往有一些特别动人的地方，真正体现着科学的精神，比如亚里士多德的名言"吾爱吾师，吾尤爱真理"，比如牛顿的名言"如果我比别人看得远些，那是因为我站在巨人们的肩膀上"，比如爱因斯坦的名言"宇宙间最不可理解的事情就是它是可理解的"。真正的科学家不仅增长人类的自然知识，而且传播一种在思想上独立思考、有条理地怀疑的科学精神，传播一种在人类生活中相当宝贵的协作、友爱和宽容精神，是最富有人性的。真实的、人性的科学家形象只有在科学史中才能得到展示，因为在学习科学理论时，我们可能完全不知道该理论的创造者是一个怎样的人。

我们切不可因为读史，而忘了组成历史的最富个性的元素：人本身。科学史既是科学技术的历史，也是一个个伟大的科学家展现自己的个性、凸显丰富的人性和传播科学精神的大舞台。读这本书，既是了解历史事实，也是和一个个伟大的科学家对话，从他们的事迹和言行中领会到宝贵的科学精神，也学会将他们拉下神坛，当作有个性的人来看待。

181

4. 科学与人文相融合：读本书的意义

在这里，我还想说一说，为什么在本校语文组阅读工程的书目里，会出现这样一本和语文看似不搭界的书，在语文学科的视阈范围内，我们看这本书的意义何在？

首先，我想说的是，阅读这本书的过程，本身就是语文能力运用的过程。即便是我们的语文课本，其选文也不只限于语言和文学类的文本，还有更广阔的文化、科技类文本，它们都是语文学习的好载体。我们从前者固然能获得文学作品的欣赏解析能力，培养美感，我们从后者也能获得更多的信息、知识，锻炼自己的逻辑思维能力和理性分析能力。要言之，语文具有它的工具性，而工具性的上位概念是科学性，语文学科本身就是具有科学特征的，用它来解读科学史作品，可以说适逢其用。

其次，科学精神的获得和培养，是阅读科学史的重要目标。科学和科学精神对人的发展的伟大作用之一,表现在人的基本精神面貌的形成上。科学主体在长期的科学认识和科学实际实践活动中,逐渐形成理性化的人格气质,实事求是的态度,坚韧不拔的意识,积极创新的勇气,等等。这不仅是科学主体必须具备的基本素质,也是理想人格应有的特征。科学精神的核心是求实创新,它是由科学本身的性质所决定,并在长期科学实践中形成的传统,为追求和捍卫真理而献身,为服从真理而果断修正错误,严肃认真的责任意识,坦诚无谎的态度,以及开拓精神、批判精神,等等,都是科学的求实创新精神的具体体现。

最后,科学主义要求以自然科学的眼光、原则和方法来研究世界,它把一切人类精神文化现象的认识论根源都归结为数理科学,强调研究的客观性、精确性和科学性。人文主义则强调以人为本,把人当作研究的核心、出发点和归宿,希望通过人本身的研究来探寻世界的本质与其他问题。科学、人文主义则是二者的辩证统一。学校历来提倡进行科学人文相融合的教育理念,希望大家在读书学习时,两方面都不偏废。从校史来看,早在仪董学堂时期,学校就开风气之先,开设理化学科,"理化教习就教师作简单实验",学生颇有兴趣,"以变戏法目之"。八中时期,李荃校长非常重视理科的实验教学,不惜巨金采购当时最先进的理化设备。扬州中学既以"数理"闻名,而在其他各科,"亦皆植基深厚,无不全面注重,力求均衡发展"。八中时期,音乐、美术、手工均作为必修课开设。民国十九年(1930 年)的元旦艺术品展出,陈列品多至 2 300 余件,内容有国画、西画、图案画、摄影、手工等;音乐会演出节目 30 余,有独奏、独唱、伴奏、二部合唱、四部合唱、丝竹、昆曲、京剧、歌舞等。校友回忆当年的情景:"全校学生千余人雍雍熙熙、弦歌不辍,为一学府,亦为一大家庭。"艺术教育之成果于此可见一斑。到如今,学校从常规教学到数理竞赛到社团建设到语文学科基地的开放,所有的教学规划和软硬件建设,都指向科学和人文的两面,希望大家能在这样的教学环境和氛围的熏陶下,成为新时代的完整而真正的人。

四、读法指导

陆机《文赋》云:"立片言以居要,乃一篇之警策。"意思是,一篇文章中,作者将极少的言辞放在关键位置,会成为全文的警句。这句话说的是文章,但放在一本书的阅读中也同样适用。《科学的历程》全书正文部分近 600 页,如何在有限的时间内读完、读懂,领略其中的精髓,是一个值得认真学习和体验的问题。这里,我想告诉大家一个高效的读书方法,即通过绪论和目录来迅速了解全书内容,指导全书的阅读。

本书的绪论分三个章节。分别为"科学史的意义""科学史的方法"和"五千年的历程"。读这三个章节,借助小标题理解掌握其内容,可以使我们对整本书的写作编排有总体的感知。第一章告诉我们,为什么要读科学史;第二章则在回顾了以往科学史的编写方法以后,讲了这本科学史的写法(详见本文精彩看点1),也提醒我们采取什么读法;第三章则用最经济的篇幅,总括了全书的写作内容,对科学的发展史作了一个鸟瞰式的概述。绪论部分处于具体的书本内容之上,指引我们阅读的目标和方向,使我们能从具体的科学史史实里抽离,站在理性的高度审视自己的阅读。

再看目录。本书的目录以"卷"为基本单位,"卷"下分"章","章"下又有具体数字标注的小节。当大家埋头于科学技术的发展历史、科学家的有趣故事和世界各民族、各地域、各时间段的不同科技类型的时候,时刻回到目录看一看,了解自己所读的这段,在整个科学史的发展历程中处于什么位置,前后各有什么历史,树立宏观视角读史的观念,是非常重要的。除此之外,目录还可以帮助大家方便快捷地查找某一段历史或记忆某一个史实,它是全书阅读的一个纲要,也是大家做读书笔记时所不能忽视的内容。掌握了本书的目录,也就读懂了一部"缩略版"的科学史。

183

五、参考书目和论文

[1] 谢娟. 另一种眼光看"科学史"[J]. 文汇报,2002(11).

[2] 沈苏. 科学与迷信的根本分野[J]. 山东社会科学,1999(5).

[3] 吴国盛. 现代化之忧思[M]. 湖南:湖南科学技术出版社,2013.

《中国哲学简史》导读

史 伟

一、书本简介

184　　　《中国哲学简史》的作者冯友兰（1895—1990 年），字芝生，河南省南阳市人，中国当代著名哲学家、教育家。1918 年毕业于北京大学哲学系，1924 年获美国哥伦比亚大学哲学博士学位。回国后，任清华大学教授、哲学系主任、文学院院长，西南联合大学教授、文学院院长。曾获美国普林斯顿大学、印度德里大学、美国哥伦比亚大学名誉文学博士称号。他的著作《中国哲学史》《中国哲学简史》《中国哲学史新编》《贞元六书》等已成为 20 世纪中国学术的重要经典，对中国现当代学界乃至国外学界影响深远。被誉为"现代新儒家"。

　　1947 年，冯先生受聘于美国宾夕法尼亚大学，担任讲座教授，讲授中国哲学史，其英文讲稿后经整理写成《中国哲学简史》，于 1948 年由美国著名出版公司麦克米兰出版。此书一出，立即成为西方人了解和学习中国哲学的超级入门书。几十年来，一直是世界各大学教授中国哲学的通用教材，在西方影响很大。

　　《中国哲学简史》以 20 万字的文字讲述了中国哲学的发展历史，打通了古今中外的相关知识，在有限的篇幅里融入了冯友兰对中国哲学的理解，是史与思的结晶，充满了人生的睿智与哲人的洞见。特别是作者对现实问题的关怀，颇具"读书不忘救国，救国不忘读书"的大家风范。因为它最初是讲义，所以它的语言极其流畅;因为它是由英文翻译过来的,所以它的文字极其适合当代人的阅读。它在世界各地有多种译本,是了解中国文化的入门书。它对当今的读者有极大的意义,不失为一部可以影响人一生的文化经典。

二、写作背景

读这本书之前,需要先明确一个问题,在中国古代是没有"中国哲学"这个概念的。"中国哲学"这个名词,民国时候才出现。这个概念中"中国"二字,一定要标示国别属性,暗示着这个概念的提出,有一种要和"(西方)哲学"做比较的背景。

据说,最先使用"中国哲学"概念的是日本的西周,第一本中国的《中国哲学史》是谢无量先生写的。然而,真正在世人面前推出中国哲学这样一门学问的,则是上世纪二三十年代出版的胡适的《中国哲学史大纲》(上册)和冯友兰的《中国哲学史》(上下册)两部书。《中国哲学史大纲》(上册)于1919年2月由上海商务印书馆出版,它是中国近代史上第一部系统地应用资产阶级观点和方法写成的中国古代哲学史,具有反封建的进步的历史意义,在中国哲学发展史上占有重要的地位。荷兰裔的美国人布德(Derk Bodde),将冯友兰的《中国哲学史》译为英语,这成为西方人了解中国哲学最重要的一个契机。1946年布德请冯友兰去宾夕法尼亚大学讲中国哲学史,为了讲课,冯友兰用英文写了一部中国哲学史的讲稿。经布德的文字修饰,此讲稿即以《中国哲学小史》为名出版。后来有涂又光翻译的中文本,定名为《中国哲学简史》。现在又有赵复三的译本。

185

为什么要说这个? 因为中国哲学的基本面貌和方法是胡适提出的,冯根据胡适的观念又改进、修正,这是中国哲学诞生初期的问题主线。比较胡、冯两部书的优劣、长短,是当时人们论说中国哲学时的主要话题。大家读这书的时候要意识到,没有什么结论是亘古不变的,《简史》代表的是上世纪20—40年代的思想风貌。

冯友兰先生毕生的事业可以概括为"三史释今古,六书纪贞元"。他以《中国哲学史》《中国哲学简史》《中国哲学小史》《中国哲学史新编》和"贞元六书"等著作,成为中国近代以来能够建立哲学体系的哲学家之一。他是在中国学术思想史上做出了重要贡献的杰出学者,也是影响巨大的思想家之一。

由于篇幅限制,《中国哲学简史》本身并没有具体过多地去详解任何一家学派,也有不少很值得一提的人物(比如先秦的列子、告子)和学说(书中一共就讨论了不到十个)并没有出现。

冯友兰先生在《自序》里说:"小史者,非徒巨著之节略,姓名、学派之清单也。譬犹画图,小景之中,形神自足。非全史在胸,曷克臻此。惟其如是,读其书者,乃觉择焉虽精而语焉犹详也……本书小史耳,研究中国哲学,以为引导可也。"本书的创作本意应该在于大略地提供一个框架,让人们来了解中国哲学的历史基本特征和走向。切记不要把本书当做一本中国哲学百科来查看。

《中国哲学简史》是《中国哲学史》的删减版,学术性弱些而通俗性强些,去掉了一大批"小哲学家",只保留了非常重要的一些人物做简明介绍。而且在引用篇幅上,《中国哲学简史》所引用的原文要少得多。

《中国哲学简史》的影响力其实比《中国哲学史》大得多,一般认为写得也要更好一些。

三、精彩看点

1. 什么是哲学

说到哲学,很多同学会觉得它很玄,很大,很空,敬而远之。我们要读冯先生的大作,首先必须对哲学有清楚的认知。那么,哲学究竟是什么呢?

哲学(英语:Philosophy,希腊语:Φιλοσοφία),是对基本和普遍之问题的研究。哲学是有严密逻辑系统的宇宙观,它研究宇宙的性质、宇宙内万事万物演化的总规律、人在宇宙中的位置等等一些很基本的问题。

"哲"在中国的起源很早,其历史久远。如"孔门十哲""古圣先哲"等词,"哲"或"哲人",专指那些善于思辨,学问精深者,即西方近似哲学家、思想家之谓。一般认为中国哲学起源东周时期,以孔子的儒家、老子的道家、墨子的墨家及晚期的法家为代表。而实际上在之前的《易经》当中,已经开始讨论哲学问题。

哲学的定义一直存有争议,一般认同哲学是一种方法,而不是一套主张、命题或理论。哲学的研究是基于理性的思考,寻求能做出经过审视的假设且不跳脱信念或者只是纯粹的类推。

黑格尔认为,哲学是一种特殊的思维运动,哲学是对绝对的追求。"哲学以绝对为对象,它是一种特殊的思维方式"。爱因斯坦这样谈论哲学:如果把哲学理解为在最普遍和最广泛的形式中对知识的追求,那么,哲学显然就可以被认为是全部科学之母。冯友兰在《中国哲学简史》中提出自己的哲学定义:"就是对于人生的有系统的反思思想。"中外哲学的产生皆起源于疑问。

2. 冯氏哲学的有趣之处

其一,"入世"与"出世"说。

冯友兰先生对哲学入世与出世的剖析让人心境豁然开朗。佛家说,生是人生苦痛的根源。柏拉图说,肉体是灵魂的监狱。这些归结起来仿佛是说,欲得到最高的成就,必须脱离尘罗世网,必须脱离社会,甚至脱离"生"。这种哲学,即普通所谓"出世的哲学"。另有一种哲学,注重社会中的人伦世务。这种哲学只讲道德价值,不会讲或不愿讲超道德价值,即普通所谓"入世的哲学"。

有人认为,儒家是入世哲学的代表,并举例证明。孔子有个学生问死的意义,孔子回答说:"未知生,焉知死?"(《论语·先进》)孟子说:"圣人,人伦之至也。"(《孟子·离娄上》)照字面讲这句话是说,圣人是社会中的道德完全的人。

从表面上看,中国哲学是入世的。因为中国哲学所注重的是社会,不是宇宙;是人伦日用,不是地狱天堂;是人的今生,不是人的来世。但冯友兰先生指出,从更广更深的角度而言,这种看法有失公允。

中国哲学中的一个主要流派道家认为,生命是个赘疣,是个瘤,死亡是除掉那个瘤。即使是儒家,也有"出世"的成分。儒家所指的圣人,是不仅在理论上而且在行动上道德完美的人。他的人格是所谓"内圣外王"的人格,内圣,是其内在的修养成就;外王,就是其在社会上的功用。只不过儒家和道家的侧重点不同,儒家重名教(把各种社会关系规范化),道家贵自然(顺事物和人的本性);儒家讲"天下兴亡、匹夫有责",道家讲"采菊东篱下、悠然见南山";儒家讲究三纲五常,道家讲求修身养性。

187

儒家"游方之内"显得比道家入世；道家"游方之外"，显得比儒家出世。这两种思想看来相反，其实却相辅相成，使中国人在入世和出世之间，取得较好的平衡。入世哲学是强心剂，出世哲学是清醒剂；入世哲学使人关注社会价值，出世哲学使人关心自我的超越价值；入世哲学使人振奋，出世哲学使人安逸。入世和出世互补，进退相宜，这是中国人从入世和出世哲学中获得的人生智慧。

冯友兰先生在"中国哲学的精神"中分析道，哲学的功能不是为了增进正面的知识，而是为了提升人的心灵，超越现实世界，体验高于道德的价值。

其二，"四个境界"说。

冯友兰在书中提出了"哲学的任务是什么"这个问题，然后自己用四个境界回答了这个问题："这四种人生境界之中，自然境界、功利境界的人，是人现在就是的人；道德境界、天地境界的人，是人应该成为的人。前两者是自然的产物，后两者是精神的创造。自然境界最低，其次是功利境界，然后是道德境界，最后是天地境界。它们之所以如此，是由于自然境界，几乎不需要觉解；功利境界、道德境界，需要较多的觉解；天地境界则需要最多的觉解。道德境界有道德价值，天地境界有超道德价值。""所以中国的圣人是既入世而又出世的，中国的哲学也是既入世而又出世的。随着未来的科学进步，我相信，宗教及其教条和迷信，必将让位于科学；可是人的对于超越人世的渴望，必将由未来的哲学来满足。未来的哲学很可能是既入世而又出世的。在这方面，中国哲学可能有所贡献。"这不禁让人想起了王国维的人生三境界，"独上西楼，昨夜西风凋碧树，望断天涯路""衣带渐宽终不悔，为伊消得人憔悴""蓦然回首，那人却在灯火阑珊处"。一个是在觉解，一个是在追求，似乎，这两者同根。

利禄所累和人心浮躁的今天，中国哲学思想也许是疗治人们心灵的一剂良药。而精读哲学，掌握中国哲学的精髓，对于普通人而言，未免有些要求过高和不太现实，但通过对哲学的学习和体会来实现对人生较高层级的领悟，找到精神的家园，却是每个人人生的一种使命。正如冯友兰先生所言："人不需要宗教化，但是人必须哲学化，当人哲学化了，他也就得到了宗教提供的最高福分。"

3. 本书的意义

冯先生在书中从先秦开始，具体介绍了儒、释（佛）、道等诸多学说的发展脉络。冯友兰在书里不光给出了每种学说的要义，还对每种学说进行了分类，从不同角度进行分析，而同一种学说，又展示出了时间维度上的发展历程。这样，从时间和空间两个维度上的叙述，一下子把写在纸上的历史拉成了立体的形状。另外，对于几大学说，他也完全遵守治史的要求，没有加入一点主观色彩，这只有在对这些思想了然于胸的情况下才可能做到。原来的春秋各派学说显得分散和孤立，但是通过这样的整理，又粘合成了一个整体。而这些思想的核心在政治哲学方面就是培养圣人。

《中国哲学简史》成书于战争年代，正是世界大动荡的时代。冯友兰先生在书中说："从中国的观点看，在国际政治的范围内，当代的世界史以及近几百年的世界史就像是重演春秋战国时代的中国史。"每到了这种社会大变革的年代，各种思想的碰撞就会异常剧烈，所以汉朝以后两千年的哲学积淀还赶不上春秋诸子两三百年的蓬勃昂扬。后人或对前人的思想仅仅做了一些改动和延伸，或者就是纯粹在为统治者进行着辩护和扶持。应该说，整个中国哲学思想体系，在先秦已经建立。

189

从某个角度来说，哲学是修行的艺术。通过修行，人可以去掉俗气，最终达到超凡脱俗之境界。看起来似乎只有圣人才可以实现的宏伟蓝图，但在哲学家尤其是儒家眼里，人人都可以成圣贤。在佛家那里，又变成了人人可以涅槃成佛了，这真是令人振奋。从不敢奢望成圣成佛，但若能通过哲学修行能通达些许人情世故，觉悟一点人生真谛，少一些尘世烦恼，岂不美哉。

另外，读本书可以纠正我们认识上的一些偏误。例如许多人很讨厌宋代大儒朱熹，尽管很多近代文献都众口一辞地称之为继孔子之后的又一个儒家文化集大成者，甚至还有迷信说他是孔子转世，但不少人就是不喜欢他，主要原因是程朱学派提出的"存天理，灭人欲"之说令人反感至极。但读完《中国哲学简史》，可以让我们意识到自己此前的偏狭和无知，朱子对中国新儒学的贡献的确功不可没。看来，要评价一个人，首先得了解一个人，而且是全面了解。这些认识都是读《中国哲学简史》所能带给我们的。

沿用冯老的话：哲学，特别是形而上学，为我们增进对事实的知识并无用处，但是，对我们提高自己的心智则是必不可少的。

对于中国哲学,就我们所知,现代人除了少数专事研究它的专家学者之外,已少有人对它感兴趣了。个中原因较为复杂,但认为哲学很玄妙、晦涩难懂,同时也无益于现实社会生存的观点每每充斥于耳。哲学是对于人生的有系统的反思的思想,在思想的时候,人们常受环境的影响和限制。在特定的环境,人们以特定的方式感受生活,因而他的哲学也就有特定的强调之处和省略之处。这就构成哲学的特色。中国哲学果然是个板着面孔不懂风情的老迂腐吗? 读罢《中国哲学简史》,我们会知道对于这个被外国人追崇了几十载的华夏文明和智慧的结晶,现代人误会太深。哲学,究其性质而言,按先生的说法,是"对于人生的有系统的反思的思想"。生为凡人,思想谁都有,能反思的也不在少数,哲学无非是系统化的反思思想而已,神秘吗? 一点都不。中国哲学按照传统,它的功用不在于增加所谓的知识,而在于提高心灵的境界。一个有着健康心理以及较高心灵境界的人,在现实世界里难道不会生存得更加随性而自如吗? 至于哲学的情调,居然也有浪漫主义与现实主义之分,只是我们多数人不知晓而已,正如许多人其实一直在运用哲学思维解决各类问题而不自知一样。

《中国哲学简史》这本书应该在中学或者大学初期读,它对人的精神成长会有特别意义。如果对中国哲学有兴趣,作为入门书,这本书非常值得推荐。

四、读法指导

《简史》的第一章《中国哲学的精神》,第二章《中国哲学的背景》,这两章合起来,就像是这部书的导论,可以读细一点、慢一点。这部分介绍了冯心目中的"哲学""中国哲学"等概念究竟应该如何定位、理解。同时也介绍了他认为的学哲学的方法,以及研究中国哲学的独特背景与思路。

第三章开始,全书进入第二部分,讲述中国哲学的具体内容。而第三章《诸子的由来》,这一章又可视为全书第二部分的导论:从介绍学派的分疏开始,冯实际上讲了他对儒、道、名等重要的古代哲学学派的基本看法。

抓住这三章两个部分,等于抓住了全书的纲领。以后的部分,阅读的时候可以不断回来参看这三章,相互印证,则最初读这三章时的一些疑问或许就解开了。

读这部书的重点部分,应该集中在名家与宋明理学(更新的儒家)两部分内容。

冯友兰自己说过:"就我的《中国哲学史》这部书的内容说,有两点我可以引以自豪。第一点是,向来的都认为先秦的名家就是名学,其主要的辩论,认为这无非都是一些强词夺理的诡辩。我认为其实辩者之中分两派……第二点是,程颢和程颐两兄弟,从来都认为他们的哲学思想是完全一致的,我认为他们的哲学思想是不同的……"名家和理学,这两部分内容是冯很有心得的部分,这也完全体现在了《简史》中。

先秦诸子百家中的"名家",是以辩论名实等思辨问题为中心,以善辩成名的一个学派。"名"就是指称事物的名称,就是概念;"实"就是"名"所指称的事物。

名家围绕名和实的关系问题,展开论辩并提出自己的见解。但由于他们的研究方法奇特,因此,虽然名家擅长论辩,但其论辩又流于"苛察缴绕",疙疙瘩瘩,诡谲奇异,所以历史上一直名声不好。名家的代表人物有公孙龙、惠施等。他们着重于名词概念的辨析,对我国古代逻辑学的发展做出了重大的贡献。

宋明理学亦称"道学",是一种既贯通宇宙自然(道教)和人生命运(佛教),又继承孔孟正宗(根本),并能治理国家(目的)的新儒学,是宋明时代占主导地位的儒家哲学思想体系。

理学以儒家学说为中心,兼容佛道两家的哲学理论,论证了封建纲常名教的合理性和永恒性,至元朝被采纳为官方哲学。代表人物有朱熹、陆九渊、王阳明、朱得之等人。他们哲学的中心观念是"理",把"理"说成是产生世界万物的精神的东西。理学的出现对后世政治文化产生了深远影响。

名家从方法上提出了"理"存在的逻辑依据,理学将"理"贯穿到了儒家的价值体系中去——这是理解冯友兰中国哲学的关键。

如果有可能,推荐大家通过阅读一些《西方哲学史》之类的书来了解一下柏拉图的理念论。以西方哲学的方法来治中国哲学,是冯友兰的一大特点。他最得意的名家和理学的部分,都是用柏拉图的理念论来解释的。

191

比如名家部分:"公孙龙不像惠施那样强调'实'是相对的、变化的,而强调'名'是绝对的、不变的。他由此得到与柏拉图的理念或共相相同的概念,柏拉图的理念或共相在西方哲学是极著名的。"

比如理学部分,他的题目是《更新的儒学:主张柏拉图式理念的理学》。正文中他说:"朱熹和陆九渊就开始了一场大论战,这历来是柏拉图式的实在论与康德式的观念论争论的主题,简直可以说,形上学中争论的就是这个主题。"

这固然与所授课的对象为西方学生有关,但是也说明了,冯友兰理解中国哲学,其基础的理论和方法,不少是借鉴西方哲学而来的。如果能先做这个理论准备,读的时候才更容易跟上冯的思路。

也许,不少同学读完之后,就对中国哲学产生浓厚的兴趣了,自然衍生了一个问题:我要继续、深入学习中国哲学,应该如何入手?

名著之所以是名著,在于大家即使在介绍一个看似简单的小问题,都会将他的治学方法一以贯之。从《简史》中找找,看看冯友兰都提出过一些什么问题,是怎么论证的,这就是继续学习中国哲学的方向。然后找准一个问题作为开始,再找相关的资料拓展阅读,力争能深入了解这个问题。这样,您的中哲学习,就逐渐进入一个广阔的天地了。

试着推荐几个问题:

(1) 什么是"负的方法"?

(2) 为什么冯友兰先介绍孔子,后介绍老子?

(3) 冯友兰说他用"宋学"的方法,胡适是用"汉学"的方法,什么是"宋学"与"汉学"?

(4) 名家分两派的依据和内容是什么?

(5) 理学(更新的儒学)分两派的依据和内容是什么?

等等。

切记,这些问题几乎都是没有答案的。带着这个问题意识,不是要您去找一个答案出来,而是去揣摩:冯友兰是怎样提出这些问题、论证这些问题的。感受他的思路和方法,这才是重点。

五、参考书目和论文

［1］冯友兰.人生四境界[M].武汉:长江文艺出版社,2016.

［2］田文军.冯友兰与中国现代哲学[N].《南阳师范学院学报》,2011(1).

［3］萧斐龙.哲学简史告诉我的那些事[EB/OL]. https://book. douban. com/review/
8013339/,2016.7.

［4］灵均.我帮你读:《中国哲学简史》.[EB/OL]. https://zhuanlan. zhihu. com/p/20413880,
2016.2.

《美的历程》导读

王 欢

一、书本简介

　　《美的历程》是 20 世纪 80 年代我国著名的美学家李泽厚先生创作的美学著作。该书从崭新的审美视角出发,用寥寥十几万字就将中华几千年的美学、文学、历史文化梳理出清晰的脉络,并呈现在人们面前。全书从那遥远的记不清的岁月开始,一直探究到清代,让读者将整个中国古代文化尽收眼底,令读者为之惊叹和折服。

　　《美的历程》一书共十个章节,作者从以龙凤为代表的远古图腾所包含的美学意义说起,以优美的文笔和富于哲理的论说,扼要介绍、分析了"青铜时代""先秦理性精神""楚汉浪漫主义""魏晋风度""佛陀世容""盛唐之音""中唐至宋代文艺所展示的韵外之致""宋元山水意境"和"明清文艺思潮"等不同阶段美的发展历程及其内在价值,吸引读者神游中华民族的艺术长河。作者对于美的认识以及他的表述方法独具一格。他不是就事论事,就美论美,而是以历史为经,文化为纬,把美视作时代精神火花沉积凝练的结果,在美的历史进程中论述美。这就不仅拓开了对中国美学史把握的广度、深度,更重要的是抓住了中国美学史与中国文化史的有机联系,使得中国美学史的研究成为打开中国文化史奥秘的一把钥匙。为此,作者将每一个时代的文化特征都介绍得淋漓尽致,相关的政治、经济、文学、科学、文化都有所涉及，既从纵向上理清了时代发展的脉络，又突出了各个时期的主题，让广大读者既能对美学以及古典文艺有宏观把握，又能对各阶段的历史有深刻的认知。

二、写作背景

新中国建立后，中国思想界对美学问题的讨论，经历了两次热潮。第一次"美学热"发生在上世纪五六十年代，其导火线是对朱光潜美学思想的批判。当时在"百花齐放，百家争鸣"方针的号召下，《文艺报》发动了一场针对朱光潜美学思想的批判与讨论，矛头是其美学思想中的唯心主义。黄药眠、蔡仪、蒋孔阳、高尔泰等美学家都参与了讨论和批判。时过境迁，我们撇开导致这次"美学热"的政治因素不谈，可以肯定的是，众多美学家参与讨论，对于美学研究的兴盛，具有重要的推动作用。最直接的结果是这场美学大讨论催生了四派观点：以蔡仪为代表的客观派，以吕荧、高尔泰为代表的主观派，以朱光潜为代表的主客观统一派，和以李泽厚为代表的客观社会派。这就是所谓"中国美学四大流派"。也正是在这一次的美学大讨论中，年轻的李泽厚开始进入美学研究的殿堂。

第二次"美学热"发生在上个世纪改革开放之初。当时，迪斯科、披肩发、流行歌曲、朦胧诗、伤痕文学等，一切"新感性""新崛起"都伴随着改革开放呼啸而来。青年们的迷茫写在脸上，对美学的好奇和热情被重新燃起。1979 年，中国当代第一本专业美学刊物《美学》问世。它名义上是美学研究室编辑，实际上编辑部只有李泽厚一人。首期刊发了 20 篇论文，向如饥似渴的读者介绍了形象思维、西方美学、悲剧和灵感范畴等西方活跃的艺术理论。同年，中国社会科学院文学所文艺理论研究室编辑的《美学论丛》也首次出版，蔡仪发表《马克思究竟怎样论美》一文，批评所谓实践观点的美学，再次把锋芒指向了李泽厚和朱光潜。这篇文章立刻引起反响，刘纲纪等人纷纷撰文批驳。是为第二次"美学热"的兴起。到后来朱光潜从美学角度重新翻译马克思的《1844 年经济学哲学手稿》，以及高校创建美学教师进修班，本次"美学热"进入高潮。到 1981 年，此次"美学热"的重要著作已经基本出齐，其中影响尤为广泛深刻的，当属李泽厚的《美的历程》。

195

1980 年，上海文艺出版社《美学》第 2 期发表了李泽厚的《关于中国古代艺术的札记》前三章。1981 年 3 月，文物出版社正式出版单行全本，书名定为《美的历程》。"这本书我是在 1979 年交稿的。写作的过程很快，大概只有几个月，可思考的时间长。"李泽厚记得，上个世纪 60 年代，他下放到湖北干校劳动，在农田里汗流浃背时，脑海中忽然浮现出张若虚的《春江花月夜》——"江畔何人初见月？江月何年初照人？"在当时被批判为"颓废文学"的这首诗，引发了李泽厚的思考："我觉得它是成熟期的青少年对人生、宇宙最初觉醒的'自我意识'，是通向'盛唐之音'的走道。"他不满足于割裂开的哲学史、思想史、艺术史，开始动笔著述心中理想的学问。事实也证明，李泽厚所作的努力得偿所愿。

三、精彩看点

1. 具体的研究对象

现已问世的大量美学著作，它们研究的视野大都局限在历史上那些思想家、哲学家的美学理论，所以，西方美学史总要从苏格拉底、柏拉图讲起，中国美学史则一定是从孔夫子开篇。当然，苏格拉底或孔夫子，他们的思想都曾在历史上产生过广泛的影响，美学史研究他们是理所当然的。不过作为人类精神文化的审美观念、审美活动，它的衍化、凝练和质变，不仅体现在少数思想家的理论中，而且大量地反映在每一时代的文艺创作，乃至人们日常生活的实践中，呈现为一种社会风尚或时代思潮。这种社会风尚或时代思潮，正像李泽厚所讲的，是浓缩了人类历史文明的心理结构。它支配了当时人们的审美趣味和艺术创作的趋向、格调和情趣，这些都不是几个思想家的理论所能包容得了的，只有那些绚丽多姿的艺术作品，才是打开"时代灵魂的心理学"。《美的历程》就是以文艺作品为主要对象，对我们文明古国心灵历史的文化长廊作了一番巡礼，揭示了那些时代精神的火花，如何被我们先人巧妙地捕捉，机敏地再现为生动的艺术形象的。远古图腾的神话传说，饕餮狞厉的商周铜器，巍峨壮丽的秦代建筑，古拙浑厚的汉代画像，悲惨森严的佛窟雕塑，笔走龙蛇的晋唐书法，气韵生动的宋元画轴；《诗经》的"赋、比、兴"手法，屈骚的浪漫主义，魏晋诗文的风度神骨，唐宋诗词的情趣意境,明清小说的愤俗感伤……这些不同时代的不同艺术形式,《美的历程》都一一揭示了它们怎样凝练和积淀着我们民族的许多思想、情感、观念、意绪,说明为什么直到今天我们仍然还会吟叹不已,为之倾倒。《美的历程》犹如一位博学而又热情的向导,把我们引进中国古代艺术宫殿,饱尝一番我们先人创造的文化精粹。

2. 独特的审美视角

李泽厚灵活而巧妙地运用了西方的艺术符号学理论,把艺术当作符号来研究,从视觉的审美角度出发,将中国的语言、宗教、艺术都看成是符号之网的一部分。运用这种符号学研究方法,站在宏观的历史高度将符号与中国几千年的历史发展进程紧密相连,对美作出了明确而独特的见解。

（1）美起源于符号

李泽厚《美的历程》一书认为,在遥远的旧石器时代,人们不懂得审美,但是已经对外形有了朦胧的认识。随着生产力的高度发展,人们的精神世界也逐渐丰富起来,到山顶洞人时期,他们在尸体旁边撒上矿物质的红粉,并将这种红粉视为造型艺术的要素之一:颜色。这种装饰品将人的观念和幻想外化,他们是物态化的活动。至此,人类社会的上层建筑和意识形态已经开始,这种现象已经不仅仅是对鲜明夺目的红颜色的动物的生理反应,而且已经开始有其社会性的巫术礼仪的符号意义存在。而这一切的图腾形式积淀的社会内容和价值就是中国的审美意识和艺术创造的萌芽。正是这些符号,又经历了漫长历史岁月的沉淀,内容沉淀为形式,想象和观念沉淀为感受,继而开启了中国的音乐、舞蹈、绘画、文学以及所有的中国古代文化,成为中华文明的源头。例如,李泽厚认为神话就是人们在众多远古氏族的图腾和标记的基础之上加之以想象而成的,所以我国神话中的始祖大多都是人面蛇身;而原始的歌舞也是在这种图腾符号的基础上发展而来的,是原始图腾的狂热的活的形式。这种运用符号学来研究中国美学的大胆开创意识,开启了我国美学研究的新的历史征程。

（2）美是情感概念

在"魏晋风度"一章中,李泽厚提出了自己独特的见解,和以往有些研究者认为魏晋玄学是反动的腐朽的东西相反,他认为魏晋玄学恰恰是中国思想上的飞跃。因为此时一种真正的思辨的理性的"纯"哲学产生了,一种真正抒情的感性的"纯"文学产生了。他从情感的角度出发,认为这一时期才是真正的文艺。从悠久的图腾文化进而感悟原始歌舞的艺术魅力,从器物纹饰当中品味狞厉的美,从先秦的建筑艺术和文学准则中感受理性的精神;李泽厚认为艺术不是事物的概念而是情感的概念;美学的着眼点更多的是强调内在生命意兴的表达,艺术不应该重视模拟,而应该重视情感;"有意味的形式"是活生生的流动的富有生命暗示和表现力量的美。

3. 历史与逻辑的统一

李泽厚从旧石器时期开始,一直阐述到清代,可谓有极其明确的写作观念。他既突出了某一历史时期文化的特点,又将其放在宏观的历史角度加以观照,做到了历史与逻辑的高度统一,将中国几千年的文化勾勒得明朗而又清晰。同一种艺术形式,在不同的历史发展时期也会有不同文化内涵和审美意义。例如,"佛陀世容"一章中,同样是一种宗教信仰文化,却分别用"悲惨世界""虚幻颂歌"和"走向世俗"来形容和解读,从历史的发展历程中展示出由于社会历史背景的一系列综合因素的影响而呈现的不同的时代风貌。在"魏晋风度"一章中,李泽厚指出:"魏晋在中国历史上是一个重大变化的时期。无论经济,政治,军事,文化和整个意识形态,包括哲学,宗教,文艺等等都经历转折。"先揭示了整个魏晋时期的大的时代背景,指出当时社会庄园经济日益巩固和推广,政治上分裂割据,门阀世族阶级等级森严,此时的观念体系也就自然而然地发生了变化,进而形成了一种新的观念体系。作者据此将此时的这种新的门阀世族的世界观人生观以及魏晋玄学视为一股新颖的先进思潮,这种观点可谓文学史上的创新观点。他提出这一观点,源于他既从文、史、哲等多方面进行相互观照,又从人类历史的发展角度来看待魏晋风度,从美学的高度来批评魏晋风度;那么从这方面来看,魏晋时期所展示的风度和玄理确实是我国古代社会的一大历史性的进步,玄学就是哲学的又一次解放。他就是这样客观地分析了每种艺术发展的不平衡性,又将整个中国古代历史的宏观脉络呈现在读者面前,做到了历史与逻辑的高度统一。

4. 诗情画意的境界

读《美的历程》的时候,或许会有这样的感觉,作者笔触所至,往往把你引入诗情画意的境地。有时明明是千姿百态、令人目眩的不同艺术形式,作者却戛然而止,向你揭示它们共同的美的本质;有时面对的是完全相同的艺术形式,他又异峰突起,向你指出它们之中不同的美的特征。唐代张旭和怀素的书法,流走快速,一派飞动,"把悲欢情感极为痛快淋漓地倾注在笔墨之间",《美的历程》却把它们和盛唐诗歌联系在一起,指出它们所激荡的都是一种音乐性的美。谁曾想到,书法和诗歌有什么共同的地方?谁也不曾听过唐代的音乐,但这并不妨碍用它来帮助我们体味唐代诗歌和书法的韵美,这是异中之同。李白和杜甫的作品都是盛唐之音的代表,《美的历程》却指出,前者"是对旧的社会规范和美学标准的冲决和突破,其特征是内容溢出形式","是一种还没有确定形式,无可仿效的天才抒发",后者"是对新的艺术规范、美学标准的确定和建立,其特征是讲求形式,要求形式与内容的严格结合和统一,以树立可供学习和仿效的格式和范本"。两种"盛唐",各具风貌特征,各有审美价值,内含着不同的社会意义,这是同中之异。我们从李泽厚的这些论述中,不只可以尽情观赏中国古典文艺那些灿然夺目的光彩,甚而能够抚摸到我们民族探求美、创造美的艰难历程中,那跳动着的历史脉搏。

199

四、读法指导

《美的历程》博通古今,涉及文学、史学、哲学等众多领域,对处于中学阶段的我们而言,阅读难度非一般书籍可比。但是,正如作者所言,"中国还很少专门的艺术博物馆。你去过北京天安门前的中国历史博物馆吗?如果你对那些史实并不十分熟悉,那么,作一次美的巡礼又如何呢?"所以,阅读时不妨放松心态,让作者带领我们"从遥远得记不清岁月的时代开始",踏上一段美的历程,浸润在一种美的享受中,去接受一番包蕴着多元文化和情感的美的洗礼。第一遍阅读时,建议同学们放下焦躁的心,跟随作者来一次通览,了解作者是以怎样的思维方式和框架来写这本书的。这是"面"上的阅读。

《美的历程》通常从具体的艺术作品入手,把他们作为观照这一时期的历史和文化,探寻其中独特的美学特质的突破口。这就为我们的阅读和研究提供了方便。同学们在阅读时，要充分利用这一便利，从而获得由个别到一般、由具体到抽象的认识。例如，"青铜饕餮"这一章中，作者以"以饕餮为代表的青铜器"为研究对象，指出其美的原因不在于它们只是代表对事物的装饰，而在于这些设计特殊的、形象的线条以及别有一番风味的刻饰，体现了一种不能用语言来具体表达，而用概念来叙述的对原始宗教的特定情感，再加上这些器物虽然笨重但是沉稳，虽然制作复杂但是坚实的特点，这就更加形象地将那个充满血与火的野蛮时代表现得淋漓尽致。作者又从情感的角度对青铜饕餮这些看似吓人的，但是代表了一段珍贵的、独特的、不可返回的历史给予了别的解释，这些青铜饕餮因为代表了原始的历史，所以它有着天真的、原始的、拙朴的美。作者还这样说道："当青铜艺术只能作为表现高度工艺的艺术作品时，实际便已到达它的终结之处。战国的青铜巧则巧矣，确乎可以眩人心目，但如果与前述那种狞厉之美的殷商器物相比较，则力量之薄厚、气魄之大小、内容之深浅、审美价值之高下就判然有别、十分清楚。人们更愿意欣赏那狞厉神秘的青铜饕餮的崇高美，它们毕竟是那个'如火烈烈'的社会时代精神美的体现，它们才是青铜艺术的真正典范。"由此可见，作者是想借由"饕餮"来探寻这一时期真正的独具特色的美学形态。另外，本书通行本中往往都有配图，同学们不妨对其仔细观察研究，将其和正文对照阅读。这是"点"上的阅读。

我们还可以在通览的基础上有选择性地阅读，先从自己大致可以读懂的部分来读。他山之石，可以攻玉，必要时还可以进一步参照阅读其他相关文章。假以时日，终会尽览本书之美。

五、参考书目和论文

[1] 徐洁. 古代文艺的巡礼——简析《美的历程》[J]. 名作欣赏, 2015(17).
[2] 李泽厚、戴阿宝. 美的历程——李泽厚访谈录[J]. 文艺争鸣, 2003(1).
[3] 包遵信. 迈向自由王国的足印——读李泽厚《美的历程》[J]. 读书, 1981(8).

《西方哲学十五讲》导读

谢 实

一、书本简介

《西方哲学十五讲》是北京大学出版社推出的"名家通识讲座书系"中的一本,这本书脉络清晰、观点鲜明、材料丰富,深受读者欢迎。著者张志伟先生是中国人民大学的博导,同时兼任北京大学外国哲学研究所兼职研究员。张教授是研究西方哲学特别是古典哲学的专家,他对康德甚为熟悉,有若干关于康德哲学的论文闻名于世,特别是他对"纯粹理性批判"的研究造诣极深,而且他提出的哲学的"困境"或"终结"的问题,耐人思考,赋予哲学以深刻的时代意义。

全书的编排由哲学"爱智慧"的说法发端,将哲学依照本体论思想的源起、转向和深入的发展规律作了较为全面的介绍,具体阐释了世界、认知、理念、实践、主体性、逻辑性等哲学理念,并结合主要哲学家及其思想立场的发展历程分析评说。全书分为十五讲,前六讲主要回顾古希腊哲学,苏格拉底、柏拉图、亚里士多德,他们各自的哲学贡献实际围绕着"人与世界"这一大问题展开,即"我是谁"的基本哲学命题;七至十一讲即以西方人文主义为核心,围绕神学与人学,强调哲学中"我思故我在"的主体意识;十二至十五讲所讲内容是欧洲古典哲学的辉煌时期,法国卢梭等人的社会政治理论是理性哲学的重大成果,是人类反思与批判的哲学认知的里程碑,而阐述德国古典哲学家康德和黑格尔的内容尤为精彩,作者用"哥白尼式的革命"来形容康德,对康德的哲学贡献极为褒扬,作者在对康德的评析时没有孤立地看待问题,而是从德国古典哲学的发展层面"纵"的梳理脉络,又与卢梭、休谟相联系,作横向比较,从而导出对康德"批判哲学"的深入思考。

作者将黑格尔称作"最大的形而上学家",这对于理解黑格尔的逻辑学、本体论以及辩证法起到了很形象的提示作用。哲学讲到黑格尔也就意味着古典哲学的总结,这本书结于此处,也是对哲学研究普遍性问题的历史总结,但如果不能把这种研究和对人生境界的追求结合起来,这种哲学就只能停留在一般科学的层面,哲学的根本是感悟智慧、健全人格,因此只读《西方哲学十五讲》显然是不够的,接下来有余力的同学应该去读哲学原著。另外这本书对西方现代哲学没有通识性介绍,也算是一种缺憾吧。

二、写作背景

张志伟先生编著此书的背景应该从两个方面看。

一是因为北京大学发起的一次多学科普及读物的编写,这套书不同于近些年来常见于书肆的"大家小书",它的意义不在于以简单方式让人窥见一隅的"小书",其意义是将某一学科的框架体系以条分缕析的方式作一种通识层面的全面展示,其宗旨是对受众品位的提升,而非寓教于乐的通俗化传播,所以是"通识"而非"通俗",也就是说这套书中的任一种都可以作为大学教材。然而这本书又不同于通常的《哲学常识》《哲学导论》一类的专业教材,它面向那些有兴趣观其大要的哲学爱好者,仍带有课外读物的味道,所以这本《西方哲学十五讲》是将专业性与普及意义作了很好的结合。名家担纲依然是这本书的特色,张志伟先生本身是中国人民大学人文学院的哲学权威,对康德的研究很有自己的见地。在上个世纪就有多部关于西方哲学的专著、教材,由他编著自然是有分量的,此书的立足点以及系统性已经证明了这一点。

另一方面,张志伟先生并没有简单地重复他在《西方哲学问题研究》(与冯俊等人合著)或《西方哲学史》(中国人民大学 2002 年出版,"九五"国家教委重点教材)的论述风格,而是以一种"教学实录"的风格娓娓道来,读其文字若听其授课,有一种特别亲切的感觉。

这里想特别说明一下整本书阅读的资料背景,从每部分内容所举的书目名单看除了专业的哲学原著而外,此书还参照了张世英、邓晓芒、陈修斋、王晓朝、赵敦华、范明生、苗力田、叶秀山、汪子嵩、靳希平以及张志伟本人等的多部著作,可以说将国内对于西方哲学问题研究的优秀成果熔于一炉,然而处处又保持著者的独立立场。我们认为,如果将此书与上面所举的名家著作有选择地比照阅读,对西方哲学的有关问题定能有更深刻的认识。比如我们可以与张世英的《哲学导论》比照起来,思考在主客体关系问题上东西方认识的差异,张世英用中国"天人合一"的古代哲学观来通观整个东西方的哲学观,而张志伟先生更加重视哲学体系中的主体性意识,对"科学精神"和理性批判有极为精当的思考分析。

三、精彩看点

203

1. 多样化的语言风格

虽是哲学通识教材,对广大读者来说,这本书极具吸引力的正是它的语言表达方式。因为作为教材使用的哲学读本,大多依靠理性的、严密的、书面的乃至刻板的语言表达,这一点当然无可厚非,哲学是揭示本质的特殊科学,抽象性是哲学表达的需要。《十五讲》在概括哲学原理方面也依靠严密的逻辑推理,言简意赅,切中肯綮。然而在阐述的过程中,著者常常插入生动的史料以及故事,在分析哲学人物的思想特质时,也喜欢很有代入感地在情境中展现其哲思睿智,这使得作为哲学讲座的教材,也带有"通俗哲学史"的味道,这样自然深入浅出,易于为更广泛的读者接受。

以第三讲"苏格拉底的问题"为例,第一部分讲"智者运动","智者"这一提法可以总概当时雅典思想活跃的良好氛围,梭伦、泰勒斯等人都名列七贤。接着讲了"智者"与"哲学家"的概念差别,特别是将智者的产生与雅典民主制的观念联系在一起,肯定了智者的积极意义,还特别以赫拉克利特、普罗泰戈拉为例阐述智者思想的哲学意义;接着从三个层面分析"智者"与"存在"的关联。这部分内容主要依靠严谨的推理分析,语言郑重、理性、简明。这部分内容引出了智者的代表性人物苏格拉底,为研究苏格拉底之死提供分析的理论基础。然而,到第二部分谈"苏格拉底之死"时,作者的语言风格却明显的由论析转向描述,甚至带有故事表达的传奇意味,如下面的这段话:

> 在某种意义上说,苏格拉底也是在自己"找死"。由500人组成的陪审团,280人认为苏格拉底有罪,220人认为他无罪,实际上只有60票的差距。按照雅典的法律,苏格拉底并不一定承受死刑,他可以交付罚金,以罚代刑。可是苏格拉底认为自己没有罪,声称不交罚金。不仅如此,苏格拉底认为自己是阿波罗太阳神给雅典人的恩赐,所以不但不应该被判处死刑,城邦还应该为他提供免费食宿。不用说,苏格拉底的态度激怒了评审团,吵吵嚷嚷的法庭最终判处他死刑。另外,苏格拉底还有充分的时间逃走,他的学生们已经买通了看守,准备护送苏格拉底离开雅典。但是却被苏格拉底拒绝了,他说尽管评审团的判决是错误的,但是我作为遵纪守法的公民却没有理由不服从它。所以,他拒绝逃走。

这分明是描述式的形象表达,但读来让人荡气回肠,使得这部分内容和前一节内容紧密关联,既从理性层面思考了苏格拉底与城邦矛盾的核心所在,也对雅典民主制有进一步的思考,使这部分内容极具感染性,读此内容我们可以仰望那个时代那样的圣贤,真可谓高山仰止!

《西方哲学十五讲》中这样的精彩篇章还有《近代哲学的曙光》写培根的部分、《经院哲学》部分安瑟尔谟思想观点的部分,语言都呈现出理性总结与描述式表达的多样性。

2. 哲学认知的逻辑呈现

《西方哲学十五讲》不只是一部哲学史,对诸多哲学命题需要向读者作通识性介绍,浩如烟海的各类中外哲学书籍,有原著,有哲学史,有评论性的专业研究书籍。采用何种方式阐释哲学概念,使认知的逻辑过程清晰呈现,并初步建立起相应的知识体系,这本身其实是一件很复杂的事。

要把复杂的事简单化谈何容易，什么是智慧、什么是认识、什么是本体、什么叫"理念"，"形而上学"是什么，主客体关系（身心关系）怎样理解，如何理解理性主义、经验主义、古典主义，何谓"理性批判"，逻辑学、伦理学、美学与哲学的关系应当如何理解。这些问题都讲到了，但给人的感觉没有混乱感，清晰而可触，这是怎么做到的呢？

这当然在于编者对翔实资料的大量占有，也离不开以时间为序从古希腊哲学到德国古典哲学论证的完整性，作者本人对哲学中基本问题的眼界、思考、质疑、比较，也是全书表达明白、深刻的重要原因，但我以为最重要的一点在于作者从不孤立地看待任何一个哲学命题，没有像很多哲学教材那样：从哲学原著先作简单引用，然后匆匆忙忙把它归入到某一哲学范畴中，用主观臆断的方式放大，然后东拉西扯、危言耸听。

我喜欢《主体性的觉醒》这一节，这一讲主要介绍近代哲学的创始人笛卡尔的哲学思想，说到笛卡尔，稍有常识的人会脱口而出那句"我思故我在"，但对这句话哲学内涵的理解却有着很大的分歧，很多说法并不符合笛卡尔的原意，甚至是误读。"我思故我在"当然不能以"正因为我的思考，才导致我的存在"作幼稚简单地解读，否则就变成"学而不思则罔"的"劝思"之说，有点"心灵鸡汤"的味道了。

其实，笛卡尔的这一认识论，是其欧陆理性主义哲学思想的根基所在，笛卡儿的本意是通过对自我的存在与否进行怀疑，从而得出肯定而不是否定自我存在之结论。人在怀疑时，一定是在思考的，因此这个人一定是独立于纯意识而客观存在的。《西方哲学十五讲》为了对这一理论廓清迷雾，首先对近代哲学的基本精神及时代特征作了必要的梳理，近代哲学对待自然的认识态度有别于重视现实的希腊哲学，亦有别于向往天国的基督教神学，著者最终以"启蒙主义"来概括近代哲学的精神，接着来讲启蒙主义的局限性，在此基础上导出关于笛卡尔"我思故我在"的全面阐述，从而揭示"我思故我在"的哲学意义。

我们来看这一段话：

    一切依靠考察事物的科学如物理学、天文学、医学等等都是可疑的，因为它们的对象是否现实存在都是不确定的。笛卡尔的怀疑是如此之彻底，他甚至认为，他心爱的数学、几何学也是可疑的，因为人们在推理论证时经常会犯错误，而且创造世界的上帝亦可能是个骗子，他有意让我们上当：我们以为2乘以2等于4，而实际上等于5。不仅如此，甚至设想上帝并不存在也是允许的。这样一来，我们的确很容易假设，既没有上帝，也没有苍天，也没有物体，也很容易假设我们自己甚至没有手、没有脚，最后竟然没有身体。总之，以往我们所确知的一切可能都是虚幻的。

但是，当我们通过这种方式怀疑一切的时候，这个怀疑本身却表明了一条无可置疑的真理，即"我在怀疑"本身是无可置疑的。我可以怀疑一切，但是我不能怀疑"我在怀疑"。因为我对"我在怀疑"的怀疑恰恰证实了我在怀疑的真实性。在笛卡尔看来，怀疑也是一种思想。因而我们可以说，"我在思想"是一个无可置疑的事实。显然，我在怀疑，我在思想，必然有一个在怀疑在思想的"我"存在。因为说某个东西在思维着，而它在思维时却又不存在，这是自相矛盾的。换言之，怀疑必然有一个怀疑者在怀疑，思维必然有一个思维者在思维。因此，"我思故我在"乃是一条真实可靠、连怀疑派的任何一种最狂妄的假定都不能使之动摇的真理，我们可以毫无疑虑地把它当作形而上学的第一条原理。

我觉得没有比这更好的议论文字了，不仅用了笛卡尔自己的言论，又用了假设论证、虚设情境的文字形式，"我在怀疑"以及这种"怀疑"本身的无可置疑极富思辨地将笛卡尔"怀疑"的认识原则以及由此建立的哲学体系清楚明白地表达出来，真可谓要言不烦。笛卡尔哲学的二元论重视心灵作为精神实体，而身体只是物质实体，这不禁让我想到孟子所说的："心之官则思，思则得之，不思则不得也。"二者的哲学基础和语言背景虽有很大差异，但对思考的重视却无二致。

《西方哲学十五讲》第十五讲《黑格尔的绝对唯心论》也是很精彩的一部分，我们知道，黑格尔继承了谢林的客观唯心主义路线，但他认为"绝对"不仅应被理解和表述为"实体"，也应被理解和表述为"主体"。这就是绝对精神。黑格尔哲学就是对这个绝对精神的自我描述。那么什么是"绝对唯心论"，它在现代西方唯心主义哲学中处在什么地位呢？它的主要特征又是怎样的呢？

《西方哲学十五讲》的这段文字写得特别好：

> 黑格尔的《精神现象学》所展示的就是这个过程，它通过人类精神认识绝对的过程，表现了绝对自身通过人类精神而成为现实，成为"绝对精神"的过程。换句话说，人类精神的认识活动归根结底乃是绝对精神的自我运动，因为人类精神就是绝对精神的代言人，它履行的是绝对精神交付给它的任务。对黑格尔来说，人类精神这个艰苦漫长的"探险旅行"既是精神的"伊利亚特"，也是精神的"奥德赛"：它不仅是人类精神远赴他乡，寻求关于绝对的知识的征程，同时亦是精神回归其自身，认识自己的还乡归途。

3. 结构体系的灵活多变

读哲学著作，当然要强调系统性。一般的哲学专著，都特别强调系统性，如华东师范大学出版社潘德荣的《哲学导论》，包括形而上学、认识论、宗教哲学、实践哲学、历史哲学六个主要部分，条分缕析，对于学习者来说很清晰，很实用。

又如蒋念祖编写的《人生智慧与真善美：中学生哲学读本》以"真"的探索、"善"的践履、"美"的欣赏与创造为脉络，是一本对哲学初学者很明晰的导读教材。

我以为《西方哲学十五讲》的结构方式灵活多变，依照阐述内容的变化采用合理的框架，避免了千篇一律的"套版"。这本书不是单纯的系统哲学教材，也不是一般哲学史的编年体，更不同于罗列哲学家的人物纵览，哲学的核心是问题，而论证是哲学的精髓，这本《西方哲学十五讲》充分体现了这一点。全书的十五讲从正标题（专题标题）看：智慧的痛苦、哲学的诞生、苏格拉底的问题……，更像是一个个话题；如果由专题的主标题和子标题联系起来看，如《康德的"哥白尼式的革命"》包括五个部分，分别为《德国古典哲学的产生》《"哥白尼式的革命"》《纯粹理性批判》《实践理性批判》《判断力批评》，这一结构是由背景到本论，然后分说的"枝杈"结构；再看《柏拉图的"洞穴"》包括《理想国》《两个世界》《回忆说与灵魂转向说》《对理念性的反思》采用了先分说再总结的收束结构。采用不同结构来分述每部分内容是依据作者论证的逻辑需要,也体现了哲学上方法研究的多样性,可见编者的良苦用心。

总而言之,《西方哲学十五讲》的精彩看点还有诸多,比如举例,比如论述中的对比联系,比如对哲学家创见的批判性眼光以及对哲学原著引用中的延伸和主体解读,这些大家用心去读,都可以发现。

四、读法指导

1. 建立简要的知识体系图表

鉴于《西方哲学十五讲》内容繁多,哲学概念多,涉及的人名多,为了以最清晰的方式对内容作更深的研究,可在粗读的基础上自己将内容梳理,建立简要的知识体系图表,如下面的示例:

(1) 哲学的研究对象:人与世界、主客关系

(2) 哲学的本体论(世界是什么?)

本体论:关于"存在"本身的学问,是以"存在"为核心的逻辑体系,目的是试图对我们生活于其中的世界做出陈述与描绘。

(3) 哲学的诞生:希腊哲学、宇宙论、本体论

(4) 本体论的流变

苏格拉底:德性即知识

柏拉图:"理念世界"(理想国)

亚里士多德:原因论、形而上

中世纪教父哲学与经院哲学

笛卡尔:自我意识的觉醒("我思故我在")

康德:道德实践与追求至善

黑格尔:绝对精神,本体论与辩证法、逻辑学的统一

2. 学会做简单的哲学笔记

写哲学笔记并不是一件多艰难的事,一是为了留下读书的痕迹;二是梳理作者的观点;三则结合自己的看法,用哲学观点观照生活。学哲学的目的不是为了让自己变得玄奥古怪,而是以更清澈的心去对待人生,涵养我们的智慧,促进健全人格的形成。比如下面是笔者做的几则笔记,列在下面,内容未必精当,欢迎大家批评。

- 海德格尔基于人与世界合一的原初性,因而认为实践先于认识,克罗齐虽也认为有"直觉"之前的"感受",但仍然依据把直觉归属于认识的范畴,认为先于实践。康德把道德看作精神发展的最高阶段,源于苏格拉底和柏拉图;中国儒家重道德,与之相似,而道家则不然,道家其实是把审美看作精神发展的最高阶段,所以儒、道两家都讲"天人合一",但含义不同,儒家的"天"指天理,道家的"天"指自然。认识分直觉和思维两个阶段,概念是思维的产物。直觉有别于原始的意识,它能将客体放在时空中考虑。黑格尔认为诗人浓缩的直觉低于哲学家的概念界定及思维。这是因为他认为哲学家高于诗人。现代哲学则正好持相反的看法。

- 黑格尔的"真无限"其实是理想化的,即通过否定之否定以求精神上的绝对自由,有点庄子"无所待"的味道。万物彼此相融,依据一定的逻辑彼此联系,这也就是由此及彼横向超越的"万物合一"。我以为庄子思想的归结点是"真无限",但在方法论上的齐物论的看法是典型的"想象的无限"。有底论使人生因追求不得而虚无,无底论的不确定性反使个体获得心灵之自由。

- 人对事物的关注可归结到真、善、美几个方面。显然事物之真往往被抽象为对自然科学及对自然的认识。在关注这一问题时可以暂不考虑对道德、审美的关注,反之则不可。洛克的"第一性质"即用广袤、形相、运动等观念来规定事物,最终规定于"数"这样的抽象的同一性。应当明确的是科学所追求的抽象同一性决非离人而独立存在的,它是人的认识活动高度抽象的结果。当人类在科学、认识的抽象领域取得进步的同时,就会从

209

道德、审美领域对事物提出更高的关注要求。这种关注达到人与物融合的境界,也就超越了低层次的认知、判断,这也就是"物我同一",而纯粹的科学研究则将功用、道德、审美完全撇开,只追求对物质世界的本质特性的抽象概括。

五、参考书目和论文

［1］［英］罗素. 西方哲学史［M］. 北京:商务印书馆,2016.

［2］张世英. 哲学导论［M］. 北京:北京大学出版社,2009.

［3］［英］麦德森·皮里. 大哲学家［M］. 济南:山东画报出版社,2012.

［4］卫刚、蒋念祖. 真善美与人生智慧——中学生哲学读本［M］. 苏州:苏州大学出版社,2015.

［5］潘德荣. 哲学导论［M］. 上海:华东师范大学出版社,2016.

［6］张志伟. 西方哲学十五讲［M］. 北京:北京大学出版社,2004.

［7］张汝伦. 西方哲学研究的几个问题［J］. 天津:天津社会科学,2017(6).

《沉默的大多数》导读

朱 敏

一、书本简介

王小波,当代著名学者、作家。1952 年出生于北京;1969 年去云南等地插队;1978 年考入中国人民大学读本科;1984 年赴美国匹兹堡大学求学;1988 年回国后在北京大学、中国人民大学任教;1922 年辞职,成为自由撰稿人;1997 年病逝于北京。

王小波无论为人还是为文,都颇有特立独行的意味,是中国当代文坛中极富个性的作家。王小波主要是写小说,但也写了一批杂文,来表达他对世事的看法。《沉默的大多数》作为一本杂文集,收录了王小波大部分关于中国文学、艺术、科学、道德的认识,有着深刻的理性认知,被人们广泛阅读、关注、讨论。王小波在《沉默的大多数》自序中说道:"作为一个寻常人,我的看法也许不值得别人重视,但对自己却很重要。这说明我有自己的好恶、爱憎,等等。假如没有这些,做人也没什么味道。"正是通过写作,王小波从一个沉默的大多数变成了一个自由发声者。

王小波一生写过约 35 万字的杂文随笔,《沉默的大多数》是收集他作品最全的集子。《沉默的大多数》也是一篇杂文的题目,最初发表于 1996 年第 4 期《东方》杂志上,后来又被用作杂文随笔集的书名。这个书名是他生前选定的,在生前发给朋友刘晓阳的最后一封电子邮件中,他写到:"我正在出一本杂文集,名为《沉默的大多数》,大体意思是说:自从我辈成人以来,所见到的一切全是颠倒着的。在一个喧嚣的话语圈下面,始终有个沉默的大多数。既然精神原子弹在一颗又一颗地炸着,哪里有我们说话的份? 但我辈现在开始说话,以前说过的一切和我们都无关系——总而言之,是一刀两断的意思。千里之行,始于足下,中国要有自由派,就从我辈开始。"王小波在《知识分子的不幸》中说:"知识分子最怕活在不理智的年代。所谓不理智的年代,就是伽利略低头认罪,承认地球不转的年代,也是拉瓦锡上断头台的年代;是茨威格服毒自杀的年代,也是老舍跳进太平湖的年代。知识分子的长处只是会以理服人,假如不讲理,他就没有长处,只有短处,活着没意思,不如死掉。"王小波之所以在文中要竭力推崇理性和言说的自由,就是为了抵抗这种不理智的年代,不再沉默。

二、写作背景

在王小波的杂文中,王小波多用第一人称"我"来叙述,写作缘由或者写作背景往往是"年轻时候插过队""在街道工厂当工人"等经历。因此,王小波的杂文很多都是历经世事后思考的结晶。阅读他的杂文,我们需要了解作者经历过什么。

17 岁那年,为响应国家号召,王小波跑到云南插队,欲图在那里干出一番惊天动地的伟大事业来,但现实给了他沉重一击。王小波在《思维的乐趣》里写到:"插队的生活是艰苦的,吃不饱,水土不服,很多人得了病,但是最大的痛苦是没有书看……除此之外,还得不到思维的乐趣。我相信这不是我一个人的经历:傍晚时分,你坐在屋檐下,看着天慢慢地黑下去,心里寂寞而凄凉,感到自己的生命被剥夺了。当时我是个年轻人,但我害怕这样生活下去,衰老下去。在我看来,这是比死亡更可怕的事情。"王小波的这段"知青生活"的经历,是他短暂一生中非常独特的生命体验,成为一生中永远挥之不去的回忆,并且在日后的写作中,有意无意地浮现脑海,流于笔下。

时过境迁,很多人选择主动遗忘那段历史,也有很多人将之视为敏感话题,唯恐避之不及。王小波对待"文革"有自己独特而清醒的认识,他从"我"的视角出发,站在独立思考的写作立场上,警醒后人有些历史不该回避不该遗忘。

90年代,随着社会经济改革的步伐加快,"单位""体制"对人身的控制逐渐松绑,王小波毅然决然选择摆脱"单位",心甘情愿成为一名自由撰稿人。自由撰稿人没有固定的工资,没有丰厚的待遇,只能靠稿费生存,但王小波全然不在乎,他看中的就是自由,那种摆脱一切束缚和规矩,完全按照自己的状态来生活的宝贵自由。

这种生存方式看似浪漫,但其中的坎坷、艰辛谁又能知? 生计的无保障还是小事,更重要的是时时刻刻保持人格独立,抗拒平庸,赢得自由思想。事实上,"一个社会的文明标志,不仅是高楼大厦盖了多少,或者参加高尔夫球协会的大亨有多少,还应该看在社会舆论中,知识分子的批评声音占了多大的比重。也许这种批评对于商品经济发展毫无作用,对国家政策的制定也没有影响,但它就是需要存在。哪怕是一种极其微弱的声音,有了它,社会发展才会健全。"王小波就是一位特立独行的公共知识分子,他充满责任感,无怨无悔地行走在时代前沿。

213

三、精彩看点

阅读王小波的杂文,值得关注的方面有三点,分别是内容、语言和思想。思想当然是通过内容和语言来传递的。所以,我们不妨关注王小波杂文内容和语言的特点。

1. 覆盖面广

这本杂文随笔集包括思想文化方面的文章,涉及知识分子的处境及思考,社会道德伦理,文化论争,国学与新儒学,民族主义等问题;包括从日常生活中发掘出来的各种真知灼见,涉及科学与邪道,女权主义等;包括对科学研究的评论,涉及性问题,生育问题,同性恋问题,社会研究的伦理问题和方法问题等;包括创作谈和文论,如写作的动机,作者的师承,作者对小说艺术的看法,作者对问题格调的看法,对影视的看法;包括少量的书评,其中既有对文学经典的评论,也有对当代作家作品的一些看法;最后,还包括一些域外生活的杂感以及对某些社会现象的评点。覆盖面广,充分体现了王小波"杂"的行文特色。

2. 口语化的语言

王小波虽然是以小说创作为主,但很多读者认识王小波,喜欢阅读他的作品却是从阅读他的杂文开始的,例如这本《沉默的大多数》。王小波的杂文与一般的杂文风格不一样,是王小波不愿接受种种理所当然的束缚,自成一体的王小波风格。在《有关天圆地方》一文中,他曾说过:"有人告诉我说,没你这么写杂文的!杂文里应该有点典故,有点考证,有点文化气味。典故我知道一些,考证也会,但就是不肯这么写。"王小波的杂文读不出学究味,语言通俗平实,读起来轻松,读完后带劲。应该说,王小波的杂文语言口语化,甚至粗俗化,在嬉笑怒骂中将问题引向深入。下面举几例。《体验生活》中写道:"晚上吃忆苦饭,指导员带队,先唱'天上布满星',然后开饭。有了这种气氛,同学们见了饭食没有活撕了我,只是有些愣头青对我怒目而视,时不常吼上一句:'你丫也吃!'结果我就吃了不少。第一口最难吃,吃上几口后满嘴都是麻的,也说不上有多难吃。只是那些碎稻壳像刀片一样,很难吞咽,吞多了嘴里就出了血。反正我已经抱定了必死的决心,自然没有闯不过去的关口。"这段话带有浓郁的生活气息,并且具有典型的北京话,但凡有过该经历的人,读到这段文字,一定会掩卷苦笑,哪怕没有经历过的,也能想象那份遭罪。《知识分子的不幸》中写道:"这证明了我对海外华人学者一贯的看法:人家不但学术上有长处,对于切身利害也很惊警,借用打麻将的术语,叫做'门儿清'!"这些俗语的使用,也增强了杂文通俗易懂的效果。王小波口语化的语言中还不避讳粗俗化的语言。例如《极端体验》中:"我有些庸人的想法:吃饱了比饿着好,健康比有病好,站在粪桶外比跳进去好。"这些粗俗的词汇穿插在行文中,非但不让读者反感,而且增强了生动的表达效果。这些语言,大多来自民间口头话语,不娇柔、不造作,具有极强的亲和力,也是广大群众喜闻乐见的,当然会得到阅读者的普遍好感。王小波用这些口语化的语言,来反击虚伪的道德说教。

3. 黑色的幽默

维特根斯坦说过:幽默不是一种心情,而是一种观察世界的方式。有学者认为,将"黑色幽默式的话语方式引入杂文是王小波对中国文学的一大贡献。王小波杂文话语的底色是黑色幽默,王小波突破了美国黑色幽默派开创的文学疆域,形成不可混淆的个性风格。将黑色的成分与幽默的成分紧密联系,在幽默中表现深沉绝望,但又从中发出笑声,融汇绝望、无奈、残酷和荒诞的黑色幽默是深沉多情思的人类心灵共有的东西。"王小波清醒地看到了周围世界的荒诞。毫不犹豫地选择用黑色幽默的话语方式来表达自己的反抗。他在《从〈黄金时代〉谈小说艺术》说:"我们的生活有这么多的障碍,真他妈的有意思。这种逻辑就叫做黑色幽默。我觉得黑色幽默是我的气质,是天生的。"

王小波的杂文以黑色幽默的话语方式来反抗客观世界的荒诞不经。在《积极的结论》一文中,王小波讲了这么一个真实的故事。父亲对姥姥说一亩地能打30万斤粮食。姥姥跳着小脚说"杀了俺俺也不信!"大家都攻击姥姥觉悟太低,不明事理。姥姥还算了一本细账,说一亩地上堆30万斤粮,大概平地有两尺厚的一层。"我"当时只有六岁,但也得出了自己的结论:我姥姥是错误的。事隔30年,回头一想,发现姥姥还是明白事理的。亩产30万斤粮食会造成特殊的困难:那么多的粮食谁也吃不了,只好堆在那里,以致地面以每十年七至八米的速度上升,这样的速度在地理上实在是骇人听闻;十几年后,平地上就会出现一些山峦,这样水田就会变成旱田,旱田则会变成坡地,更不要说长此以往,华北平原要变成喜马拉雅山了。"大跃进"期间,主流政治话语圈浮夸成风,粮食亩产甚至放卫星放到30万斤。原本是人皆所知的荒谬结论,竟没有一个科学家站出来维护真理,看似合理的主流话语言论在客观事实面前不堪一击,一个裹着小脚的乡下老太凭着生活经验死活也不相信的简单道理,王小波原原本本地用黑色幽默话语算了一笔清账,证明这是个违背客观规律的谬论。

当王小波一批年轻人被派往农村,接受贫下中农的再教育,《拒绝恭维》一文中写道:"在萧瑟的秋风中,我们蹲在地头,看贫下中农晚汇报,汇报词如下:'最最敬爱的伟大领袖毛主席——我们今天下午的活茬是:领着小学生们敛芝麻。报告完毕。'我一面不胜悲愤地想到自己长了这么大的个子,居然还是小学生,被人领着敛芝麻;一面也注意到汇报人兴奋的样子,有些人连冻出的清水鼻涕都顾不上擦,在鼻孔上吹出泡泡来啦。"王小波一点正经也没有,用黑色幽默话语消解了严肃性,还原其荒谬性。

215

王小波的杂文还突出表现在以黑色幽默的话语方式来反抗极度乏味的精神生活。《思想和害臊》中记叙了这么一件事：在云南当知青时，有一天去集市买东西，身上带的钱少了，搁下的钱不怎么够，那位傣族老太太——用当地的话来说，叫做蔑巴——就大呼小叫地追了过来，朝"我"大喝一声：不行啦！思想啦！斗私批修啦……在当时，"思想"成了"害臊"的同义语。荒谬的权力话语对普通百姓的日常生活无孔不入地渗入，人们在疯狂的"话语圈"影响下，不由自主地对"文革话语"畸形地模仿。

4. 反讽

在《文明与反讽》中，王小波说："任何一个文明都该容许反讽的存在，这是一种解毒剂，可以防止人把事情干到没滋没味的程度。"

在他的人生价值体系里，很多社会现象都是极其荒谬的。《虚伪与毫不利己》一文中，王小波曾经有过这样一种人生观：人应该为别人而活着，致力于他人的幸福，不考虑自己的幸福。后来，王小波认为再说这样的话有沽名钓誉之嫌，"后来有一天，我忽然发现一个悖论：倘有一天，人人像我一样高尚，都以帮助别人为幸福，那么谁来接受别人的帮助？帮助别人比自己享受幸福，谁乐意放弃更大的幸福？大家毫不利己，都要利人，利归何人？"归根到底，毫不利己必然包含虚伪。王小波稍加以简单地推论，许多看似无懈可击的东西便不攻自破了。

中西文化交流频繁的年代，一些人不取东西方文化精华，尽取二者糟粕反而自得其乐。王小波对此是深恶痛绝的，他在《东西方快乐观区别之我见》中说："出了门，穷极奢欲，非奔驰车不坐，非毒蛇王八不吃，甚至还要吃金箔、屙金屎；回了家，又满嘴仁义道德，整个一个封建家长，指挥上演种种草菅人命的丑剧（就像大邱庄发生过的那样）；要不就走向另一极端，对物质和人际关系都没了兴趣，了无生趣——假如我还不算太孤陋寡闻，这两样的人物我们在当代中国已经看到了。"王小波的反讽话语体现在这些巧妙的国民劣根性悖论上，他们的幸福生活不仅是沉迷于纸醉金迷的物欲享受，而且要满足于传统仁义道德式的精神需求，这真是一种可笑的生活方式，王小波对此是不遗余力地加以嘲讽。

王小波插队时的那只特立独行的猪，"所有喂过猪的知青都喜欢它，一喜欢它特立独行的派头儿，还说它活得潇洒。但老乡们就不这么浪漫，他们说，这猪不正经。领导则痛恨它。我对它则不止是喜欢——我尊敬它,常常不顾自己虚长十几岁这一现实,把它叫做'猪兄'。如前所述,这位猪兄会模仿各种声音。我想它也学过人说话,但没有学会——假如学会了,我们就可以做倾心之谈。但这不能怪它。人和猪的音色差得太远了。正因为这位'猪兄'不安于自己的既定命运轨迹——或成为肉猪专职于长肉或成为种猪专职于交配,而是走上了一条反抗人类设置的'自由潇洒'道路。"在这里,我们不难读出反讽的味道,"猪"称作"兄",那么人反而非"人",而且差距颇大,因为"人和猪的音色差得太远了",这真是极大的讽刺!

王小波在谈及自己这些看似有趣的文字时,曾经说过,"这些现在让我写成了有趣的故事,在当时其实一点趣都没有,完全是痛苦。我把当时的痛苦写成现在的有趣,现在的小孩看到的只是有趣。而我们现在的生活还是这样,有趣的事情本来是没有的。"那放荡不羁的笑容背影,轻松有趣的话语背后,隐含着的正是王小波对中国文化苦运的痛切反思。可惜的是,自他逝世以后,对历史缺乏反思和追问的年轻一代,似乎只沉浸在他那趣味十足的话语世界中,甚至谑称志同道合的一群人为"王小波的门下走狗",却早已忘记——王小波反讽话语却是饱浸着民族血泪的沉痛思考!

217

四、读法指导

杂文,顾名思义,最大的特点就是"杂",内容杂、样式杂、写法杂、语言风格杂。因此,在阅读杂文时,要注意以下几点。第一,杂文具有极强的社会针对性,所以应该搞清楚杂文的创作背景;第二,找准材料的内容切入点(表面材料);第三,结合议论部分,搞清楚作者在深层次上所要表现的思想。阅读《沉默的大多数》这本杂文集时,同样要注意以上三点。当然,在这里,也简单说说适合此书的读书方法。

精读。个人觉得,《沉默的大多数》是各个时间、不同背景下、针对不同话题而写成的杂文的集合,各篇杂文之间没有必然的联系,因此可以先浏览目录,勾画出自己感兴趣的篇目,进行精读。通过精读这些篇目,来逐渐了解王小波的杂文风格。精读完感兴趣的篇目后,在此基础上可以泛读其他篇目。

点评。在精读某篇文章时,适合边读边圈画点评。针对文章的语言、关键词、观点,随时写下当时阅读时感悟到的点滴,可以赞成作者所说,也可以提出自己的想法,疑问处也要标出来。

比较阅读。该阅读方法对读者要求较高。读者在读王小波的某篇杂文时,如果能联系到其他作家写的同话题或者同背景下的杂文,不妨拿来参照阅读。通过这种比较阅读,既能帮助你更加深入了解所谈的话题或者背景,也能发现王小波不同于其他杂文家的风格。

五、参考书目和论文

[1] 王小波.沉默的大多数[M].长沙:湖南文艺出版社,2016.
[2] 凤卓.王小波杂文话语的研究[D].华东师范大学,2010.

《谈美》导读

王　欢

一、书本简介

　　《谈美》是著名美学家、文艺理论家、翻译家朱光潜先生于 20 世纪二三十年代为青年所作的一本美学书籍。在此之前,留学英国的朱先生曾应国内杂志之约,以中学程度的青年为阅读对象,发表了十二封信,就青年们所正在关心或应该关心的事项,用聊天的方式,表达自己的看法,后辑为《给青年的十二封信》。三年之后,《谈美》问世。它仍然采用书信的形式,以青年读者为对象,探讨艺术与美,与"十二封信"一脉相承,所以被称为"第十三封信"。此书是美学入门之书,也是他的另外一本著作《文艺心理学》经通俗叙述后的缩写本。

　　《谈美》全书中,除了朱自清先生所做序言、作者的开场话以及最后附录的作者自传外,共有十五个章节,逐章推进,主要围绕"美的欣赏"(第一章至第八章)、"美的创造"(第九章至第十四章)和"人生艺术化"(第十五章)来谈。涉及美感经验论、艺术创作论和人生美学论。美感经验,简而言之,就是人们的审美感受。朱光潜从我们日常生活中的审美感受、美感体会出发,详细探讨了美与实用、科学的区别,美与真、善的区别。并重点论述了审美过程中的"移情作用"。他认为,美感的产生需要欣赏者具有相关的知识、体验,这样才能产生联想,联想有助于美感的形成。美感区别于快感,是一种更加高级的心理体验。艺术创作部分,朱光潜虽然强调美是一种"直觉的表现",但是这种直觉与人的知识、理性并不是毫无关系的。他认为人是知、情、意的统一体,美是心物交合的产物。在《谈美》这本书中,虽然朱光潜以主要的篇幅探讨了美的欣赏与美的创作中的问题,但其真正的重点是在审美教育上,他认为要想改造社会必先改造人。这本书的写作宗旨就是通过厘清美感观念,使美承担净化人心,革新价值观念,解放人性,振兴民族精神的功能。

二、写作背景

19 世纪末 20 世纪初,随着我国社会危机的不断加深,有识之士开始更加积极地探索救国之路,他们急切地想从西方先进的科学文化知识中寻找出救国救民的良方,掀起了一股"翻译救国"、开启民智的热潮。在这种背景下,越来越多的西方美学思想传入中国。在思想理论方面,对朱光潜美学思想影响较大的主要涉及康德、尼采、叔本华、席勒等人。除了理论方面书籍的译介,值得注意的是这一时期小说、话剧等文学作品的译介也显著增多,这对社会变革也起了积极作用,如林纾翻译的《茶花女》《黑奴吁天录》等。这些翻译过来的理论作品与小说话剧作品有力地推动了西方自由、平等、民主思想在中国的传播,开启了民智。

在翻译吸收西方美学理论的同时,一些学者也开始着手撰写富有个人逻辑体系性的美学著作。这些书籍都从不同的角度按照不同的结构写法对美学基本理论、美学构建的框架、艺术与社会人生的关系做了基本阐述,对中国早期现代美学的建设做出了初步贡献,在开启民智、解放思想方面也产生了积极的影响。研究出版的这些美学著作,我们可以发现这些书籍可以显著地分为两类,一是专门向研究美学的专业人士探讨学习的著作,这些书籍富有引经据典、旁征博引、资料丰富、逻辑严谨的特点,构建出了美学的整体理论框架。另一种是面向普通大众介绍美的书籍,这类书显著的特点就是语言明白晓畅,条理清晰,深入浅出,不涉及美学发展的渊源及繁多派别,只是单纯地介绍基本的美学理论,并且将美学与实际社会联系起来,增强学术实践性。朱光潜所著的《谈美》属于第二种,这本书具有显著的将西方美学本土化的色彩——通过借鉴西方美学理论,关注中国现实问题。

　　当然,最重要的当属美学教育的现实目的。从20世纪初开始,在当时的社会现状及时代背景下,随着西方美学理论的不断传入,广大有识之士认识到要想救国图存,必须从培养人才、改善国民性入手。他们将自己的美学理论与实践密切结合起来,掀起了一股美育救国的浪潮。正如朱自清在"开场话"中所说的:"在这个危急存亡的年头,我还有心肝来'谈风月'么?是的,我现在谈美,正因为时机实在是太紧迫了……我坚信中国社会闹得如此之糟,不完全是制度的问题,是大半由于人心太坏。我坚信情感比理智重要,要洗刷人心,并非几句道德家言所可了事,一定要从'怡情养性'做起,一定要于饱食暖衣、高官厚禄等等之外,别有较高尚、较纯洁的企求。要求人心净化,先要求人生美化"。

三、精彩看点

1. 美感经验

221

　　《谈美》这本书的核心就是对于美感经验的分析。朱光潜首先从人们日常生活经验出发,分析如何获得美感。他以人们观察松树为例,分析人们对于同一种事物会持不同的观点:商人看到一棵松树时,心中想到的是这棵木材值多少钱;植物学家看到这棵松树时,想的是它的枝叶果实的性状;而画家看到松树时,他感受到的是古树的葱翠挺拔。由此可见一件事物的形象并不是一成不变的,而是根据人的性格和情趣而变化的。在人吃不饱穿不暖的时候是没有美可言的,因为这时人看到事物时只会想到对自己维持生命生活是否有益,人在此时持实用的态度。这种生物性驱使的利害之心、占有之心是审美心境的大敌。另外,如果是严格按照科学分析、理性思维去考察一个美丽的少女、一场盛大的烟火也是得不到美的体会的,那样你看到的只是一个个器官以及各种不同剂量的化学药品的燃烧反应而已,索然寡味。这就是美与科学的不同。因此,在进行审美欣赏时,一定要脱离生物性,也要脱离理性的思维,把注意力专注在事物本身上面,这样才能做好审美的准备,才有可能欣赏到美。"这种脱净了意志和抽象思考的心理活动叫做'直觉',直觉所见到的孤立绝缘的意象叫做'形象'。美感经验就是形象的直觉,美就是事物呈现形象于直觉时的特质。"审美主体和审美的对象通过直觉联系起来,形成美感经验。朱光潜在书中说道:"注意力的集中,意象的孤立绝缘,便是美感的态度的最大特点。"在我国传统文化中也有类似的观点,如老子"致虚极,守静笃"的观念,庄子"坐忘"的境界,儒家和佛家倡导的要保持婴童的纯净之心。在美感经验的特点这一理论上,可以看出中国传统美学理论与西方理论相互贯通之处。在《文艺心理学》一书中,朱光潜就用传统美学理论中的"凝神的境界"这一概念将这一特点表述出来。他认为在凝神的境界中,欣赏者不仅忘了审美客体以外的世界,也忘了自身的存在,人和物之间没有了区别,达到了物我两忘的境界,心中只存在一个孤立绝缘的意象,进而达到物我同一,人的情趣和物的生命情趣的往复交流,由此可以看出审美对于人生有救赎解脱之功效。

2. 人生的艺术化

"人生的艺术化"是《谈美》十五章即最后一章的副标题。朱光潜曾不止一次称《谈美》为《文艺心理学》之"通俗叙述",其实不尽然,正如《谈美·序》中所言:"这本小册子并非节略;它自成一个完整的有机体,有些处是那部大书所不详的;有些是那里面没有的——'人生的艺术化'一章是著名的例子;这是孟实先生自己最重要的理论。""人生的艺术化"正是朱光潜为美育所设定的目标,这代表了他早年的人生理想。

此说是怎么提出的呢?《谈美·开场话》写道:"我坚信中国社会闹得如此之糟,不完全是制度的问题,是大半由于人心太坏。"而世风日下,人心之坏,又正是由于"未能免俗"。所谓"俗",无非是指一般人多陷身于规定利害关系之网而不能自拔,处处为自己打算,斤斤于利害得失,不是借党忙官,就是碌碌无为,"这种人愈多,社会愈趋于浊"。30 年代的朱光潜面对时代的混乱、人心的离散、民族精神的流弊,深感人心的净化和人格的改塑乃是迫切首要的问题。他指出,"'俗'无非是缺乏美感和修养",欲使人免"俗",洗涮人心,拯救世风,就须提倡美育,因为"一切美的事物都有不令人俗的功效"(《谈美》三章)。"要求人心净化,先要求人生美化。"——《谈美·开场话》中表述的这个思想可以说是贯穿《谈美》全书,也是他提倡"人生的艺术化"说的意旨所在。30 年代的朱光潜并非单纯地为搞美学而搞美学,为谈艺术而谈艺术,他一刻也未忘记自己所处的时代和社会,而是时时将谈美说艺同现实人生联系起来。他在《谈美》末尾特意加上一章新内容,讨论人生与艺术的关系,这做法本身就是一个证明。

"人生的艺术化"作为一种理想的人生观,首先,它标志的是一种严肃的人生。朱光潜一再强调:"我们主张人生的艺术化,就是主张对于人生的严肃主义。"(《谈美》十五章)这种"人生的严肃主义",不但重视人生之大节,而且于人生之小节亦不肯苟且,后者亦是一个人生命史中应有的一章,小中可以见大,一言一行中可以见出整个人格精神的贯注。对于生活严肃者来说,"小节如此,大节更不消说。"董狐宁愿断头不肯掩盖史实,夷齐饿死不愿降周,这种人格风度在朱先生看来,"是道德的也是艺术的"(同前)。其次,"人生的艺术化"标志的又是一种本色的人生。朱光潜极力抨击了庸俗、虚伪的人生,指出"俗人"与世沉浮,"缺乏本色","伪君子"沐猴而冠,"遮盖本色",世间数这两种人的生活"最不艺术"、最丑。与此相对,他肯定道:"艺术的生活就是本色的生活。"也就是说,"在什么地位,是怎样的人,感到怎样情趣,便现出怎样言行风采,叫人一见就觉其谐和完整,这才是艺术的生活"(同前)。由上述两点可知,朱光潜恰是持真善美统一的尺度来衡量现实人生的,而且,他是明确将美立足于真、善之基础上的。

223

"人生的艺术化"就是要培养对于人生的艺术态度。或者说,就是要通过美育途径使人学会以"艺术的胃口"对待现实人生。什么是这种艺术的态度或"艺术的胃口"呢?朱光潜指出,艺术家估定事物的价值异于常人之处,就在于"他能看重一般人所看轻的,也能看轻一般人所看重的。在看重一件事物时,他知道执着,在看轻一件事物时,他也知道摆脱。……这就是取舍恰到好处,艺术化的人生也是如此"。在朱先生看来,"伟大的人生和伟大的艺术都同时并有严肃与豁达之胜"(同前)。即是说,生活者面对现实,不仅要有入世的精神,而且要有出世的精神,须知"人要有出世的精神才可以做入世的事业"。现实利害关系有如一张密密无缝的大网,要想跳脱开来,最好是求助于文艺和审美,让人格和心灵艺术化和审美化。"美感的世界纯粹是意象世界,超乎利害关系而独立。……艺术的活动是'无所为而为'的。我以为无论是讲学问或是做事业的人都要抱有一副'无所为而为'的精神,把自己所做的学问事业当作一件艺术品看待,只求满足理想和情趣,不斤斤于利害得失,才可以有一番真正的成就。"(《谈美·开场话》)审美"超功利"说源于康德,朱光潜却把它推而广之,作为一种人生态度来提出,赋予了它新的内涵。

3. 质朴与诗意并存

《谈美》作为一本旨在向普通大众普及美学知识的书,其形式和语言上最大的特点便是质朴自然。这种风格主要源于两个方面。首先是书信体的形式。朱光潜以此形式,用谈天般的口吻与每一位读者展开对话,态度亲切,谈话风趣。在书中开场话里,他说他写这本书的心愿,就是希望人们能够以美感的态度对待生活。正是这样朴素的心愿,使得这本书不同于其他美学书籍的晦涩难懂,反而使读者读书的时候觉得如沐春风,心间仿佛如泉水涓涓流淌而过,好像在当面聆听一位智者与你讲述他所感受的美学与人生。其次是深入浅出,语言简洁晓畅。朱光潜在书中常常采用一些比较简单的例子来阐述比较复杂的道理。例如第七章中他研究"我"与"物"如何相关时,举了一个很简单的例子:他画了六条垂直线和两条没有规律的线,我们在看到这八条线时,大脑自动地就把这六条垂直线摆在一块看,如果非要把另外两条线融合进前面的六条线一起看,就会觉得它不和谐。通过这个小例子,他说出了两个道理:一是创造性蕴含在最简单的形象的直觉里;二是心灵把杂乱的事物归纳成一个整体时有一个限定,就是事物本身要有可综合为整体的可能性。懂得这两层道理之后,进而表明了美是心物交合的产物这一观点。诗意性也是本书语言的一个重要特征。这本书的每一章节都包含一个主标题和一个副标题,主标题用诗文或俗语表达,如"记得绿罗裙,处处怜芳草""情人眼底出西施",副标题就用"美感与联想""美与自然"这些美学名词来说明,既形象地能使一些没有美学基础的人看懂,又能明白地把相关的美学理论表达清楚。此书中还有一些段落充满诗意,使人有如沐春风之感。如"悠悠的过去只是一片漆黑的天空,我们所以还能认识出来这漆黑的天空者,全赖思想家和艺术家所散布的几点星光。朋友,让我们珍重这几点星光!让我们也努力散布几点星光去照耀那和过去一般漆黑的未来。"总之,作为一本旨在向大众普及美学理论的书,《谈美》全文结构明晰完整,通过举各种浅显的例子来说明基本的美学理论,对于普通大众来说不仅具有亲切感和可学习性,又能让读者在阅读时获得一种美的享受。

四、读法指导

　　《谈美》属于书信体文章,围绕美感、创作和人生的艺术化,分章节重点探讨了与美相关的众多话题,指向性强,语言明白晓畅,所以同学们在阅读时难度不大。建议同学们第一遍阅读时,采用速读的方法,并运用圈点勾画的方法迅速提取文本重要信息,也便于概览全文内容。第二遍阅读时则采用精读的方法,要结合文本中所举例子,认真揣摩、品味作者阐述的观点,做到"知其所以然",必要时采用批注的方法,加上自己的理解。再以后就是进一步的阅读了。既可以对文章的重要观点加以总结,又可以对其中文质兼美的语段加以摘抄,还可以进一步作专题式的研究。例如第一章至第八章主要探讨"美的欣赏"这一问题,那么"什么是美感""关于美感的几个误区"等,我们能不能在经过深入的概括总结之后,形成一个清晰的、具有系统性的认识,这也是提高我们的美学素养,提升我们的思辨能力的重要途径。"尽信书,则不如无书"。《谈美》创作于朱光潜美学研究历程的第一阶段,实际上其美学思想是一直变化的、发展的,其后期美学思想甚至有对前期观点的怀疑和否定,所以感兴趣的同学还可以《谈美》为基础,将之于朱光潜的《给青年的十二封信》《文艺心理学》对照阅读,全面深入地了解他的美学思想。另外,其他美学家的相关论著也是重要的参照文本,如周宪的《美学是什么》、朱良志的《中学美学十五讲》。

225

五、参考书目和论文

[1]朱光潜.我与文学及其他[M].合肥:安徽教育出版社,1989.

[2]康建平.朱光潜的人生艺术化思想[J].衡阳师范学院学报,2006(4).

[3]阎国忠.关于美感经验——朱光潜美学述评[J].雁北师范学报,1996(4).

[4]张飒.朱光潜《谈美》研究[D].河北大学,2017.

[5]李祥林.朱光潜的"人生艺术化"说管窥[J].学术界,1998(1).

《子夜》导读

吴高扬

一、书本简介

　　《子夜》1933 年 1 月由开明书店出版,出版后立即引起轰动,三个月内重印四次。小说以民族资本家吴荪甫由振兴实业到最终破产的悲剧命运为轴心,以吴荪甫与买办金融资本家赵伯韬的矛盾冲突为焦点,展示了 1930 年 5 月到 7 月的社会生活,通过这两个月的历史横断面充分表现当时的时代风貌。全书共分十九章,主要地点是上海。从纵的方面来看,是吴荪甫为发展民族工业而做的种种努力,写他如何苦心孤诣地经营他的庞大企业,如何吞并小企业,如何用残酷的手段剥削工人,如何收买工贼破坏罢工,最终却被外国资本支持的买办资本家赵伯韬所击败。从横的方面来说,有内地乡镇土豪劣绅曾沧海、冯云卿的没落,农民的暴动,工人的罢工,交际花的活动,青年男女的恋爱······作品牵涉了从城市到农村的众多头绪。可以说,小说的构思是宏大的,它围绕着中心事件,把复杂万端的人物、情节,包括中原大战、20 世纪 30 年代世界经济投射在中国的阴影,以及买办、投机者、军官、知识分子、资本家、工人等一并浓缩在两个月的时间里,展现了当时中国社会生活的广阔画卷。它的完成标志着茅盾创作的成熟,也是"五四"以来新文学发展史上一个重要的里程碑。

二、写作背景

《子夜》出版时,在开明书店的 1933 年 4 月再版本中,加印了茅盾写于 1932 年 12 月的《后记》,这篇《后记》正面交代了《子夜》的创作思想,是《子夜》创作背景、动机、思想资源等最原始也最本色的记录。《后记》中说:

> "(《子夜》)……构思时间却比较的长些。一九三○年夏秋之交,我因为神经衰弱,胃病,目疾,同时并作,足有半年多不能读书作文,于是每天访亲问友,在一些忙人中间鬼混,消磨时光。就在那时候,我有了大规模地描写中国社会现象的企图。后来我的病好些,就时常想实现我这'野心'。到一九三一年十月,乃整理所得的材料,开始写作。所以此书在构思上,我算是用过一番心的。"

227

1930 年,茅盾从日本回到上海,因为养病闲暇,常常去他的表叔卢学博的公馆。卢学博时任中国银行监察、交通银行董事、浙江实业银行常务理事。在卢公馆,茅盾见到了许多同乡故旧,有银行家,有办工厂的,有政客,有商人,也有正在交易所投机的,还有军界以及南京政府的官员。这一年的秋天,蒋介石与冯玉祥、阎锡山在津浦路上大战,而世界经济危机已波及上海。前来卢公馆的客人都在互相打听消息,茅盾从他们的交谈中听到了许多过去闻所未闻的事情,对社会现状也有了进一步清楚地认识:中国的民族工业在外国资本的压迫和农村暴动、经济破产的影响下,正面临绝境。为了转嫁本身的危机,资本家加紧了对工人的剥削,而工人阶级的斗争也方兴未艾。经济不振、市场萧条、工人罢工、工厂倒闭的消息纷至沓来。此外,茅盾还经常从党内的朋友那儿获悉,南方各省苏维埃政权正蓬勃发展,蒋介石的多次围剿宣告失败。这些消息刺激着茅盾的创作欲望,也化作了他写作的鲜活素材,我们从主人公吴荪甫的身上,不难发现,这个人物形象就是部分取之于对卢学博的观察,部分取之于别的同乡从事工业者,是一个把熟悉的真人的性格经过综合、萃取而后求得饱满的典型性格。

其实,我们今天看到的作品还是一个"微缩的图景",按照茅盾的原定写作计划,《子夜》的框架更为宏大。他在《后记》中讲到:

> "我的原定计划比现在写成的还要大许多。例如农村的经济情形,小市镇居民的意识形态(这决不像某一班人所想象那样单纯),以及一九三〇年的'新儒林外史'——我本来都打算连锁到现在这本书的总结构之内;又如书中已经描写到的几个小结构,本也打算还要发展得充分些;可是都因为今夏的酷热损害了我的健康,只好马马虎虎割弃了,因而本书就成为现在的样子——偏重于都市生活的描写。"

故而,有的评论者指出许多人物的故事似乎都是"有始无终",瞿秋白在1933年8月13日出版的《中华日报》副刊所写的《读子夜》中也指出:"在全书中的人物牵引到数十个,发生事件也有数十件,……但在整个组织上却有很多处可分个短篇,这在读到《子夜》的人都会感觉到的。"

三、精彩看点

1."一树千枝"的壮阔画卷

这部小说的特质之一,在于其追求宏大叙事的雄阔风格,力求对30年代的上海做全景式扫描,有着一种全面记录历史与社会的写作诉求,因此,《子夜》与同时代的作品相比较,具有一种壮阔的史诗气质。

更为重要的是,壮阔史诗的结构方式又不失精致。小说深广的社会内容和约90个人物都集中在两个月的时间、34万字的篇幅中加以表现,情节安排十分紧凑。小说一开始,借助吴老太爷的葬礼,作者就让几乎所有的重要人物都露了面,同时又为下面的情节发展埋下了伏笔。后面几章以吴荪甫的事业为轴心,几条线索同时推进,经纬交织地形成了这部作品的"枝丫"型结构。

此种结构与《红楼梦》"一树千枝"的结构形式相仿佛。它以吴荪甫由振兴实业而最终破产的悲剧为中心,以吴赵冲突为焦点的情节线索作主干,由这根主干生发出五条有力的枝干:(一)在办工业方面,是以吴荪甫为代表的民族资产阶级所经营的益中公司为基点,由此枝干生发出两条分枝:(1)吴荪甫和赵伯韬的竞争,反映民族资本家和买办资本家的矛盾;(2)吴荪甫和朱吟秋的竞争,反映民族资产阶级内部的矛盾。围绕着这一枝干,又支蔓出经营益中公司所面临的城与乡,经济、政治与军事,国内市场与国际市场等等繁茂的枝叶。(二)在公债市场方面,吴荪甫为筹集工业资金,违反初衷杀向公债市场,形成吴荪甫、赵伯韬和杜竹斋又勾结又角逐的关系。由此枝干又生发出两个分枝:(1)由农村流入城市的地主冯云卿等的公债投机,反映地主经济与农民经济、与民族资本、与买办资本之间的畸形关系;(2)吴荪甫、赵伯韬和徐曼丽、刘玉英、冯眉卿的复杂关系,一方面暴露赵的腐化生活,一方面表现吴的收买手段。由这一枝干又支蔓出交易所经纪人的许多枝叶。(三)在农村方面,便是吴荪甫和农村封建经济的联系。由此枝干生发出两条分枝:(1)吴荪甫和吴老太爷、曾沧海等的渊源关系;(2)农民暴动。曾沧海父子与农民协会领导下的"抢镇"运动之间的冲突。但由于作家中途改变了写作计划,这一枝干没能得到发展。(四)在劳资方面,吴荪甫为了对付赵伯韬的进攻,加强了对工人的剥削,引起了民族资产阶级和工人阶级的矛盾激化。由此枝干又生发出两条分枝:(1)以张阿新、何秀妹、陈月娥为首的工人骨干在党的领导下的罢工斗争;由此分枝又支蔓出共产党员玛金和以克佐甫为代表的党内左倾路线的斗争;(2)以屠维岳为首的吴荪甫的走卒破坏工人罢工的活动;由此分枝又支蔓出黄色工会内部桂长林派与钱葆生派的勾心斗角。(五)在吴荪甫的家庭关系方面,以吴荪甫的社会关系串连起一条"新儒林外史"的线索。由此枝干分出若干条复杂错综的爱情纠葛支蔓,并且互相纽结交叉。以上这些看似复杂纷繁的结构线索,实际上呈现出单纯性,即全书各条线索始终以吴荪甫为核心,以他的悲剧命运为焦点,由此生发开去。这就如同一棵穿天白杨,虽然枝多叶繁,但都由一条主干所生出,顺着主干的发展而发展。从这个意义上说,《子夜》的整体结构是单纯性和复杂性的辩证统一。

229

2. "典型化""类型化"的人物塑造

《子夜》完成了一幅在现代文学史上视野最为宏阔、体系最为完整的都市人物大观图。作品中描写了大小90多个人物,最引人瞩目的除吴荪甫外,还有金融资本家赵伯韬、杜竹斋,民族资本家周仲伟、朱吟秋、孙吉人,封建地主冯云卿、曾沧海,经济学教授李玉亭,颓废诗人范博文,青年寡妇刘玉英,社会交际花徐曼丽,资本家走狗屠维岳,等等,这些人物形象品类繁多,色彩驳杂,神态逼真,逐一具有鲜明的个性。

正是因为《子夜》承载了茅盾"大规模描写中国社会现象的企图",所以他把笔下的每一个人都作为他所属的阶级的标本来塑造,写出他们所具有的社会角色特性。像吴荪甫、赵伯韬、朱吟秋等不同类型的资本家,像吴老太爷、曾沧海、冯云卿等不同特点的地主,像李玉亭、范博文、张素素等不同模式的知识分子,既是单个人,又都是带有特指意义的社会角色。他们个人的命运,事实上反映了某一社会群类的基本状况。比如吴荪甫的太太吴少奶奶,茅盾在她身上凸显的是一种新女性前后不同时期的转变,从接受过"五四"新文化自由气息的密司林佩瑶时代跨入 30 年代阔太太时代,她们回归了家庭主妇的位置,内心总有"缺少了什么似的"感觉,但又无力反抗和舍弃自己现在的生活,只能守着青春的旧梦和书本里泛黄的白玫瑰,顾影自怜。茅盾对于她们无意批判,更多地还是揭示其标本价值,作为时代的注脚记录。

作者要突出人物的典型性,往往把人物放在广阔的社会背景、复杂的人物关系、尖锐的矛盾冲突中去刻画。比如开场吴老太爷的死就是在背景转换中显现的。吴老太爷本来在乡下活得太太平平,可当他坐着小火轮从乡下来到上海,就如同"古墓中的一具僵尸"见到了阳光,在现代化大都市的繁华奢靡的冲击下,立刻就痰迷心窍,一命呜呼了。他的死也就具有了某种典型意义,象征了封建旧势力在现代化的冲击下的消亡,也象征了一个封建的传统的中国在殖民化的、现代化的欧风美雨中风化和终结。在塑造吴荪甫这个人物典型时,也是通过他在阶级斗争、经济活动以及家庭生活三条火线的纠葛,在"身边到处是地雷"的重重矛盾中表现其复杂的性格,尽管他努力挣扎,也摆脱不了最终失败的悲剧命运。

"每个人都是典型,但同时又是一定的单个人,正如老黑格尔所说的,是一个'这个'。"(恩格斯《致敏·考茨基》)典型化、类型化的人物塑造很容易滑向概念化和模式化,成为一个思想的符号,而不是一个有血有肉的人。茅盾笔下的人物有的游离出他的经验之外,如对工人群众、地下党员的描写有些扁平,但对于他熟悉的人物,则刻画得饱满深刻。比如对于屠维岳的描写,一出场就气度不凡。巧妙的对答,准确的算度,显现出政治家的韬略、外交家的机锋和士可杀不可辱的狷傲,几个回合就在心理上征服了吴荪甫。他既不同于老朽无能的走狗莫干丞,也不同于钱葆生、桂长林之类流氓无赖式的爪牙,他有个人的憧憬——"无论什么人总是要生活,而且还要生活得比较好";他有自己的人格底线——"不错,我没有别的东西可以自负,只好拿这刚强来自负了";他也有孤独的情绪,文明的教养,他既要破坏罢工,又想保持自己在工人中的威信,还要对付阵营内部的冷箭,他甚至比吴荪甫表现得还要冷静、镇静,所以,尽管从社会角色的划分上可以把他归入"鹰犬"一类,但他同时也是一个为个人理想奋斗的下层青年。他的形象刻画个性突出,有血有肉,在现代文学人物画廊中牢牢地占据了一个特殊的位置。

其实,人物典型化、类型化的描写最大的威胁,来自于写作意图对于人物形象的绑架。例如茅盾曾经接受瞿秋白"大资本家到愤怒极顶而又绝望时,就要破坏什么,乃至兽性大发"的修改意见,给吴荪甫添了一个强奸王妈的情节,这个情节违背了人物一贯的性格逻辑,显得生硬。但总体而言,茅盾恪守现实主义的创作原则,尽可能地从生活的真实出发,遵循了人物性格发展的必然逻辑,对于吴荪甫这一形象,茅盾本人从思想上是持一种批判态度的,他是想通过吴的失败来表现具有爱国心和反动性的民族资本家必然破产,中国没有走上资本主义的道路;但在越来越多的读者眼中,《子夜》既没有成为吴荪甫为振兴民族工业而战的奋斗史,也没有成为为破坏革命事业而战的罪恶史,更多的成为了一个为个人理想而奋斗的挣扎、幻灭史,吴荪甫反而具有了某种悲剧英雄的色彩。

231

3. 空间描述的复调

茅盾对于笔下的上海有着复杂的感情。我们来看小说第一章开篇的描写:

太阳刚刚下了地平线。软风一阵一阵地吹上人面,怪痒痒的。苏州河的浊水幻成了金绿色,轻轻地,悄悄地,向西流去。黄浦的夕潮不知怎的已经涨上了,现在沿这苏州河两岸的各色船只都浮得高高地,舱面比码头还高了约莫半尺。风吹来外滩公园里的音乐,却只有那炒豆似的铜鼓声最分明,也最叫人兴奋。暮霭挟着薄雾笼罩了外白渡桥的高耸的钢架,电车驶过时,这钢架下横空架挂的电车线时时爆发出几朵碧绿的火花。从桥上向东望,可以看见浦东的洋栈像巨大的怪兽,蹲在暝色中,闪着千百只小眼睛似的灯火。向西望,叫人猛一惊的,是高高地装在一所洋房顶上而且异常庞大的霓虹电管广告,射出火一样的赤光和青燐似的绿焰:Light,Heat,Power!

一方面,茅盾着力表现了上海现代都市金碧辉煌的繁华,那里有"光"(夕照、异常庞大的霓虹电管),有"热"(火一样的赤光),还有"力量""速度"和"热闹"(高耸的钢架、流动的电车、喧闹的鼓声);另一方面,这段文字中还隐隐地透出奢靡、带有诱惑性和诡异的危险,比如"金绿色的苏州河水""巨大的怪兽""千百只小眼睛""青燐似的绿焰",给人以不安的感受。这种对于城市空间二重属性的描述,与新文学革命以来的现代小说对于城市的态度有所不同。在老舍笔下,都市就像一个恐怖的魔窟,不断蚕食着美好的人性。勤劳质朴的祥子在受尽剥削和凌辱之后,终于沉沦在行尸走肉的都市生活中。在沈从文眼中,都市也是避之不及的罪恶陷阱,与《边城》式的清新纯朴形成了巨大反差。但在茅盾的笔下,他对于城市的现代性并不排斥,汽车作为了 30 年代的一个标志性事物,反复多次出现在文本中,体现出速度造就的一种现代节奏,这个节奏是与主要人物吴荪甫的诸多活动相合拍的。

我们可以发觉,吴荪甫在公众的视线中总是匆匆忙忙,始终处于一种行动当中,他在几条"火线"之间奔波忙碌,人物内心的强烈渴求以及远大抱负与这样一种强烈的动感结合起来,就赋予了人物以"强悍、刚健、创造力极大且破坏力也极大"为特征的现代审美追求,这与传统田园牧歌式的"静美"完全大异其趣,给人以极其深刻的印象。所以,读者在内心当中更容易接受吴荪甫是一个"20 世纪机械工业时代的英雄骑士",可以为了自己的理想和信念,冒着超出自己能力的危险,不顾一切地去和风车决斗,即便吴荪甫盘剥工人、镇压工潮不择手段,吞并弱小心狠手辣,投机公债机关算尽,但人们还是更倾向于把他理解为是一个失败的英雄。

有意思的是,茅盾还关注到了城市空间的第二重属性,就是奢靡与堕落。在小说的场景设置中,作者有意识地聚焦了吴公馆的客厅,文本当中写到吴府的客厅有 10 多次之多,这里不断上演着具有时代特点的人生悲喜剧和闹剧,这里有暴亡,有狂欢,有调笑偷情,有醉生梦死,有"死的跳舞",有阴谋诡计……这个客厅既可以聚焦,还可以透视人物的心灵世界,像一个流动的舞台,让各色人等在此展览。

吴公馆客厅里的常客是一批"闲人",他们似乎无关于主要矛盾的斗争,但他们恰恰在紧张的斗争旋律中充当了舒缓的调和音调,他们伴随着激烈的主调成为了一个纠缠的复调,撕开了城市生活情感世界的一个重要立面。茅盾对于他们是最为熟悉的,对于林佩瑶、林佩珊、张素素、范博文、杜新箨等这批颓废的小资解剖得也极为出色。他们生活上衣食无忧,在物质享受上非常奢侈,但另一方面,精神上又非常空虚。他们始终停留在一种彷徨的、迷茫的、忧郁的、痛苦的精神状态之中。为了确认自己的存在,他们又必须寻找一种刺激来支撑自己,于是,在第一章中,我们看到张素素的一段宣言:"我想,死在过度刺激里,也许最有味,但是我绝对不需要像老太爷今天那样的过度刺激,我需要的是另一种,是狂风暴雨,是火山爆裂,是大地震,是宇宙混沌那样的大刺激,大变动!啊啊,多么奇伟,多么雄壮!"可这种精神上的刺激并不能化为行动,当她颇为豪气地参加游行,听说巡捕抓人之后,就扭身跑入酒店躲避,在阳台上高谈阔论去了。

这一拨人与吴荪甫之间形成了一个对照,一个骑士与一群小资之间形成的一种"鹤"与"鸡"的对照。吴荪甫不断地排斥他们,批评他们,当吴荪甫陷入斗争绝境的时候,他们依然还是尽情欢乐着。尽管他们也不满意吴荪甫,但又在经济上依附着吴荪甫,这样就形成了一种既离不开又相互排斥的张力。这个张力,非常典型地揭示了上海这个大都市文化景观的二重属性:强悍与阴柔,进取与颓废,急迫与舒缓,实干与空想,挣扎与幻灭。

四、读法指导

朱自清先生 1934 年的《文学季刊》上曾经发文评价:"这几年我们的长篇小说,渐渐多起来了;但真能表现时代的只有茅盾的《蚀》和《子夜》。……前一本是

233

作者经验了人生而写的,这一本是为了写而去经验人生的,……他这本书是细心研究的结果,并非'写意'的创作。"应该说,"为了写而去经验人生",是一个极有见地的评价。

同学们在阅读过程中应该注意到,一方面,《子夜》的确存在着为意识形态化的历史观念提供鲜明的、形象化的历史图景的写作意图,试图解释30年代国内经济斗争、阶级斗争的现实,得出符合无产阶级意识形态的历史结论,这一点后来在评论界引发了关于"主题先行"的激烈争论;另一方面,也应该肯定,茅盾没有忘记文学作品"言志抒情"的"诗"的功能,他将个人的、感性的历史经验编织在对具体人物的塑造中,倾心于艺术的真实和创作规律,《子夜》并不是一部"向壁虚造""脱离现实"的僵化的作品。

另外,茅盾"大规模地描写中国社会现象的企图"虽然没能在《子夜》中完整呈现,他仍然不顾结构的匀称而保留了第四章(双桥镇农民暴动),并终于写出《林家铺子》《农村三部曲》等杰作以补偿,建议同学们可以延伸阅读。

234

五、参考书目和论文

[1]茅盾研究论文选集[M].长沙:湖南人民出版社,1983.
[2]孔庆东.脚镣与舞姿——《子夜》模式及其他[J].文艺理论与批评,2005(1).
[3]许仝.《子夜》研究80年述评[J].长江大学学报(社科版),2014(6).
[4]陈思和.中国现当代文学名篇十五讲[M].北京:北京大学出版社,2003.

《堂·吉诃德》导读

王舒成

一、书本简介

米格尔·德·塞万提斯·萨维德拉,西班牙小说家、剧作家、诗人。1547 年 9 月 29 日出生,1616 年 4 月 23 日在马德里逝世。他被誉为西班牙最伟大的作家。评论家们称他的小说《堂·吉诃德》是文学史上的第一部现代小说,同时也是世界文学的瑰宝之一。

《堂·吉诃德》全名为《奇情异想的绅士堂·吉诃德·台·拉·曼却》,主要叙述拉·曼却地方的穷乡绅堂·吉诃德读骑士小说入迷,从而拼凑出一副破烂的盔甲,骑上一匹名叫"驽骍难得"的瘦马,物色了一个挤奶的姑娘作为意中人,决心终生为她效劳。他找了邻居桑丘做自己的侍从,结伴出游。由于他脑中充满幻想,所以把风车当作巨人,把旅店当作城堡,把羊群当作敌人,把理发师的铜盆当作魔法师的头盔,把苦役犯当作受迫害的骑士……从而干了无数荒唐可笑的事情,却屡受挫折而痴心不改,直到几乎丢了性命,才被人救护回家。这位疯骑士的邻居参孙·加尔拉斯果骑士决定拯救他,就假扮成骑士与之交战,打败他,迫使之放弃荒唐的念头回家养病。堂·吉诃德回家后就病倒在床,临终前,痛斥骑士小说对人的毒害。

二、写作背景

要准确解读这部小说,我们首先得知道,骑士小说是怎么回事。骑士文学盛行于西欧,反映了骑士阶层的生活理想。以出身而言,最早的骑士来自中小地主和富裕农民。他们替大封建主打仗,从后者获得土地和其他报酬。骑士有了土地,住在堡垒里,剥削农奴,成为小封建主,思想上是支持封建等级制的。后来骑士土地成为世袭,于是形成了固定的骑士阶层。11世纪90年代开始的十字军东征提高了骑士的社会地位,使他们接触到东方生活和文化。骑士精神逐渐形成了。爱情在他们生活中占主要地位,表现为对贵妇人的爱慕和崇拜,并为她们服务。他们常常为了爱情而去冒险。在他们看来,能取得贵妇人的欢心,能在历险中取得胜利,便是骑士的最高荣誉。反映骑士生活的文学作品从中世纪以来即存在,主要包括抒情诗和传奇。

《堂·吉诃德》是一个时代的产物。骑士文学在西班牙曾风靡一时,各种作品层出不穷。从12到16世纪,受英国的骑士传奇和法国北部的英雄史诗的影响,西班牙骑士文学对于冲破中世纪神学禁欲主义的束缚、对人性的解放具有极大的进步意义。不过随着后来封建经济的解体和火枪火炮在军事上的使用,骑士文化变得越来越不合时宜,15世纪开始出现一批打家劫舍、杀人越货的强盗骑士,骑士文学开始变得愈发庸俗化。塞万提斯生活的时期,西班牙还流行着五六十部粗制滥造、荒谬愚昧的骑士小说,为此,塞万提斯决定创作《堂·吉诃德》,"把骑士文学的地盘完全摧毁",他沿用骑士作为主角的写作形式,把骑士制度、骑士精神漫画化,当他的小说出版后,西班牙的骑士小说也随之崩溃。

三、精彩看点

(一)面对一种文学传统:反叛、革新和继承

这里,我们尝试着以《堂·吉诃德》为例厘清一个问题:一种新的文学样式是

如何在自身崛起的同时，对以往的文学传统进行反叛，继以革新，最后竟又有所继承的？虽然小说这种文体在《堂·吉诃德》这本书诞生之前早就存在，但只有在塞万提斯的笔下，西班牙的小说创作才真正进入了现代，所以说，把《堂·吉诃德》看作是一种新的文学创作并不为过。

在这本书的前言中，作者借与一位朋友的对话，语含讽刺、明褒实贬地表达对传统骑士小说那种冗长、拖沓而造作的文风的不屑：

> "我这个故事干燥得象芦苇，没一点生发，文笔枯涩，思想贫薄，毫无学识，也不象别的书上那样书页的边上有引证，书尾有注释。我多少年来没没无闻，早已被人遗忘，现在年纪一大把，写了这样一部作品和大家见面；读者从古以来是对作者制定法律的人，想到他们的议论，怎不栗栗畏惧呢？别的书尽管满纸荒唐，却处处引证亚里士多德、柏拉图和大伙的大哲学家，一看就知道作者是个博雅之士，令人肃然起敬。瞧他们引用《圣经》吧，谁不说他们可以跟圣托马斯一类的神学大家比美呢？他们非常巧妙，上一句写情人如醉如痴，下一句就宣扬基督教的宝训，绝不有伤风化，读来听来津津有味。我书上可什么都没有。书页的边上没有引证，书尾没有注释。人家书上参考了哪些作者，卷首都有一个按字母排列的名表，从亚里士多德起，直到塞诺封，以至索伊洛或塞欧克西斯为止，尽管一个是爱骂人的批评家，一个是画家。我压根儿不知道自己参考了哪几位作者，开不出这种名表。而且卷头也没有十四行诗；至少没有公爵、侯爵、伯爵、主教、贵夫人或著名诗人为我作诗。其实我有两三个朋友还是行家呢，如果我向他们求诗，他们准会答应，他们的诗决不输国内最著名的诗人。"

而在前言的最后，他又借朋友之口巧妙地表达出，他心目中真正的好文学作品是怎样的：

> 你这部书是攻击骑士小说的；这种小说，亚里士多德没想到，圣巴西琉也没说起，西赛罗也不懂得。你这部奇情异想的故事，不用精确的核实，不

237

用天文学的观测,不用几何学的证明,不用修辞学的辩护,也不准备向谁说教,把文学和神学搅和在一起——一切虔信基督教的人都不该采用这种杂拌儿文体来表达思想。你只需做到一点:描写的时候摹仿真实;摹仿得愈亲切,作品就愈好。你这部作品的宗旨不是要消除骑士小说在社会上、在群众之间的声望和影响吗?那么,你不必借用哲学家的格言、《圣经》的教训、诗人捏造的故事、修辞学的演说、圣人的奇迹,等等。你干脆只求一句句话说得响亮,说得有趣,文字要生动,要合适,要连缀得好;尽你的才力,把要讲的话讲出来,把自己的思想表达清楚,不乱不涩。你还须设法叫人家读了你的故事,能解闷开心,快乐的人愈加快乐,愚笨的不觉厌倦,聪明的爱它新奇,正经的不认为无聊,谨小慎微的也不吝称赞。总而言之,你只管抱定宗旨,把骑士小说的那一套扫除干净。那种小说并没有什么基础,可是厌恶的人虽多,喜欢的人更多呢。你如能贯彻自己的宗旨,功劳就不小了。”

238

由以上两段引文出发,我们可以发现,除了小说中处处可见的对骑士服装、骑士受封仪式的嘲弄(堂·吉诃德本人的破烂盔甲、那匹名叫“驽骍难得”的老马、纸板做的面罩),对骑士小说注重降服妖魔情节的批判(风车—巨人、狮子—魔法、羊群—敌人),更多地是指出了骑士小说本身的不足:故事千篇一律、内容荒诞滑稽、行文拖沓冗长,不但脱离了中世纪的生活实际,更与作者生活的时代有很大的差距。而前言里所说“你干脆只求一句句话说得响亮,说得有趣,文字要生动,要合适,要连缀得好;尽你的才力,把要讲的话讲出来,把自己的思想表达清楚,不乱不涩。”不正是文艺复兴以来的文学家们(如莎士比亚)所倡导的摹仿自然、生动有趣的文风和写作内容的描述吗?

当然,我们也应该认识到,对骑士文学传统的批判,并不等于它的完全否定。相反,正是在这样的旧壳中,塞万提斯逐步营构出属于自己的文学新天地。在书中,塞万提斯借人物之口也对骑士小说表示了一定的肯定态度,认为“它的题材众多,有才情的人可以借题发挥,放笔写去,海阔天空,一无拘束”。塞万提斯自己就扮演了这位“有才情的人”,进行了一次无拘束的创作。

首先,《堂·吉诃德》借用了骑士小说现成的叙事结构,通过堂·吉诃德和桑丘主仆二人的外出游历,全面真实地反映了 16 世纪和 17 世纪初西班牙整个社会的面貌。事实上,骑士小说的结构与当时西班牙盛行的流浪汉小说及后来西方的长篇小说是相似的,即以一两个人物为中心,通过人物的活动广泛反映多方面的内容。塞万提斯处在骑士小说与后来西方的长篇小说之间,充当了桥梁的作用。

其次,堂·吉诃德既是一个被人嘲弄的喜剧角色,又是一位在不屈不挠的前进过程中为理想而献身的斗士和英雄。以往的骑士小说中,行侠仗义是骑士阶层的专利,塞万提斯却打破了这个传统,在他看来,一个人无论出身高贵与否、年龄大小、武功高低,只要有济世救民的情怀、百折不挠的精神,都可以成为一个真正的骑士。所以,他借堂·吉诃德这样一个充满矛盾的形象,把骑士道从中世纪等级森严的规定中引入到真实宏阔的世俗生活的潮流里,联系到塞万提斯自己空有抱负却只能成为伤残士兵、潦倒文人的经历,可笑地、妄图恢复骑士道的堂·吉诃德,简直是作者本人的夫子自道。由写想象中崇高庄严的骑士故事,到写现实生活中荒诞可笑的骑士传说,这是旧骑士文学的覆灭,却也未尝不是骑士道本身的重写和新生。

239

如果我们把眼光放得更长远、开阔一点,我们就可以发现,这种在文学史上推翻之前的文学传统而进行文学再造的行为,总是与反叛、革新、继承相融合的,而并非新旧之间水火不容、势不两立。在中国文学史中,有唐宋散文反对六朝骈文而终在其中吸取营养获得新生的例子,有曹雪芹不屑于旧才子佳人小说,却借其题材和形式写出不朽著作《红楼梦》的例子。这些都提醒我们,在阅读文学史的过程中,对前后关联的文学样式应持有整一的眼光、宽容的心态,来进行全面的阅读和比较。

(二)幽默:小说的正义

很多时候,《堂·吉诃德》这本书里所表现出来的幽默(总是伴随着滑稽、夸张、可笑等近义词)只是被人们当作小说的叙述风格被认知,从而忽略了这种幽默特质所包含的跨时代的文学意义和对小说本质的揭示。

米兰·昆德拉在其小说理论著作《被背叛的遗嘱》中这样描述小说中的

幽默：

奥塔维欧·帕兹说："荷马和维吉尔都不知道幽默；亚里士多德好像对它有预感，但是幽默，只是到了塞万提斯才具有了形式。"幽默，帕兹接着说，是现代精神的伟大发明。具有根本意义的思想：幽默不是人远古以来的实践；它是一个发明，与小说的诞生相关联。因而幽默，它不是笑、嘲讽、讥讽，而是一个特殊种类的可笑，帕兹说它（这是理解幽默本质的钥匙）"使所有被它接触到的变为模棱两可"。对于巴努什一边任羊贩子淹死一边赞颂来世生活的场面，不懂得开心的人们永远不会懂得任何小说的艺术。

这是对小说中的幽默形象而又具体的描述，我们不妨借《堂·吉诃德》里的一段情节来分析它究竟有哪些特质。在第二十一章里，堂·吉诃德和桑丘路遇一位赶去给人治病、在雨中用一个铜盆顶在头上挡雨的理发师：

且说堂·吉诃德看见的头盔呀、马呀、骑士呀，是怎么回事。那里附近有两个村子：一个很小，村上既没有药剂师的铺子，也没有理发师；接境的另一个村上却都有。所以大村子里的理发师也为小村子服务。这小村子里有个病人要放血，又有个人要剃胡子，理发师就带着铜盆到小村子里去。他去的时候恰巧下雨，他的帽子大概是新的，怕沾湿，所以把盆顶在头上。那盆擦得很干净，半哩瓦以外都闪闪发亮。他骑的驴就像桑丘说的，是一头灰驴。堂·吉诃德眼里就看成了花点子的灰马呀、骑士呀和金子的头盔。因为他按照自己那套疯狂的骑士道想入非非，把所见的东西一下子都改变了。他心目中的那位倒了霉的骑士走近前来，他更不打话，纵马挺枪，直向那人刺去，一心要把他刺个对穿。他和那人劈面相迎，并不勒住马，只喊道：

"奴才！动手自卫！要不，就把我份里的东西双手献出来！"

理发师做梦也没想到或提防到这种事，看见这个怪东西迎面冲来，只好滚鞍下驴，躲过他的长枪。他比雄鹿还矫捷，身子刚着地，立刻跳起来往野外飞跑，风都追他不及。他把盆儿丢在地下；堂·吉诃德见了很得意，说道：

"海獭看见猎人追赶，凭本能知道是要它身上的一件东西，就用牙把那件东西咬下来；这个异教徒很乖，也学了海獭的样。"他吩咐桑丘把头盔拣起来。桑丘双手拣起，说道：

"啊呀，这盆儿真不错！要说值钱的话，至少也值一个当八的银瑞尔！"

他把盆交给他主人。堂·吉诃德拿来立刻戴在头上，转过来，转过去，想找面盔的部分，可是找不到。他说：

"这只有名的头盔当初是配着一个异教徒的头形铸造的，那人的脑袋一定大得很。可惜这东西缺了一半。"

桑丘听他把盆儿叫做头盔，忍不住好笑；可是想到他主人的火气，笑了一半忙又忍住。

首先，从字面来看，这段文字处处充满着可笑、夸张、恣意的笔法。比如理发师头戴的铜盆锃亮，"半哩瓦以外都闪闪发亮"（夸张），比如他逃命的时候"比雄鹿还矫捷，身子刚着地，立刻跳起来往野外飞跑"（一种语言风格和描述内容不相匹配的反差带来的可笑），比如堂·吉诃德根据铜盆推断"那人的脑袋一定大得很"（荒诞事件中的清晰逻辑的突兀），这也是贯穿了整本书的让人印象鲜明的叙事风格。

其次，用以往骑士文学的故事模式对比来看，这段情节在道德判断上，不是非常明晰，可以说是悬置的。以往的骑士文学，总是以骑士方代表正义和光明，敌对方代表邪恶和黑暗。但这场战斗非但实力悬殊，而且敌方是个无辜的人。塞万提斯要借这个故事说明什么呢？既然理发师不是坏人，他的逃跑就没有道德惩戒意义，堂·吉诃德当然也徒劳无功，甚至可以说无意当中做出了恶行。而这本书用这种类型的故事告诉我们，试图用好坏来判断人物行动，是非常困难的。

再次，因为前述道德的悬置，这个故事通常的意义被消解了，它唯一的功能似乎就是，给读者带来欢笑。但是，欢笑本身，喜剧性本身，难道不是肤浅和轻薄的吗？希望大家在这里能够摒弃以往的阅读和学习带来的成见，认识到一点：消解了普通道德层面的劝诫意义、依靠文字和故事本身的张力存活的文学作品，正

241

是在这样的过程中获得了文学本身的意义的构建。还是让我们引用昆德拉的一段精辟论述,在这段论述中,他首先驳斥了一位评论者对《堂·吉诃德》的错误看法:

> 纳柯博夫在专论塞万提斯的书中,对(堂·吉诃德)作出了一个挑衅性否定的见解:一部被过高评价,天真、重复、充斥难以忍受和非真实的残酷的书;这个"可憎的残酷"使这本书成为"前所未有的最凶狠最野蛮的"书之一:可怜的桑丘,一次又一次遭受毒打,至少五次掉光了牙。是的,纳柯博夫说得对:桑丘掉的牙齿太多,但是我们不是在左拉的作品那里,那里的残酷被描写得准确而细致,成为社会现实的一部真实的文件;和塞万提斯在一起,我们处在由一个说书人的魔法所创造的世界里,说书人创造夸张,任自己被异想天开和极端所挟去;桑丘的一百零三只被打碎的牙,不能从字义上去读,况且这部小说中的任何东西都不能这样去理解。"太太,一个压路滚筒从您的女儿身上压过去了!——那好,那好,我正在我的浴缸里,把她从我的门底下塞过来,把她从我的门底下塞过来吧。"我小时候听到的这个古老的捷克笑话,应不应该控诉它的残酷? 塞万提斯的伟大的奠基性作品是由一种非认真的精神所主导的,从那个时期以来,它却由于下半时的小说美学,由于真实性之需要,而变得不被理解。

文艺复兴的一个重要任务,就是要消除中世纪以来的封建礼教所有精神层面的约束、桎梏以及人们在礼教前的小心翼翼、固步不前。拉伯雷的《巨人传》充满世俗层面的底层人的粗鄙精神和旺盛活力,莎士比亚的福斯塔夫毫无价值感和荣誉感,却能博得广大观众的大笑和喜爱,塞万提斯的堂·吉诃德也同样使用幽默这样的武器,把旧骑士小说可恶虚假的崇高感击个粉碎,把属于生活的可笑,把读者发笑的权力,把人本身的轻松愉悦还原到世间。

而这样的幽默,正是构成现代小说的重要特质;这样的幽默引发的"好笑",值得我们在所有不同类型、同样特质的作品中关注,从拉伯雷到塞万提斯,到拉什迪,到米兰·昆德拉。

(三) 永恒母题:执著探寻的悲剧人格

前面说了"笑"本身对于构建小说意义的价值。当然,借用塞万提斯的同时期作家莎士比亚的一句著名台词"仿佛一只眼睛含笑,一只眼睛流泪",内涵丰富的小说总是喜忧参半,《堂·吉诃德》本身是充满矛盾的作品,在讲述了这位"哭丧着脸的骑士"那么多的可笑故事之后,在这部作品诞生许多年之后,主人公身上的执著探寻的悲剧人格,成为书中的闪耀亮点。

我们不妨从第八章,著名的"战风车"的故事开始解读:

这时候,他们远远望见郊野里有三四十架风车。堂·吉诃德一见就对他的侍从说:

"运道的安排,比咱们要求的还好。你瞧,桑丘·潘沙朋友,那边出现了三十多个大得出奇的巨人。我打算去跟他们交手,把他们一个个杀死,咱们得了胜利品,可以发财。这是正义的战争,消灭地球上这种坏东西是为上帝立大功。"

桑丘·潘沙道:"什么巨人呀?"

他主人说:"那些长胳膊的,你没看见吗? 那些巨人的胳膊差不多二哩瓦长呢。"

桑丘说:"您仔细瞧瞧,那不是巨人,是风车;上面胳膊似的东西是风车的翅膀,给风吹动了就能推转石磨。"

堂·吉诃德道:"你真是外行,不懂冒险。他们确是货真价实的巨人。你要是害怕,就走开些,做你的祷告去,等我一人来和他们大伙儿拼命。"

他一面说,一面踢着坐骑冲出去。他侍从桑丘大喊说,他前去冲杀的明明是风车,不是巨人;他满不理会,横着念头那是巨人,既没听见桑丘叫喊,跑近了也没看清是什么东西,只顾往前冲,嘴里嚷道:

"你们这伙没胆量的下流东西! 不要跑! 前来跟你们厮杀的只是个单枪匹马的骑士!"

这时微微刮起一阵风,转动了那些庞大的翅翼。堂·吉诃德见了说:

243

"即使你们挥舞的胳膊比巨人布利亚瑞欧的还多,我也要和你们见个高下!"

他说罢一片虔诚向他那位杜尔西内娅小姐祷告一番,求她在这个紧要关头保佑自己,然后把盾牌遮稳身体,托定长枪飞马向第一架风车冲杀上去。他一枪刺中了风车的翅膀;翅膀在风里转得正猛,把长枪迸作几段,一股劲把堂·吉诃德连人带马直扫出去;堂·吉诃德滚翻在地,狼狈不堪。桑丘·潘沙趱驴来救,跑近一看,他已经不能动弹,驽骍难得把他摔得太厉害了。

桑丘说:"天啊!我不是跟您说了吗,仔细着点儿,那不过是风车。除非自己的脑袋里有风车打转儿,谁还不知道这是风车呢?"

堂·吉诃德答道:"甭说了,桑丘朋友,打仗的胜败最拿不稳。看来把我的书连带书房一起抢走的弗瑞斯冬法师对我冤仇很深,一定是他把巨人变成风车,来剥夺我胜利的光荣。可是到头来,他的邪法毕竟敌不过我这把剑的锋芒。"

244

桑丘说:"这就要瞧老天爷怎么安排了。"

在书中,这只是堂·吉诃德和假想敌作战的诸多故事中的一个,它的幽默特质,我们在前文中已经说到过。但是,又不止于此,文学作品的阅读和接受常常会邂逅意想不到。当充满象征意味的诠释视角被引入到这部小说当中,风车成了前行途中巨大的阻碍,难以克服的困难,堂·吉诃德成了勇敢前进、明知会失败却矢志不渝的斗士。如此的解读逐步使得堂·吉诃德的形象具有一种悲剧性的进取精神。塞万提斯本人思想感情非常复杂,"既反对封建制度,又缅怀中世纪;既追求进步的政治理想和社会理想,又对没落的骑士精神有所留恋"。所以在他的作品中,嘲讽背后夹杂着对堂·吉诃德本人的同情,文本幽默有趣却又暗含悲苦,呈现出一定程度的"复调"性质,从而给后世读者留下了更为丰富的解读空间,也使堂·吉诃德执著探寻的悲剧人格固化为一种永恒的文学母题。

无论是之后歌德笔下在梅菲斯特的陪伴下上天入地寻找人生理想的浮士德,还是在演讲中盛赞堂·吉诃德身上"对真理的信念"的俄罗斯作家屠格涅夫,还是写出了在城堡中苦苦寻觅方向的土地测量员 K 的卡夫卡,还是自称"愁容骑士"的现代作家王小波,还是 HBO 的热播美剧《新闻编辑室》里为新闻理想而战斗的新闻制片人麦肯齐以堂·吉诃德自比并以此鼓励同事的情节,都告诉我们,一本伟大的小说,其解读必然是多元的,笑声固然是它贡献的重要价值,对理想的执著探寻,以及知其不可而为之的悲剧性人格,也成为后人心中和后世文学作品中永恒的母题,也成为这些作家和作品永不枯竭、常写常新的创作题材。

四、读法指导

读《堂·吉诃德》,我们首先要学会把文学作品置诸文学史和相应的文化背景当中,以便深入了解它作为历史的一种存在,并且理解它对之前的文学传统(骑士文学)采取了如何反叛的态度,又如何在此基础上继承革新。

读《堂·吉诃德》,我们还要学会进入到文本本身细读,不轻易放过看似为文本风格的"幽默"特质,既获得文本带给我们的愉悦,又能理解文艺复兴时期的小说,是如何在欢笑中确立了人和生命本身的地位,从而开创了现代小说的先河。

读《堂·吉诃德》,我们更要学会从文本中跳出,从本义走向象征义,看看堂·吉诃德代表的悲剧人格具有怎样的普适性意义,对后世的文学文本又有哪些影响,从而使自己的阅读能够融会贯通。

五、参考书目和论文

[1] 李赋宁.欧洲文学史.第一卷第四章第四节.商务印书馆,2002.
[2] 杨绛.杨绛译文集[M].南京:译林出版社,1994.
[3] 李赋宁.欧洲文学史[M].北京:商务印书馆,2002.
[4] 姜玉平.戏拟和反讽背后的人文关怀——论塞万提斯对骑士小说的态度.绥化学院学报,2008(6).

附录(阅读建议)

阅读时段		精读书目	作者/译者	参考版本
高一	高一上	朦胧诗精编	北岛、舒婷等	长江文艺出版社
		瓦尔登湖	亨利·戴维·梭罗/徐迟	上海译文出版社
		呐喊	鲁迅	人民文学出版社
		边城	沈从文	人民文学出版社
	寒假一	汪曾祺散文	汪曾祺	人民文学出版社
		欧也妮·葛朗台	巴尔孔克/傅雷	人民文学出版社
	高一下	红楼梦	曹学芹、高鹗	人民文学出版社
		经典常谈	朱自清	商务印书馆
		野草	鲁迅	人民文学出版社
高二	暑假一	三国演义	罗贯中	人民文学出版社
		百年孤独	加西亚·马尔克斯/范晔	海南出版社
		文化苦旅	余秋雨	长江文艺出版社
	高二上	老人与海	海明威/吴劳	上海译文出版社
		论语译注	杨伯峻	中华书局
	寒假二	围城	钱锺书	人民文学出版社
	高二下	哈姆雷特	莎士比亚/朱生豪	人民文学出版社
		茶馆	老舍	人民文学出版社
高三	暑假二	傅雷家书	傅雷	译林出版社
		人间词话	王国维	中华书局
		科学的历程	吴国盛	北京大学出版社
	高三上	中国哲学简史	冯友兰	北京大学出版社
		美的历程	李泽厚	三联书店
	寒假三	西方哲学十五讲	张志伟	北京大学出版社
		沉默的大多数	王小波	湖南文艺出版社
	高三下	谈美	朱光潜	三联书店
附		子夜	茅盾	人民文学出版社
		堂·吉诃德	塞万提斯/杨绛	人民文学出版社